Extremo Occidente

Extremo Occidente

Una historia personal de los Estados Unidos de América

JUAN CARLOS CASTILLÓN

DEBATE

Primera edición: septiembre de 2008

© 2008, Juan Carlos Castillón
© 2008, de la presente edición en castellano para todo el mundo:
   Random House Mondadori, S. A.
   Travessera de Gràcia, 47-49. 08021 Barcelona

Printed in Spain – Impreso en España

ISBN: 978-84-8306-781-9
Depósito legal: B-29.971-2008

Compuesto en Fotocomposición 2000, S. A.
Impreso en Novagrafik
Vivaldi, 5. Montcada i Reixac (Barcelona)

Encuadernado en Lorac Port

C 847819

Índice

1. Cubano-americanos, germano-americanos.
   Norteamericanos con guión   9
2. Llegar a ser norteamericano es fácil: a veces basta con
   morir para conseguirlo   77
3. Las dos Norteaméricas: donde hablo, entre otras cosas, de
   una nación sin Estado, del linchamiento como expresión
   de la voluntad popular y de lo fácil que es conseguir armas   157
4. Dios y Estados Unidos. Una larga, vieja e íntima amistad .   267
5. Final miamiense   333

Cómo escribí este libro   349

1

Cubano-americanos, germano-americanos. Norteamericanos con guión

You brave Irish people wherever you be,
I pray stand a moment and listen to me;
Your sons and fair daughters,
They are going away,
And thousands are sailing to Amerikay.

CHORUS
So good luck to those people
And safe may they land.
They are leaving their country
For a far distant strand.
They are leaving old Ireland,
No longer can stay,
And thousands are sailing to Amerikay.

Canción popular irlandesa del siglo XIX

Yo estaba en Miami. ¿Dónde estaban
los norteamericanos?

¿Cómo empezó este libro? Primero fui a Centroamérica, tenía ganas de vivir una aventura, acudí a una guerra a la que nadie me había invitado y descubrí que no se parecía a las guerras que me contaban los libros, o al menos los libros que a mí me gustaban —al parecer, en contra de lo que yo creía, Ernst Jünger no era un escritor realista. Después de descubrir lo poco épicas e incómodas que son las guerras reales, huí de Centroamérica a una ciudad de ensueño que sólo conocía a través de su leyenda, en un país al que no tenía derecho a entrar y cuya cultura ignoraba más allá del prejuicio y el lugar común. Así, me encontré un buen día en Estados Unidos, en Miami, sin papeles. Allí estuve a punto de convertirme en norteamericano. Gente mejor que yo ha caído en esa tentación.

Mi primera noche norteamericana no pude dormir. Estaba asustado. A duras penas había logrado cruzar la frontera. No conocía el idioma del país, apenas hablaba inglés, y el que hablaba no me iba a servir de nada, no tenía más que una visa de tránsito, valida sólo por tres días, que no podía ser cambiada por otra más amplia, no conocía a nadie, carecía de todo tipo de experiencia laboral y si estaba allí era porque no aguantaba ni un día más de guerra civil en Centroamérica y aún no podía volver a España. Yo era, y sigo siéndolo, ciudadano español y tenía ciertos estudios universitarios, incompletos y absolu-

11

tamente inútiles, pero allí y entonces era a efectos estadísticos sólo otro inmigrante ilegal llegado del Tercer Mundo, un centroamericano sin papeles, dispuesto a aceptar cualquier sueldo a cambio de cualquier trabajo. No defraudé a las estadísticas y en los meses siguientes lavé platos, recogí y serví mesas, viví en las habitaciones precarias de los más pobres del país más rico. Fue una interesante experiencia porque en mi inconsciencia sabía, creía, que podría tarde o temprano dejar atrás todo aquello como había dejado atrás la guerra.

Aquella noche gané mi primer dinero norteamericano y recibí mi primera lección de americanismo. Estaba en un motel de la Calle Ocho de Miami. Había trabado conversación con un camionero cubano que se alojaba también allí y en un momento dado él tuvo que descargar su camión. Le ayudé, era un hombre bueno de conversación agradable y era un camión grande lleno de piñas. Seguimos hablando mientras descargábamos las cajas. Al final de la descarga, y sin que yo le pidiera nada, porque no se me había ocurrido que estuviera trabajando, me dio cinco dólares, «En este país nadie está obligado a trabajar de gratis», y me invitó a cenar y a tomar un café. El café era fuerte y magnífico, como suele serlo en Miami. La comida fue en la popular cafetería Casablanca, a la que volví cada vez que a lo largo de los años sentí nostalgia de los primeros días pasados allí.

Para mi tranquilidad, alrededor mío todo el mundo hablaba español, el español rápido y a veces demasiado chillón de la gente del Caribe urbano. El menú estaba escrito en la pared e impreso en las servilletas de papel que hacían las veces de mantel. Antes incluso de pedir la comida ya tenías delante de ti un vaso de agua helada y una canasta de pan caliente. Muchos de los platos tenían nombres más o menos españoles, como caldo gallego, cocido madrileño, fabada asturiana o fabada cubana —me he ido de Miami sin saber qué es una fabada cubana—; otros tenían nombres americanos, pero estaban adaptados al gusto cubano. Los sándwiches eran inmensos y te llenaban tanto como un plato de menú, y algunas de las sodas que aparecían en la nevera junto a las Coca-Cola y Pepsi-Cola de turno llevaban los nombres de las dejadas en Cuba un cuarto de siglo atrás —Materva, Ironbeer, Cawy—, nombres que nunca había oído antes, y que nunca volvería a oír fuera de aquel barrio. El Casablanca era un lugar ruidoso en el que camareras y clientes se hablaban de tú y con la más absoluta confianza, en el que todo el mundo parecía conocerse. El sitio en sí, a pesar de su evidente cubanidad, me parecía una vieja cafetería norteamericana de los años cincuenta, con camareras vestidas con uniformes de poliéster y redecilla en la cabeza. Después me enteré de que era la copia miamiense de una cafetería habanera de aquella época, una época en que las cafeterías cubanas modernas copiaban las cafeterías norteamericanas. Era como estar en la copia de una copia transformada por accidente en un original, porque, a fin de cuentas, aquélla era también una cafetería norteamericana en territorio norteamericano. A pesar de ello, estando allí, me pregunté aquella primera noche: «¿Dónde están los norteamericanos en este pueblo?». Sólo mucho tiempo después, supe hacerme la pregunta correcta: «¿Quiénes son los norteamericanos?».

Aquel lugar y aquella cafetería eran típicos de Miami. Aquella gente era cubana pero también norteamericana. Estaba a medio camino entre una cultura propia, que había cambiado desde su marcha a principios de los años sesenta, y otra a la que todavía no pertenecía plenamente. Ellos creían seguir siendo cubanos, pero ya no entendían a los cubanos que llegaron después, con veinte años de diferencia, y aunque a veces decían ser norteamericanos, carecían de muchas de las referencias culturales que hacen de un norteamericano un norteamericano a partes enteras y hablaban las más de las veces un inglés imperfecto que les impedía comunicarse con el resto de sus supuestos compatriotas. Creían, y ésa fue una convicción que compartí durante bastante tiempo, ser distintos al resto del mundo, al resto de los norteamericanos y al resto de las emigraciones que habían precedido a la suya. En realidad, tenían más cosas en común con esas emigraciones que las que nunca conocerían, o, de conocerlas, admitirían.

Los primeros exiliados cubanos que habían llegado en los años sesenta, como los inmigrantes alemanes llegados a Estados Unidos después de 1848, eran más sofisticados que la gente que residía allí —Miami no era una gran ciudad como La Habana, de donde procedían tantos de ellos—; mientras que los cubanos llegados en los años ochenta habían tenido que superar las mismas antipatías y prejuicios que los inmigrantes irlandeses del siglo XIX. Su Little Havana —con «v» como en algunas viejas grafías de la colonia—, el enclave que habían construido, era equivalente a los barrios italianos, griegos, irlandeses, polacos o judíos de tiempos pasados, o a los de los rusos que comenzarían a llegar pocos años más tarde. Muestra involuntaria, o al menos no premeditada, del lema nacional, «Et pluribus unum», Little Italy y Little Havana son iguales hasta en sus tiendas de souvenirs étnicos, de la misma manera que los barrios de Little Warsaw y Little Odessa sólo pueden convivir en paz entre sí, y con el vecino barrio judío, en una gran ciudad norteamericana.

Fue así como llegué a Miami y me quedé en Little Havana, y en casi veinte años viví bajo el mandato de cuatro presidentes: Reagan, Clinton y los dos Bush; vi a Estados Unidos ir a la guerra en Granada, Panamá, Irak —dos veces—, Somalia, Kosovo; reelegir como alcalde de Washington a un drogadicto, cuya detención comprando droga había sido grabada con cámara oculta; cómo los jueces le quitaban la alcaldía de Miami a un alcalde tan popular que había logrado que hasta los muertos votaran por él; vi al presidente Bush padre mostrar en televisión una bolsa de crack, piedra de cocaína, comprada en un parque de Washington —aunque afortunadamente no a su alcalde— frente a la Casa Blanca; vi casi elegir como gobernador de Luisiana a David Duke, un antiguo líder del Klan, y cómo en su lugar se eligió a Edwin Washington Edwards, un hombre del que todo el mundo sabía ya en el mismo momento del voto que acabaría en la cárcel por corrupción. «Vote for the crook; it's important!», «Votad por el ladrón; es importante», decía la pegatina vista en algunos coches con matrícula de Luisiana. A lo largo de esos casi veinte años he vivido las elecciones presidenciales más conflictivas desde 1876, y he visto cómo éstas se decidían no ya con los votos de mi estado de adopción, Florida, sino incluso con los de mi barrio, Little Havana. He visto en la televisión y en directo las meteduras de pata policiales de Waco y Ruby Ridge, y también a un programa como *COPS*, un *reality show* que redefine y amplía el concepto de brutalidad policial, convertirse varias temporadas seguidas en uno de los más populares de la televisión; y después de Waco y Ruby Ridge, su resultado: la voladura del edificio federal de Oklahoma City. He visto a Miami convertirse en la capital de tres o cuatro exilios aparte del cubano, punto de recogida de fondos electorales para la derecha salvadoreña, hospital y centro de reposo de la Contra nicaragüense durante su guerra civil, punto en que se reunía la oposición cívica a Noriega, y lugar de conspiración antichavista, sin por ello dejar de ser un gran pueblo en el que la lluvia inundaba las calles cada vez que llegaban las grandes lluvias del trópico. He asistido, desde fuera de la cárcel, a la ejecución de Ted Bundy; he visto por televisión las preejecuciones de Tim McVeigh en Oklahoma y Gary Graham en Texas, y comprobado cómo esta última, justo antes de las elecciones presidenciales de 2000, hizo subir en las encuestas de popularidad electoral al entonces gobernador George Bush; he vivido en un país en el que los médicos abortistas son tiroteados por ex pastores presbiterianos particularmente piadosos y en el que mucha más gente de la que uno puede o quiere creer almacena armas porque cree en sus líderes, en la República y en el sistema, pero prefiere mantener abierta la opción de la autodefensa personal si las cosas se tuercen en su barrio, y cómo ha comprado armas, creo que legalmente pero no podría asegurarlo, en ese mismo país; he visto en la omnipresente televisión norteamericana, y casi en directo, el ataque del 11 de septiembre que cambió el mundo. He tenido la suerte de irme de ese país sin ver el huracán que destruyó Nueva Orleans el verano de 2005 y los incidentes que lo siguieron.

Pero más allá de las anécdotas, y todo lo anterior no son sino anécdotas, aunque a veces sean anécdotas aparatosas o sangrientas, he visto cómo el Partido Demócrata perdía, traicionaba su programa y a sus electores para seguir conservando parcelas de poder y se transformaba en el equivalente al Partido Republicano de hace un par de décadas, y cómo el Partido Republicano, el de verdad, se transformaba en el partido de la derecha cristiana, hasta el extremo de que algunos de sus viejos miembros, incluso conservadores tradicionales como Bob Dole —su candidato presidencial en 1996—, ya no eran capaces de reconocerlo; he visto cómo un partido en el que un ultraconservador como Barry Goldwater era en los años sesenta una incómoda rareza a duras penas soportada, recuperaba un lenguaje y maneras que sólo algunos populistas radicales del Sur —los más carentes de tacto— se hubieran atrevido a emplear en público hace treinta años, y cómo habían conseguido con esas maneras y lenguaje recuperar las dos cámaras legislativas, ganar varias elecciones consecutivas y llegar a ser el partido que más creció durante toda una generación entre los nuevos votantes; he llegado a ver al viejo Barry Goldwater avergonzarse en público del rumbo seguido por su partido durante el caso Lewinsky y el acoso al presidente Clinton.

He visto, y fue un cambio tan imperceptible que lo vi sin darme cuenta —en eso puede decirse que fui un auténtico norteamericano—, cómo Estados Unidos desandaba el camino de la modernidad, que había tomado entre Franklin D. Roosevelt y Richard Nixon, y se volvía una sociedad cada vez más provinciana, rural, religiosa, introvertida y belicista, el último sistema no dictatorial del mundo que usa, y demasiadas veces abusa, de la pena de muerte, sin dejar de ser una sociedad tecnológicamente avanzada y una gran potencia mundial.

Me fui demasiado pronto para vivir las elecciones de 2004, en las que el campo y sus valores aplastaron de forma casi total, pero no definitiva, la ciudad. Y, desde luego, mucho antes de las de 2008, que serán tan importantes. Estamos, claramente, al final de una etapa de la historia de Estados Unidos. Después de una generación de claro predominio religioso y conservador, por primera vez desde hace demasiado tiempo ninguno de los dos posibles candidatos demócratas a la presidencia —Hilary Clinton y Barack Obama— trata de apoderarse del voto republicano jugando a ser más de derechas que la derecha, mientras que el claro candidato republicano es un miembro del ala más liberal, o al menos de la menos conservadora, de ese partido. Eso no significa, sin embargo, que Estados Unidos vaya a cambiar y abandonar sus leyes, sus costumbres, su forma distinta de afrontar los retos de la modernidad. En Europa, tradicionalmente hemos asimilado la prosperidad y el progreso con sociedades basadas en los valores surgidos de la Ilustración y la Revolución francesa. Los estados de Extremo Oriente —Japón, Taiwan, Singapur, Corea del Sur y ahora incluso la China continental— nos han mostrado que es posible que caracteres que consideramos propios del Occidente moderno, como el capitalismo, la industrialización, los avances tecnológicos y científicos, aparezcan en sociedades basadas en valores premodernos, fundamentados en una ideología distinta a la del racionalismo europeo. Estados Unidos de América nos ha demostrado durante casi veinte años que lo mismo es posible en el Extremo Occidente y que una sociedad avanzada es compatible con una religiosidad extrema.

Después volví a España, a los veintiún años exactos de haberme marchado, y descubrí al aterrizar los mismos restaurantes de *fast food* que había dejado horas antes en Miami, una tienda de *baggels* en la Via Laietana, chicos que llevaban las mismas ropas y seguían las mismas modas que allí, incluso los mismos maniquíes en las tiendas de ropa, y me pareció que en vez de haber vuelto a mi país parecía haberme mudado a otro estado de Estados Unidos. Había vuelto a una ciudad ciertamente más urbana que Miami, tal vez un Nueva York, o quizá incluso un Boston español. Boston es desde luego la comparación más favorable a Barcelona. Sé que estoy exagerando. Hace falta algo más que un McDonald's, un Burger King, un Pizza Hut y un Dunkin' Donuts para transformar todo un país, pero por algún lado se empieza, y a mí, que tanto me gustan algunas cosas norteamericanas en Norteamérica, me preocupa verlas en mi ciudad. Ver un Starbucks en el Passeig de Gràcia me parecía gracioso en el momento de mi regreso; saber que hay cerca de una veintena repartidos por Barcelona me irrita, aunque sólo sea porque nuestro café es más barato y mejor que el suyo.

Y es así como un buen día, entre el comienzo de la más anunciada e impopular de las guerras norteamericanas y la peor de sus catástrofes naturales, entre Irak y Nueva Orleans, entre la reelección de Bush y el que parece el final de un período de la historia norteamericana difícil de comprender, al menos para los europeos, volví a

Europa y me decidí a escribir sobre las distintas Américas que conocí. Tanto sobre la Norteamérica que me entusiasmó en muchos momentos, como la que se me hizo insoportable hasta el extremo de tener que abandonarla. No me será fácil hacerlo. Es mucho más fácil escribir un libro sobre Estados Unidos después de haber vivido seis meses allí, o incluso conociendo el país sólo a través de nuestros prejuicios y manías y sus mitos, sus libros, sus leyendas, o, ¿por qué no?, sus películas y series televisivas, que después de haber vivido allí la mayor parte de mi vida adulta.

Seis meses, sobre todo si son seis meses en los que se ha mantenido el contacto con el país de origen y la distancia con el lugar visitado, permiten una visión de conjunto lo suficientemente clara como para poder hacer afirmaciones claras y definitivas. Veinte años son demasiados, sobre todo si comienzas a pensar algunas cosas, demasiadas incluso, en el idioma del país adoptado, llegas a compartir sus intereses, leer su prensa y ver su televisión como única fuente de información; conoces los columnistas de sus periódicos, sus humoristas y, además, su humor te hace reír; ves sus películas, y adoptas su punto de vista, incluso inconscientemente. Sabes que has llegado a ser parte de la cultura de otro país cuando logras entender sus chistes y reírte de los mismos sin necesidad de explicaciones.

Veinte años en otro país no sólo no aclaran todos los problemas, sino que además dejan tantos matices a la hora de verlos que acabas por temer que nunca podrás explicárselos a otra persona. Hay experiencias no transferibles y vivir en un país extraño es una de ellas. Además, explique lo que explique, mis lectores nunca creerán nada más que aquello en lo que ya crean antes de leer el libro, porque todo el mundo sabe lo que es Estados Unidos. Estados Unidos es imperialista, capitalista, materialista, puritano, hipócrita y grosero; y los norteamericanos no saben situar otro país más que el suyo en un mapa, son demasiado gordos, no tienen educación ni modales, son prepotentes, agresivos, arreglan todos sus problemas con el uso indiscriminado de la fuerza bruta. Aparte de que Estados Unidos —todo el mundo lo sabe— sea una nación basada en las leyes, en donde todo el mundo tiene oportunidades para progresar, con un gobierno que respeta al máximo las libertades de sus ciudadanos, donde las clases sociales ya no existen y todo el mundo puede llegar a ser presidente —eso al menos es evidente—, e incluso éste puede ser juzgado si comete un crimen, donde el trabajo duro y la iniciativa son siempre recompensados; un país habitado por un pueblo nuevo, sencillo, abierto, poco afectado, generoso, trabajador y religioso.

Estados Unidos, el país más poderoso del mundo, capaz de ser el policía de media humanidad y de colocar un hombre en la luna; o Estados Unidos, país incapaz de mantener en buen estado un dique y mantener la seguridad en las calles de Nueva Orleans, una de sus ciudades más antiguas, sin recurrir a los mercenarios de Blackwater. Ambas versiones son igualmente ciertas (los lugares comunes sólo llegan a serlo si tienen una base real) y ambas versiones son igualmente falsas. Las explicaciones simplistas suelen serlo. Seis meses sobran para creer que puedes entender un país, y veinte años no son suficientes para comenzar a hacerlo. Quizá por ello jamás he tardado tanto en escribir un libro.

Estados Unidos, ¿país de leyes o país en el que médicos abortistas, junto a sus guardaespaldas, son asesinados por buenos cristianos que ni siquiera se arrepienten antes de ser ejecutados? Una cosa no excluye la otra en un país en el que no falta la gente que cree que la Constitución de Estados Unidos ha sido directamente inspirada por Dios pero que puede ser perfeccionada por sus hijos. Un país violento en todo caso en el que músicos de gansta-rap de las dos costas hacen realidad los temas de sus canciones y se matan los unos a los otros. Quizá no debería generalizar la rivalidad entre los rappers Notorious Big y Tupac Shakur, o la peculiar relación establecida entre el médico abortista John B. Britton, su guardaespaldas, el coronel retirado James H. Barrett, y el reverendo Paul Hill, que acabó matando a los tres —dos a balazos, y el tercero en la silla eléctrica—, si bien es más didáctico cuando se generaliza, y teniendo en cuenta que hay 212 millones de armas en manos privadas lo milagroso es que no haya más muertos, y lo normal es que los médicos abortistas tengan guardaespaldas.

Sin embargo, ninguna de las dos versiones de lo que es América me preocupaba demasiado durante mi primera noche norteamericana: las ignoraba por igual. Sudoroso, después de descargar mi primer camión y ganar mis primeros cinco dólares, tumbado en la cama estrecha de un motel perdido en el barrio hispano de una ciudad de provincias norteamericana, lo que me importaba, igual que a los otros miles de inmigrantes ilegales que acababan de llegar al país, era trabajar de cualquier cosa, y sobrevivir en un país en el que la gente podía irse a dormir segura de que al día siguiente iba a seguir viva.

Como puede ver el lector, lo ignoraba todo o casi todo tanto sobre el país al que acababa de llegar como sobre Miami, que en la década de 1980 iba a ser la capital norteamericana del crimen violento. Desde luego, aquella primera noche no sabía —de lo contrario no me habría sentido tan seguro— que en 1983, el año de mi llegada, en Florida, se habían producido ya, o se producirían antes de fin de año, 1.199 muertes violentas, una media de cien al mes —una menos en febrero, que es más corto—, muchas de ellas en la que iba a ser mi ciudad; aunque de haberlo sabido no creo que me hubiera importado: llegaba desde un país centroamericano en plena guerra civil en que cien muertos al mes era un mes tranquilo. Acabé por dormirme de madrugada. No soñaba todavía que iba a tratar de escribir un libro sobre Norteamérica, la religión, la pena de muerte, la inmigración, la guerra y otros temas. No soñaba siquiera en que en aquella ciudad me convertiría en escritor. En mi última noche norteamericana, cuando diecinueve años después me fui de Estados Unidos, tampoco pude dormir. ¿Qué iba a hacer fuera de Estados Unidos? ¿Qué iba a hacer tan lejos de la que era mi ciudad? Tal vez describirla…

El problema es cómo. Los dos primeros capítulos de este libro están dedicados a explicar cómo son los norteamericanos —a partir de mi experiencia en una ciudad que parece atípica dentro de Estados Unidos pero imposible fuera de sus fronteras como es Miami—

y las guerras que ha librado Estados Unidos desde su fundación hasta nuestros días. En el capítulo 1, a partir de un grupo inmigrante, los cubanos de Florida, y de la experiencia cubano-americana, trato de mostrar todos los grupos de inmigrantes y exiliados anteriores que construyeron la nacionalidad norteamericana. A través de la experiencia vivida junto a ese grupo, comparada con la de grupos llegados con anterioridad, se pueden ver pautas de conducta e integración en el nuevo mundo al que éstas llegaron y cómo surgieron los norteamericanos de hoy.

El capítulo 2 habla del papel de las guerras en la formación de las actuales fronteras de Estados Unidos, en la creación de nuevos ciudadanos a partir de inmigrantes y en la integración de los grupos que componen el tejido social norteamericano.

Los capítulos 3 y 4 están dedicados a explicar una Norteamérica, la del interior, cerrada a las influencias del mundo que la rodea, que desde hace una generación controla los destinos del país más poderoso del mundo, y la relación de ésta con Dios. El capítulo 3 habla de armas y comidas, de leyes vengativas y policías de pueblo, de leyes que nos sorprenden por venir de una sociedad que deseamos más parecida a la europea, pero que ha llegado a ser una cultura aparte, distinta de la nuestra. El capítulo 4 habla de la larga y amorosa relación entre Dios y los norteamericanos.

Miami, ciudad de inmigrantes, ciudad pobre...

Cuando en septiembre de 2002 me fui de Miami, me llevé varios periódicos. Me llevé un ejemplar de *Street*, el suplemento de aspecto más o menos hip, más o menos contestatario e informal de *The Miami Herald*, un periódico rara vez contestatario y nunca informal, que aquella semana estaba dedicado a las artes en Miami, y otro del *New Times*, un semanario gratuito de periodismo de investigación, alternativo, bohemio y contestatario, pero en todo caso no tanto como para asustar a sus anunciantes.

El *New Times* dedicaba la parte central de su bloque informativo a un monográfico sobre Miami, «We're Number One», que puede traducirse por «Somos los primeros», aunque la realidad es que anunciaba que éramos los últimos. Tras largos años de esfuerzos, Miami, la ciudad de mi sueño centroamericano, había logrado por fin llegar a ser la ciudad más pobre de Estados Unidos, o al menos la más pobre entre las de más de un cuarto de millón de habitantes, sin que ello pareciera molestar demasiado a sus habitantes. No es fácil considerando la competencia, pero donde hay una voluntad, o, como en el caso de Miami, había habido durante demasiados años una total falta de voluntad y liderazgo, hay un camino.

El del fracaso fue un largo camino. En 1960, Miami ya mostraba problemas estructurales, en 1980 se vio inundada de inmigrantes llegados de sociedades agrarias y subdesarrolladas que carecían de las referencias culturales necesarias para vivir en una sociedad urbana y avanzada. Aquel año llegaron 60.000 haitianos y 125.000 marielitos, cubanos salidos por el puerto de Mariel. Una muy pequeña minoría de futuros criminales ya endurecidos en las cárceles cubanas, y una inmensa mayoría de futuras víctimas de la explotación laboral, destinadas a rebajar los ya bajos niveles del mercado laboral miamiense. Todo eso con el telón de fondo de unos motines raciales que dejaron dieciocho muertos, cientos de heridos, un millar de encarcelados, varios cientos de negocios arruinados y daños —calculados de forma distinta por víctimas y aseguradoras— estimados entre ochenta y ciento cincuenta millones de dólares. La década de 1980 vio perder 40.000 trabajos en Miami, muchos de ellos bien remunerados, y la huida de casi toda su clase media, no sólo la blanca sino también la negra y parte de la hispana, aunque esta última, por motivos que veremos más adelante, desertó en menor medida; una clase media que fue sustituida por la llegada de nuevas masas de inmigrantes procedentes de Santo Domingo, Haití, Nicaragua y Centroamérica carentes, si no de la iniciativa, sí de los conocimientos empresariales de sus predecesores anglosajones o cubanos.

En 1990, Miami era ya la cuarta ciudad más pobre de Estados Unidos. Ya en los años ochenta era así. Yo llegué a Miami en un período de crisis, casi a la par, dos años después, que los llamados marielitos. Éstos eran una mezcla de exiliados y emigrantes que incluyó por igual a magníficos escritores, ex presos políticos, antiguos deportados de los campos de trabajo para peligrosos sociales del régimen castrista; pero también a gente que sólo quería trabajar en paz, a todo el que pudo subirse a un barco antes de que el gobierno cubano cerrase la puerta, y a todos los criminales, locos encarcelados o asilados que no pudieron impedir que la policía cubana les subiera, incluso a la fuerza, en esos mismos barcos. Aunque en realidad se exageró mucho la supuesta criminalidad de los marielitos: Gary W. Potter, profesor de derecho penal en la Universidad del Este de Kentucky, calculó que los supuestos delincuentes llegados por el Mariel pudieron llegar a ser, como máximo, el 2 por ciento del grupo, en todo caso un porcentaje muy estridente que asustó a la nación entera.

Marielito fue Reynaldo Arenas, uno de los mejores escritores de su generación, no ya de Cuba sino de cualquier parte del mundo; y marielitos son Mirta Ojito, ganadora de un premio Pulitzer, Andrés Reynaldo, editorialista de *El Nuevo Herald*, Anita, la camarera del restaurante en el que trabajé de lavaplatos de seis de la tarde a tres de la madrugada en la Calle Ocho, y el marimbero —¿de dónde vendrá ese nombre de resonancias amables y musicales para los vendedores de cocaína?— que vendía droga a sólo una esquina de distancia del mismo y al que teníamos prohibida la entrada. El escritor de fama mundial, la ganadora del Pulitzer, el editorialista mordaz y otros miles de marielitos que después ocuparían trabajos mejores tardaron años en hacerse evidentes a los cubanos ya instalados, a pesar de que por lo menos el escritor llegaba con premios literarios importantes y obra publicada. A corto plazo, los únicos visibles, tanto para los norteamericanos como para los cubanos que les habían precedido, eran la camarera y el marimbero: la mano de obra no especializada y el pequeño delincuente —eslabón último de una cadena criminal empezada por alguien más rico y discreto que él—. Gente que no coincidía con la imagen de triunfadores que los cubanos tenían y habían creado de sí mismos como grupo.

Para hablar sobre Miami, antes tengo que dar un repaso al condado de Miami-Dade y a sus estadísticas. Miami es sólo una de las veintisiete ciudades y territorios que ocupan el condado que lleva el nombre de Miami-Dade —hasta mediados de los años noventa, simplemente condado de Dade—, y cuando alguien de fuera del condado se refiere a Miami puede estar hablando lo mismo de Miami que de Hialeah, Coral Gables, Miami Beach, o incluso del mismo condado, con administraciones y caracteres distintos a pesar de su común población cubana.

Incluyendo a los que salieron de la isla y a sus hijos y nietos, hay cerca de dos millones de cubano-americanos en Estados Unidos. Una emigración mucho más importante para la isla que ha dejado que para el país al que ha llegado. Se trata de una población casi en un cien por cien urbana. Más de la mitad de los cubano-americanos se concentran al sur de Florida, en las áreas del gran Miami y Fort

Lauderdale. La mitad de los habitantes del condado de Miami-Dade son hispanos. El 60 por ciento de los hispanos de Miami son cubanos. Más de una tercera parte del total de los habitantes del condado es cubana. Los otros grupos más representados entre los hispanos son los nicaragüenses, los colombianos y los dominicanos. Al contrario que en otras partes de Estados Unidos, la mayoría de los hispanos del condado de Miami-Dade —no sólo cubanos sino también numerosos colombianos, argentinos, chilenos y otros hispanoamericanos— se autodefinen en cuestionarios oficiales y encuestas oficiales como blancos. En Estados Unidos se sigue preguntando a los ciudadanos a qué raza pertenecen, y esa clasificación sigue siendo más importante de lo que parece.

Así pues, la mayor parte de los miamienses son hispanos: caribeños de Puerto Rico y Cuba, dominicanos, hondureños y panameños; centroamericanos de El Salvador y Guatemala, de Nicaragua y Costa Rica; sudamericanos de cualquiera de las repúblicas que hablan, sienten y rezan en español, antes de venir a contar en inglés, un idioma más serio que el castellano, para abrir cuentas corrientes y comerciar. Para los anglos, todos los hispanos son iguales. Para muchos hispanos, los hispanos no existen como grupo o sólo existen en las estadísticas, probablemente porque en el mundo real poco o nada une al chicano del sudoeste de Estados Unidos con el puertorriqueño de Nueva York y Nueva Jersey, y poco a éstos con el cubano de Florida. La mayor parte de los hispanos de Miami hablan español, aunque sólo sea en su hogar, al contrario que los de otras comunidades hispanas importantes de Estados Unidos, como por ejemplo la de Los Ángeles, que, a pesar de su cercanía con México, es mayoritariamente angloparlante.

Si los hispanos ricos son, se comportan y, sobre todo, son tratados como blancos, los hispanos pobres son multicolores. Son negros y mulatos en el área del Caribe. Son indios y mestizos en Centroamérica y Sudamérica. Hay hondureños, salvadoreños, ecuatorianos, dominicanos, colombianos y venezolanos. Con algunas excepciones, los cubanos que llegaron al principio conformaban un grupo inmigrante poco usual, de clase media y media alta y raza blanca, y venían no tanto del interior de Cuba como de La Habana, una sociedad urbana desarrollada. Los hispanos que les han seguido vienen a menudo de sociedades agrarias y preindustriales, de países pobres o en guerra. Aunque eso es difícil de percibir para el extranjero, incluso para el norteamericano que convive con ellos, los latinos, al menos los de Miami, rara vez se mezclan entre sí en situación de igualdad. A los centroamericanos no les acaban de gustar los modales demasiado directos del Caribe. A los caribeños les disgusta el silencio triste de los andinos. A ninguno de ellos les gusta el estilo demasiado norteamericano de los cubanos. Por su parte, a muchos cubanos no les gustan esos fugitivos del Tercer Mundo que hablan su mismo idioma. Les separa la misma lengua. Los cubanos abusan del tú y de los imperativos, bromean demasiado fácilmente, hablan demasiado alto y fuerte. Los sudamericanos, sobre todo los colombianos —no sólo ellos—, abusan de los circunloquios y las formas de cortesía. El contacto no es siempre fácil. Afirmar que Miami es una ciudad que sólo puede existir dentro de la experiencia norteamericana puede parecer una paradoja, y sin embargo, aunque la mitad de los habitantes del condado de Miami-Dade hayan nacido fuera de Estados Unidos, es cierto.

Aunque ya había cubanos en Norteamérica desde antes de la revolución de 1959, su emigración masiva llegó después de la toma de poder de Fidel Castro. Lo hizo en cuatro grandes grupos. Simplificando, y simplificar siempre es un error, se puede decir que salieron primero los batistianos, seguidos de forma casi inmediata por muchos activistas políticos antibatistianos pero no castristas, y gran parte de la clase alta y empresarial, en el período 1958-1961. La clase media, poco amiga de meterse en política, los profesionales, y numerosos antibatistianos ya anticastristas de 1960 a 1971, incluyendo los salidos en barco desde el puerto Camarioca o en los llamados «vuelos de la libertad» interrumpidos en 1971. Finalmente, gente educada en el sistema sin clases de la sociedad castrista en las dos grandes oleadas de 1980 y 1994. Medio millón de cubanos en los años sesenta. Más de cien mil en el Mariel. Varias decenas de miles en la crisis de los balseros. Y entre oleada y oleada, un goteo incesante de deserciones en terceros países, deserciones a veces de gente importante e integrada en el sistema: escritores, profesionales, diplomáticos, altos funcionarios (un viceministro de Economía) y mandos de las fuerzas armadas (un general de la Fuerza Aérea en activo, que se llevó su avión y su familia), y el autor de los manuales de entrenamiento de la Seguridad del Estado. A este último el gobierno norteamericano lo instaló en un estado sin cubanos llegados en exilios anteriores, entre los que no faltaba gente que aún lo recordaba como infiltrado, asesino y torturador.

Fueron los cubanos llegados en los años sesenta los que crearon la imagen, a la que tuvieron que ajustarse todos los llegados posteriormente, de una comunidad blanca, católica, urbana, educada en las formas de convivencia de una sociedad occidental, compuesta de clases medias y profesionales. Se dio en ellos la paradoja de que, no teniendo inicialmente intención de quedarse en Estados Unidos, fueron la inmigración que mejor se supo adaptar a su nuevo país en la larga historia de las migraciones a Estados Unidos. Lograron integrarse mejor que cualquier otro grupo anterior, porque la ideología más extendida en la América de los años sesenta, en plena guerra fría, era el anticomunismo, pero también porque la llamada Gran Sociedad, el último programa masivo de lucha contra la pobreza emprendido por un gobierno norteamericano, se tradujo en una serie de ayudas a los recién llegados que no tuvieron otros grupos llegados antes, ni tendrían otros grupos llegados después de la gran ola conservadora que transformó la política norteamericana en los ochenta. Ola conservadora de la que fueron coprotagonistas y socios esos mismos cubanos llegados en los sesenta.

Aquellos primeros cubanos lograron integrarse mejor que cualquier otro grupo anterior porque llegaron en medio del gran auge económico de los sesenta, en el que toda mano de obra, especializada o no, era bienvenida, y en algunos casos tras haber mantenido ya relaciones comerciales continuadas con Estados Unidos, conocer a antiguos proveedores y clientes, conocer sobre todo la forma de trabajar de las empresas norteamericanas. Llegaron en su mayoría desde una gran ciudad, La Habana, el centro urbano más norteamericanizado del Caribe y probablemente de toda la América hispana. Por regla general eran blancos, cultos, pertenecientes a sociedades fraternales de origen norteamericano como los Rotarios, los Leones o los Caballeros de Colón; muchos de ellos habían estudiado en Estados Unidos. Además, se conocían y apoyaban entre sí, y cuando comenzaron a abrirse bancos cubanos, o los bancos norteamericanos comenzaron a tener directivos cubanos, les fue posible obtener préstamos a largo plazo basados no tanto en la situación precaria en que vivían en aquellos momentos como en el potencial demostrado en el pasado en Cuba. Sin olvidar el hecho de que llegaran siendo un grupo blanco, pero con estatus de minoría, en un momento en que las leyes sobre derechos civiles comenzaban a obligar a contratar minorías.

Además, fue fácil y ventajoso para Estados Unidos convalidar los títulos de la mayor parte de los profesionales cubanos salidos de la isla, con lo que doctores y dentistas, muchos de ellos educados en Estados Unidos o en Europa, recuperaron su profesión en un plazo breve. Los médicos, dentistas y contables cubanos recuperaron de nuevo su título y estatus, y Estados Unidos un gran número de profesionales formados y probados que no costaron nada a su sistema educativo, salvo un examen hecho entre iguales que, sin ser necesariamente fácil, no dejó a casi ninguno de los aspirantes fuera de su profesión original.

No fue, sin embargo, un exilio fácil, ninguno lo es, y el folklore nacido en esos tiempos está lleno de historias de abogados trabajando en supermercados, como *bag boys* —esos chicos que llevan las bolsas a los coches de los clientes—, o como camareros en los hoteles de Miami Beach; de mujeres de clase media, media alta, y profesional trabajando en plantas empacadoras de tomate, llamadas tomateras; de gente mandada, «relocalizada» en la jerga burocrática, por el gobierno federal a estados fríos del Norte donde nadie hablaba español. Todo un folklore que sólo el invencible humor cubano hace divertido, y que aún no tiene un libro que lo recoja.

No es sorprendente que los cubanos sean una de las pocas emigraciones masivas que no ha recibido un nombre despectivo de sus predecesores. No hay un solo grupo minoritario que no haya tenido su nombre. Los irlandeses fueron *micks, paddies, shanties*; los italianos, *wops, guineys, goombah* —plural *goombata*— o *guidos*; los judíos, *kikes, hymies, yids*; los hispanos, *spics, greasers, beaners* y *pepperbellies*; y los negros, *jigaboos, jungle bunnies* y *niggers*, siendo esta última palabra probablemente la más cargada de odio y conflictiva del inglés hablado en América, con toda una serie de matices que van del odio al desprecio que ninguna traducción al castellano puede llegar a dar. De entre todas las comunidades inmigrantes y minorías urbanas, sólo la cubana no ha tenido un insulto hecho a su medida.

Los programas de ayuda social de la Gran Sociedad permitieron que muchos de los recién llegados recibieran ayuda o pudieran al menos deducir de sus impuestos norteamericanos las propiedades perdidas en Cuba a manos de la revolución. También, y es un recuerdo a menudo molesto pero real, numerosos jóvenes cubanos fueron empleados de forma directa o indirecta, o recibieron ayuda de distintas agencias federales, entre ellas la CIA —aunque no sólo la CIA—, por su participación en la lucha anticomunista.

Algunos de esos jóvenes, los menos, llegaron a hacer del anticomunismo un oficio para el resto de sus días y se les pudo ver pilotando los cazabombarderos de Joseph Desire Mobutu, primero contra el izquierdista Patrice Lumumba y después contra el derechista Moise Tshombe; persiguiendo al Che en África y matándolo después en Bolivia; e incluso, mucho después, entrando en el edificio Watergate vestidos de fontaneros o volando el coche del dirigente exiliado chileno Orlando Letelier con él dentro. El piloto personal de Mobutu, el hombre que capturó al Che Guevara, los pilotos que llevaron armas a la Contra nicaragüense, salieron todos de los mismos barrios de La Habana y del mismo centro de instrucción de Carolina del Norte, y los que sobrevivieron a sus guerras viven aún en los mismos barrios de Miami.

En las décadas de 1960 y 1970, Miami tuvo la estación de la CIA más grande de todo el hemisferio, lo que no deja de ser sorprendente, ya que la CIA no puede actuar legalmente en territorio norteamericano. El nombre de la estación era JM/WAVE, siglas que no significan nada a pesar de todas las interpretaciones dadas. La estación ocupaba una antigua instalación naval al oeste del actual zoológico y dependían de ella medio centenar de empresas tapadera. En los sesenta, la CIA fue uno de los principales empleadores del sur de Florida, manejaba un presupuesto mensual de cerca de cincuenta millones de dólares en salarios, y tenía suficientes barcos, entre mercantes artillados y lanchas rápidas, como para que su flota fuera en número —no en potencia de fuego— la tercera marina de guerra del hemisferio. No es sorprendente considerando que su línea aérea, Air America, en la que volaron después bastantes pilotos cubano-americanos, fue la primera del sudeste asiático en número de aeronaves.

Por el contrario, la oleada de inmigrantes del Mariel, en la que había una mayor cantidad de negros y mulatos, obreros manuales y campesinos, y menor cantidad de blancos y profesionales urbanos, aunque no faltaran muchos profesionales, de todos los colores, preparados en el bloque soviético o en la misma Cuba, no tuvo esas ayudas al llegar en medio de los recortes a los programas de asistencia social hechos por las administraciones republicanas. Los cubanos llegados en los ochenta y noventa no reflejaban las mismas características del grupo inicial. Si la emigración cubana hubiera comenzado con el Mariel, el estatus de los cubanos de Miami no sería muy distinto, en términos de poder —o más bien de falta de poder—, al de los nicaragüenses, que llegaron en esa misma época, y serían como ellos, y otras emigraciones del Caribe urbano: mano de obra barata.

Prueba de ello, cuando en los ochenta los nicaragüenses trataron de imitar la experiencia migratoria cubana, ésta fue imposible de repetir a pesar del común anticomunismo de ambos grupos y de la política relativamente favorable a ellos de la administración Reagan, y, en su mayoría, acabaron relegados a la condición de mano de obra no especializada, tanto en la sociedad norteamericana como dentro del enclave cubano. Los nicaragüenses tenían en contra suya provenir de una cultura rural, menos sofisticada que la cubana, pero también la falta de programas sociales de integración en su nuevo mundo. Los profesionales nicaragüenses no pudieron recuperar su estatus con la facilidad de los cubanos. No se dio tampoco la solidaridad dentro del mismo grupo que se había dado entre los cubanos exiliados de la primera generación. La Cuba de los años cincuenta, con sus clases medias, abierta al mundo, comercial y cosmopolita, había producido un ciudadano distinto al de la Nicaragua de Somoza, polarizada socialmente, agraria, sin clases medias ni apenas elementos de solidaridad interclasista.

El destino de los cubanos salidos después de la década de 1980 en el Mariel, o en la de 1990, hubiera sido el de los nicaragüenses sin la existencia previa de ese enclave cubano, que inicialmente les rechazó. Una prueba de ello son los cubanos llegados después del éxodo del Mariel que han ido a vivir a otras partes de Estados Unidos y han acabado teniendo los mismos bajos ingresos que otros inmigrantes hispanos. Por el contrario, y en lo referente a los que se quedaron en Miami, las estadísticas de sus empleadores indican que los llegados por el Mariel o durante la crisis de los balseros, más que integrarse directamente en la economía norteamericana, lo hicieron en la economía cubano-americana. Al final, a pesar de la desconfianza que originalmente inspiraron en los cubanos que les habían precedido, los grandes beneficiados fueron los profesionales formados en Cuba y el bloque oriental, que pudieron aprovecharse de la existencia de una clase empresarial que les contrató, a menudo dentro de sus especialidades, antes incluso de aprender el idioma de su nuevo país. Sin esa clase empresarial, esos profesionales hubieran quedado rebajados de categoría, como tantos ingenieros polacos o rusos, llegados a Estados Unidos a la caída del bloque soviético, que ahora son fontaneros y electricistas en las Little Warsaw o Little Odessa de Newark o Jersey City. No fue, sin embargo, algo premeditado, de la misma manera que no fue tampoco algo original. Aunque no lo sepan, los inmigrantes pobres rara vez emigran a un país nuevo, suelen hacerlo a un gueto del viejo país situado en un territorio nuevo, un punto intermedio entre las dos culturas.

¿Qué quieren los inmigrantes?

El citado número especial del *New Times* estaba lleno de ejemplos de la vida diaria de Miami. Vendedores de frutas en la calle, economía paralela, servicios ilegales dados en condiciones subestándar, dentistas y médicos sin licencia, salarios pagados en negro y no registrados en los libros de contabilidad, todo ello en una ciudad en la que «muchos barrios de Miami se parecen más a los suburbios de una capital latinoamericana pobre que a una gran ciudad [norte]americana... bandadas de gallinas vagabundean picoteando el suelo a lo largo de calles sembradas de basura, mientras camionetas multicolores, cargadas de vegetales, pasan con sus bolsas de tomates y pimientos rojos y verdes a dólar. A todo lo largo de la ciudad, en los cruces de calles, vendedores de flores, gaseosas y globos compiten por un lugar favorable, esperando una venta...», y podría seguir el artículo. «En cualquier estación del año los carros recorrían las calles recogiendo los cuerpos sin vida de los desharrapados. [...] Las condiciones higiénicas eran deplorables. Las calles apestaban a excrementos. Los niños morían de catarros benignos o leves sarpullidos. [...] Muchos creían que la suciedad, el hambre y la enfermedad eran lo que se merecían los inmigrantes por su degeneración moral...», aunque estos párrafos no son de la serie de artículos del *New Times*, y no hablan del Miami de 2002, sino de la novela *Ragtime*, de E. L. Doctorow, y hablan del Nueva York de 1902. Unas líneas en que los judíos centroeuropeos ocupan el papel de los centroamericanos o los marielitos. Nada nuevo bajo el sol. Ni siquiera las reacciones de los ya instalados en el país. Cito de nuevo *Ragtime*: «Entre quienes más los despreciaban se contaban los irlandeses de segunda generación, cuyos padres habían cometido los mismos delitos».

Yo viví allí. El barrio de Miami en el que residí durante buena parte de mi estancia norteamericana estaba en la parte mala de Little Havana. Era, las están derribando a toda prisa, un barrio de casas bajas de madera de uno o dos pisos, techo en punta, edificios falsamente frágiles, que habían sobrevivido ya a varios huracanes. Las casas estaban elevadas sobre pilotes para evitar las inundaciones que acompañan a los huracanes, tenían paredes de madera y un porche delantero, a menudo protegido por tela de mosquitero, en el que sentarse al fresco las tardes del largo verano. Habían sido las casas de los blancos pobres del Sur profundo. Fueron construidas por gente que pensaba vivir en ellas, con sus familias, durante las próximas dos o tres generaciones, y están llenas de detalles curiosos y amables dignos de artesanos, armarios empotrados debajo de las escaleras, pequeñas buhardillas y suelos de madera en los que da gusto andar descalzo durante el demasiado largo verano del Sur. Tardé años en acostumbrarme a esas casas. Al principio no sabía mirarlas y las veía pequeñas, vulgares y mezquinas. Después me di cuenta de lo frescas y cómodas que eran en realidad. Eran casas hechas para vivir, no para enseñárselas al vecino. Los últimos fines de semana pasados en Miami me dediqué a fotografiarlas con una cámara barata. No sólo eran más resistentes que la basura prefabricada que había llenado el condado en los años setenta y ochenta —el huracán Andrew lo demostró—, sino que tenían una dignidad de la que carecen casi todas las casas construidas allí después de los años sesenta. Acabé viviendo en una de ellas.

Es difícil verlo hoy porque el barrio ha ido decayendo de año en año, pero en su día aquél fue un buen sitio para vivir. Se nota en las aceras, hoy levantadas por las raíces mal cuidadas y cubiertas de basura, pero sombreadas por los árboles, o en el hecho de que es imposible caminar más de veinte minutos en cualquier dirección sin encontrar una zona verde en la que sentarse a descansar a la sombra.

Lo que hoy es parte de Little Havana se llamó en otros tiempos Riverside, un nombre que ya nadie usa y sólo perdura en algunos centros oficiales, como el Riverside Middle High (colegio) o la Riverside Station (oficina de correos).

Al contrario que los barrios del Miami actual, Riverside no trata de parecerse a las imágenes creadas para el turismo de lo que tiene que ser Miami. Los árboles de sus aceras no son palmas, los colores de sus casas no son pastel. Un libro no traducido al castellano, *The Five Weeks of Giuseppe Zangara*, de Blaise Picchi, describe aquel Miami tan distinto al de hoy: «La población del sur de Florida era blanca, anglosajona, de religión protestante y demócrata en política. Había pocos judíos, hispanos o republicanos, y los negros no votaban. Algunos hoteles de la playa [Miami Beach] eran abiertamente "sólo para gentiles" y todas las instalaciones públicas estaban etiquetadas para "blancos" o "de color"». Riverside es un recuerdo de otra época, no necesariamente mejor, y otra historia más pausada e integrada en su ambiente, en la que Miami era una pequeña ciudad del Sur profundo, en la que las listas de los miembros del Klan y de la policía compartían muchos nombres, y no la supuesta capital del Caribe urbano.

Yo creía que mi caso era distinto al de esos inmigrantes descritos por el *New Times*, y aún más del de los del siglo XIX. Aquéllos llegaron desde países, a los que no podían o querían regresar, que a veces aún no existían. Mis predecesores habían sido revolucionarios jacobinos de una Alemania o una Hungría aún inexistentes, aplastados por sus duques o príncipes durante las revueltas liberales de 1848; irlandeses de una Irlanda bajo dominio inglés; polacos que eran austríacos, prusianos o rusos; italianos que eran sicilianos, calabreses, súbditos del Papa o de la casa de Saboya, llegados desde una Italia en la que los venecianos eran aún austríacos; judíos de Rusia y Europa central; finlandeses que eran rusos; griegos y libaneses que eran miembros del Imperio otomano. Gente que quería ser norteamericana porque a menudo no podía ser nada más. La mayor parte de la gente que llegó en el siglo XIX procedía de países que no existían y que a veces,

como Polonia, Italia, Grecia, Irlanda, Alemania, Finlandia, Checoslo-
vaquia o Hungría, no tenían la más mínima posibilidad lógica de llegar a existir jamás. Las viejas Asia y Europa hoy están llenas de estados mucho más jóvenes que la joven Norteamérica. No tenían
dónde volver, y tal vez por eso trabajaron tanto por hacer de Estados
Unidos su país.

Y, sin embargo, la idea de que la vida que les esperaba allí sería
fácil era falsa. Hace un siglo en el país al que inmigraban, Estados
Unidos, el 18 por ciento de las casas tenían por lo menos un sirvien-
te, pero sólo un 14 por ciento baño. La mayor parte de las mujeres se
lavaban el pelo sólo una vez al mes, usando bórax o yema de huevo.
Sólo el 8 por ciento de las casas tenían teléfono, y una llamada de tres
minutos desde Nueva York al interior del país podía costar once dólares. En Estados Unidos había 8.000 automóviles y la velocidad máxima en aquellas ciudades que lo habían regulado, pocas en realidad,
era de 16 kilómetros por hora. Sólo existían 230 kilómetros de carretera pavimentada. La mayor parte de los nuevos inmigrantes podían aspirar a un sueldo de 22 centavos por hora. Un obrero con
suerte podía llegar a ganar de 200 a 400 dólares al año, un contable
unos 2.000 dólares, un veterinario de 1.500 a 4.000, pero pocos inmigrantes podían aspirar a esos trabajos. En 1907, el Departamento
de Trabajo del gobierno federal calculó que era posible mantener alimentado y alojado a un inmigrante norteeuropeo por dieciocho dólares al mes, un coste que bajaba a sólo seis dólares con noventa centavos si el inmigrante era italiano. La esperanza de vida en Estados
Unidos era entonces de unos cuarenta y siete años, y el 95 por ciento de los norteamericanos nacían en sus casas, atendidos por médicos que en un 90 por ciento de los casos no habían pasado por la
universidad, sino sólo asistido a escuelas médicas, consideradas como
subestándar en la mayor parte de las otras naciones del mundo. Al
llegar el verano, la gente huía de la ciudad de Washington para evitar
las fiebres, mientras que en Nueva York morían niños y ancianos de
calor en agosto y congelados en diciembre. Pero no todo eran des-
ventajas para el nuevo inmigrante: en 1903 sólo fueron contabilizados 230 asesinatos en todo el país —aunque los 99 linchamientos

contabilizados aquel año no estaban incluidos en esa estadística—, y si llegaba a una nación en donde a menudo las leyes sobre el consumo de alcohol eran difíciles de entender —siguen siéndolo en algunos estados del Sur y más aún en Utah—, también a una en que no existía tráfico de drogas ilegales, aunque sólo porque todas o casi todas eran legales. Hace un siglo, la marihuana, la morfina, la heroína y el láudano podían ser comprados en muchas tiendas sin necesidad de receta alguna. Según la publicidad de la época, la heroína «limpia la piel, aviva la mente, da regularidad al estómago y es, a todos los efectos, un perfecto guardián de la salud». Eran tiempos en que la Coca-Cola, con su ingrediente mágico, aún usaba cocaína, era realmente la chispa de la vida. En aquellos tiempos, las madres que trabajaban durante el día, daban opiáceos a los niños para que no las estorbaran en su empleo, pero sólo hasta los diez o doce años, edad en que muchos de ellos comenzaban a su vez a trabajar en las fábricas. Y al menos esos inmigrantes de principios del siglo XX llegaron a una sociedad de fronteras estables. Muchos de los que les precedieron llegaron a un país en formación en que, durante una larga generación, desde los incidentes entre abolicionistas y esclavistas de Kansas, en 1854, hasta el fin de la Reconstrucción, en 1877, durante una generación entera, las diferencias entre los dos grandes partidos se resolvieron en muchos lugares a tiros. Ayuda a comprender la historia de aquellos años el saber que los ladrones de trenes Jesse y Frank James eran demócratas, el pistolero Wild Will Hickock y los hermanos Earp republicanos, y que todos ellos empezaron sus carreras de pistoleros como activistas políticos en los disturbios de la sangrienta Kansas. Por si todo eso no era poco, hay que añadir las elecciones amañadas —en las presidenciales de 1876 ganó el que no había ganado—, los linchamientos, la guerra civil, que en las fronteras aún había indios y bandoleros, y que a veces las fronteras ni siquiera existían. ¿Por qué emigraba la gente a Estados Unidos? Porque un simple vistazo a la Europa de esa época nos indica que, a pesar de todas esas tristes circunstancias, el cambio era para mejor. Porque a falta de algo mejor, los norteamericanos podían morir jóvenes y de forma violenta, pero solían morir libres y a menudo morían mejorando las condiciones en que vivirían sus hijos y nietos. Porque incluso el antes mencionado inmigrante italiano con sus seis con noventa al mes podía comprar en Estados Unidos cosas que un campesino pobre de su país no hubiera podido siquiera soñar. Porque si las elecciones de 1876 fueron amañadas, fueron también prácticamente las únicas celebradas aquel año, en cualquier parte del mundo, y porque en cualquier caso, tanto los italianos, como los alemanes del siglo XIX, como los cubanos del XX, por no hablar de los libaneses, húngaros, checos, polacos y judíos rusos que llegaron en distintos momentos a Norteamérica, tenían algo en común: en su inmensa mayoría venían de países en que el Estado no funcionaba bien o funcionaba bien sólo en su función represora. Llegaron desconfiando del Estado y mantuvieron muchas veces esa desconfianza incluso en un nuevo mundo en el que ellos eran el Estado.

Con raras excepciones, los emigrantes no salen de las clases medias, de los propietarios o profesionales. Antes de que les tocara el turno a los cubanos, emigraron campesinos suecos que querían una tierra que nunca tendrían en un país frío como Suecia o Noruega, y por eso en contra de toda lógica acabaron en un Wisconsin casi igual de frío; emigraron campesinos de Irlanda que se conformaban con poder comer en medio de las hambrunas semiprovocadas o toleradas por los terratenientes ingleses durante el siglo XIX; emigraron campesinos polacos y judíos que se conformaban con que los cosacos del zar les dejaran seguir vivos; emigraron libaneses cristianos lo más lejos posible de sus gobernantes turcos; emigraron disidentes religiosos de toda Europa porque, aunque el país al que llegaban estaba lleno de fanáticos religiosos que los recibirían a pedradas, al menos en Norteamérica podrían devolvérselas. La historia de la primera emigración irlandesa a Estados Unidos está llena de peleas multitudinarias, a pedradas y bastonazos, a cuchillo y con pistola, entre irlandeses orangistas e irlandeses católicos.

Y a veces se daban excepciones en las que los inmigrantes sí provenían de las clases letradas. Los casi olvidados emigrantes alemanes de la primera mitad del siglo XIX eran pobres, y a menudo católicos como los irlandeses, pero eran también educados y liberales. Muchos de ellos huyeron de su país por motivos políticos y trasladaron al Nuevo Mundo sus ideas. Los alemanes, al menos los llegados después de 1848, no importa dónde se instalaran en Estados Unidos, incluso cuando lo hicieron en el Sur, fueron abolicionistas, republicanos, jacobinos, votantes de Lincoln y voluntarios en los ejércitos de la Unión cuando llegó la guerra civil. Hasta ciento ochenta mil llegaron a alistarse y en algunos estados como Texas fueron durante largo tiempo los únicos abolicionistas blancos.

A veces se siguen dando excepciones. Los emigrantes cubanos llegados en los años sesenta eran la clase media, media alta, educada y profesional que suele mantener unido y funcionando a un país. Hasta ahí llega la coincidencia con los alemanes de 1848. A la hora de repetir errores, porque todos los nuevos grupos de inmigrantes cometen los mismos errores que los grupos anteriores antes de integrarse en el mismo país, los cubanos repitieron los mismos errores de los irlandeses para cosechar los mismos éxitos de los judíos; de la misma manera que los hispanos del siglo XX han seguido las mismas pautas que los italianos del XIX, o los asiáticos del XX el mismo camino que los judíos del XIX.

Es inútil que traten de ser distintos —aunque, sin saberlo, todos lo intentan—: en el momento en que un grupo inmigrante llega voluntariamente, no importa si legal o ilegalmente, a suelo norteamericano comienza un proceso de asimilación que en tres generaciones hará que el nieto de un italiano o de un cubano recién desembarcado sea un italoamericano o un cubano-americano intercambiable en casi todo con un polaco-americano o incluso un chino-americano.

El regreso rara vez es posible después de la primera generación. En su libro *The Exile*, el escritor David Rieff, procedente y representante de una cultura, la neoyorquina, mucho más cosmopolita que la mayor parte de sus compatriotas, estudioso y conocedor de la subcultura cubana de Miami, a la que ya había dedicado uno de sus libros anteriores, *Camino de Miami*, describe las vacaciones en Cuba de una familia cubano-americana, crecida en Estados Unidos pero fiel a sus raíces culturales. De la lectura del libro, uno llega a la conclusión de que la persona menos fuera de lugar dentro de la isla era Rieff, el norteamericano.

Existe en América una literatura de la inmigración como subgénero fácilmente identificable y dotado de reglas propias, que es intercambiable de grupo a grupo. No importa que la autora o el autor sea una china de San Francisco, un judío de Nueva York, o un cubano de Miami, sus temas y personajes coincidirán: el abandono de la sociedad tradicional de Europa, Asia o Hispanoamérica; el viaje al Nuevo Mundo; el choque cultural, la resistencia de la vieja generación a perder sus tradiciones, la explotación laboral, la asimilación a la nueva cultura dominante, la pérdida de la identidad étnica y el redescubrimiento y reafirmación de esa identidad, aunque sea sólo de forma parcial, en la siguiente generación. No sólo los temas, sino incluso los desarrollos son idénticos. Las historias de hijos casándose fuera del grupo étnico; el pariente mayor que se niega a cambiar las reglas con que ha vivido toda su vida; la figura del abuelo, tío, anciano y dispensador de una sabiduría ancestral que de alguna manera ha escapado a la generación de los padres y sirve de ancla al autor-narrador; las tensiones intergeneracionales; el recuerdo idealizado del lugar de origen, aquel paraíso perdido que se abandonó a menudo a toda prisa, huyendo y sin mirar hacia atrás, que es recobrado en el Nuevo Mundo tirando dardos en un pub irlandés, jugando al dominó cubano en un parque de la Calle Ocho o al mah jong en un club de Chinatown, cuando no en el restaurante étnico en el que la camarera recién llegada de Hong Kong, o recién bajada de una balsa —la versión cubana de la patera mediterránea—, alegra el día a los clientes con un acento que les devuelve al viejo país, pero sobre todo en las reuniones en que se canta «Oh, Danny Boy» en Boston, o «La Guantanamera» en Miami.

La literatura de la emigración es la literatura de la nostalgia, no sólo por el país perdido, sino incluso por aquel primer barrio en el que los abuelos aprendieron a ser norteamericanos: un Bronx judío, una Little Italy o un Chinatown idealizados, más limpios, sanos y seguros que los insalubres guetos reales en que se hacinaron los inmigrantes recién desembarcados. Es también la literatura del triunfo, y lo es por partida doble: historia del triunfo sobre la adversidad de sus personajes, pero también del triunfo personal de sus autores que son ya norteamericanos. Está escrita por nietos de inmigrantes crecidos ya dentro de la nueva cultura y el nuevo idioma, y es porque está escrita en inglés, y editada por editoriales norteamericanas, que logra llegar al gran público de todos los idiomas, incluso traducida al idioma de los abuelos, que es normalmente aquel en el que menos apreciada es. Es literatura sobre los abuelos pero no es la literatura que hubieran escrito los abuelos de haber tenido el tiempo y educación necesarias para reflexionar sobre su propia experiencia.

Esta literatura de la emigración comienza ya a dar buenos libros dentro de la comunidad cubano-americana, como por ejemplo *Finding Mañana* de Mirta Ojito, un libro mitad memoria personal y mitad periodismo de investigación que presenta la experiencia del éxodo del Mariel, o la novela *Los reyes del mambo tocan canciones de amor*, de Óscar Hijuelos, llevada al cine, que trata sobre la comunidad cubana de Nueva York antes del castrismo. Hijuelos y Ojito son dos cubanos que representan generaciones distintas de un mismo exilio pero a los que une no sólo una nueva nacionalidad, sino un mismo éxito, representado por el premio Pulitzer.

¿Qué escribían los inmigrantes de la primera generación? Apenas quedan trazas de su literatura accesibles al gran público. Rara vez emigraron los mejor educados. Además, los nuevos inmigrantes estaban demasiado ocupados sobreviviendo como para reflexionar sobre su propia experiencia, y las raras veces que escribieron lo hicieron en la lengua del país abandonado. Muchos de ellos no sabían leer o lo hacían de forma imperfecta, por lo que no debe sorprendernos que el teatro fuera su género favorito. Sabemos que hubo teatro en italiano y en yiddish en Nueva York y Chicago, zarzuela en español en

Tampa, y que fue popular el melodrama entre los italianos —*L'onore perduto*, de Alessandro Sisca, fue una de las obras más famosas— y el sketch humorístico entre los judíos. Aquellas obras improvisadas, adaptaciones judaizadas —*haimish* era el término empleado— de clásicos a los que se daba un final feliz a gusto del público, o piezas teatrales que incluían canciones sin llegar a ser operetas, tienen su equivalente en un teatro musical cubano de tipo político, mezcla de sainete y manifiesto, que coexiste incluso hoy con el teatro culto en los teatros populares de Miami.

En esta Barcelona llena de inmigrantes a la que he regresado, tengo que preguntarme si ahora mismo, tal vez en la trastienda de un comercio del Born o el Raval, no se está escribiendo ya una literatura árabe, china o paquistano-barcelonesa que yo, ignorante del idioma y la tradición importadas, nunca podré llegar a disfrutar plenamente. De la mayor parte de aquellas obras, no queda sino un recuerdo cada vez más difuminado. Del teatro en yiddish de Nueva York y los cómicos judíos de los hoteles de las montañas de Catskill, que atendieron a la primera generación de judíos centroeuropeos que supo lo que eran unas vacaciones, quedó una mordaz tradición humorística que, dulcificada, se perpetuó primero en el cine, a través de comediantes como los hermanos Marx, y después en el sitcom televisivo. Aun así, las pocas muestras de literatura escrita por inmigrantes que nos han llegado del siglo XIX son bastante menos optimistas y positivas que las de la literatura étnica escrita en el siglo XX.

La literatura de inmigrantes que mejor ha llegado hasta nosotros, porque fue escrita desde el principio en inglés, es la de los irlandeses. El primer libro que queda de ella es, *The Life of Paddy O'Flarrity, Who, From a Shoeblack, Has by Perseverance and Good Conduct Arrived to be a Member of Congress, Written by Himself* (1834), una sátira del sueño americano en la que el protagonista logra llegar a Norteamérica y hace todo lo posible por asimilarse a su cultura. Para ello, el personaje central, tras casarse con la hija de un juez que es elegido gobernador de Missouri, toma el apellido del juez, reniega de su origen y llega a ser elegido al Congreso de Estados Unidos. Menos de una generación más tarde, los personajes de *The Adventu-*

res of Tom Stapleton, de John McDermott, dos inmigrantes irlandeses, candidatos para el cargo de concejal de la ciudad de Nueva York, ya pueden, en realidad ya deben, competir ante el electorado para demostrar quién es más irlandés. Uno de ellos llega a pasear a su hija vestida de verde y con un arpa por las calles, como la misma Hibernia, que ha venido a votar por el partido de su padre. He visto esa misma campaña, «Cubano, vota cubano», en las calles de Miami con concejales cubanos ocupando el lugar de los irlandeses. Me atrevería a decir que incluso con la misma niña, que en Miami suele acudir a todas las marchas anticastristas vestida como una alegoría de la República, con un largo traje tricolor, un gorro frigio en la cabeza, una estrella pintada en la frente, y encadenada, aunque las cadenas no suelen ser reales.

En la Centroamérica de la década de 1980, Miami llegó a ser una ciudad de leyenda. No deja de sorprenderme pensar que también en países que no tienen la excusa de haber sufrido prolongadas guerras civiles. La leyenda decía que Miami era un sitio en el que había trabajo pagado en dólares, no había guerra, todo el mundo hablaba en español, en el que la luz o el agua no se iban por sorpresa, la guerrilla no ponía bombas y la policía no usaba fusil de asalto ni, como regla general, te mataba o trataba de matarte en el momento de la detención. Con leves diferencias —las referentes a la policía—, el mismo espejismo que la generación de españoles anterior a la mía había tenido con respecto a Alemania. El mismo sueño que tienen ahora tantas personas en África o Sudamérica con respecto a Madrid o Barcelona. Vista de cerca, Miami era sólo una ciudad de provincias norteamericana, construida más para los coches que para las personas, de aceras no muy bien cuidadas y calles que se inundaban cada vez que llovía, en la que la principal ventaja para mí, o para cualquier otro ilegal centroamericano, era que todo el mundo hablaba español.

Pero soy injusto con Miami. Vista de lejos, y desde Barcelona, hoy puede que sea sólo eso, pero vista de cerca, cuando se sale de una guerra civil y de un país en ruinas, las cosas cambiaban mucho. El simple hecho de poder darle al interruptor de la luz y que ésta se encendiera era ya de por sí un agradable cambio. Y luego estaban las tiendas, las tiendecitas que tenían de todo, las zapaterías y las tiendas de ropa; los pequeños supermercados; las casas de objetos de oficina —a mí siempre me ha gustado tomar notas y tener mi mesa de trabajo llena de cuadernos y cuadernillos—, y las librerías con libros. En Centroamérica había tenido que ver librerías sin libros, porque allá casi todos eran importados y no había divisas para traerlos, pero recién llegado a Miami descubrí, en Ponce de Leon Boulevard, una librería llena de revistas llamada Adolph's Readers World, grande y fresca, incluso en el peor de los veranos, con un agradable olor a tabaco de pipa, en donde tenían prensa, incluso especializada, de todo el mundo; en la Calle Ocho, una librería, Libros Españoles, dedicada sólo a libros traídos de España; en Coral Gables acababan de inaugurar Books and Books, y aún no podía saber que iba a convertirse en una de las mejores librerías de Norteamérica o adivinar que Vázquez Montalbán la mencionaría en un libro aún no escrito sobre el caso Galíndez; en el centro de la ciudad, en el Downtown, encontré una librería y distribuidora de libros bilingüe, Downtown Bookcenter, dirigida por un asturiano-americano, veterano de la Segunda Guerra Mundial, un caballero encantador con el que años después llegué a tener muchas agradables conversaciones sobre libros.

Yo, que no llegué a salir del enclave a la hora de trabajar (ése fue mi error), lo hice de forma continua a la hora de vivir. El primer sitio en que viví en Miami fue en la frontera entre Miami y Coral Gables. La mía era una casa que mostraba los cambios sufridos por la ciudad con la llegada de la inmigración masiva. Por fuera parecía de cemento, por dentro era evidente que era de madera. El cemento había sido añadido, aunque sólo a la fachada, por uno de sus primeros ocupantes, habanero, o al menos citadino, que había decidido que una casa de madera era demasiado rústica para su gusto. En otros tiempos había tenido un porche abierto delante que después se había cerrado para dejar en su lugar dos habitaciones pequeñas para los niños. Después, cuando dejó de ser usada por una sola familia y comenzó a alquilarse por habitaciones, desaparecieron el comedor y la sala, subdivididos en habitaciones, hasta que la casa llegó a consistir sólo en un largo pasillo que daba a los cuartos de los inquilinos, siempre cerrados con llave, una cocina y un solitario cuarto de baño. Era un lugar de paso, ni muy limpio ni muy seguro, que escapaba a las regulaciones locales, lleno de marielitos sin familia, del que los inquilinos huían apenas conseguían un trabajo o una pareja fijos. En la parte de atrás se había construido un añadido, alquilado por un estudiante de medicina, veterano de la guerra de Angola, que esperaba poder hacer su reválida norteamericana —ya no era tan fácil convalidar títulos como en los años sesenta— y cobraba los alquileres para la encargada, que los llevaba a una oficina donde pagaban al abogado del dueño de aquella ruina. ¿Quién era el dueño? Nunca lo supimos. Tanto la casa en sí, como el añadido, como la forma en que se cobraban los alquileres, sin contrato ni recibos y normalmente en efectivo, estaban al margen de todas las leyes del país.

En cierto modo, aquélla era la misma ciudad retratada por el artículo del *New Times* pero vista desde el otro extremo. Y vista desde el otro extremo no era una mala ciudad para los que huían, o debería decir «huíamos», del caos y la guerra.

Coral Gables es otra de las ciudades del condado de Miami-Dade. Incluso hoy es fácil saber con una simple ojeada cuándo entras en la ciudad de Coral Gables. Las leyes en Coral Gables siempre se cumplen, y hay leyes para todo, incluido el color en que puedes pintar la fachada de tu casa, las reparaciones y añadidos que puedes hacerle, cuándo puedes hacerlos, y hasta el tipo de coche que puedes aparcar enfrente. Coral Gables no ha llegado a ser conocida como *the city beautiful* por accidente. No hay camionetas como las descritas en el artículo del *New Times* aparcadas en las calles de Coral Gables y mucho menos vendedores ambulantes. No hay, sin embargo, gran diferencia entre el origen de sus habitantes y el de otras zonas menos ricas dentro del condado de Dade. Las demás clases burguesas, tanto la anglosajona como la negra, han huido de Miami. La cubana se ha limitado a mudarse a unas calles de distancia. También en Coral Gables, con su eficiencia anglosajona, con toda la limpieza manicurada de sus céspedes, que recuerdan a los suburbios norteamericanos de las comedias televisivas de los años cincuenta o las películas de Doris Day, la población es mayoritariamente cubana.

Son los cubanos que salieron de Cuba desde el principio; los que eran parte de la clase media y media alta urbana de La Habana y trajeron consigo los valores de su clase. Esos primeros cubanos tardaron a veces años en admitir que se estaban instalando de forma definitiva en Norteamérica. También ellos empezaron en habitaciones o casas realquiladas en Little Havana, en casas pensadas para una familia norteamericana de cuatro personas y dos generaciones a las que de pronto entraba gente con un concepto distinto del término familia, que incluía al primo cuyos padres no habían podido salir aún de la isla, la abuela, la suegra, el consuegro, el tío recién salido de la prisión por anticastrista y la madrina de la niña que no tenía dónde quedarse y dormía en el sofá del comedor. La familia cubana es menos abundante que la de otros grupos hispanos de Estados Unidos: los cubanos suelen tener menos hijos que las familias de esos otros grupos, pero como las otras familias hispanas el concepto de familiar inmediato incluye a abuelos, tíos y primos, al contrario que los anglosajones, que tienen una idea más cerrada de la misma, limitada a padres e hijos.

Fue sólo a regañadientes como aquellos primeros exiliados cubanos admitieron, después de la batalla de Playa Girón —Bahía de Cochinos en la historiografía oficial cubana— y la crisis de los misiles, que tendrían que quedarse y procedieron a transformar el ambiente que les rodeaba dentro de las aún limitadas posibilidades de un grupo de exiliados. Tardaron más tiempo que la gente de las generaciones siguientes de exiliados en pedir la nacionalidad estadounidense, pero cuando la tuvieron supieron aprovecharla a fondo. Ahora ya no viven en aquellas primeras casas de Little Havana, sino en las zonas nuevas de Miami y en Coral Gables. Les costó treinta años hacer lo que otros grupos han hecho en tres generaciones y ahora tienen bancos, compañías de bienes raíces, constructoras que consiguen contratas estatales y federales, forman parte de todas las instituciones cívicas que modelan la vida del condado de Miami-Dade y dictan la política exterior de su nuevo país con respecto al viejo. Aunque a veces no sean conscientes de ello, han triunfado. Son tan norteamericanos como los irlandeses y los judíos que les precedieron y, además, ya nunca podrán ser otra cosa ni vivir en otro lugar.

Xenofobia e integración

Estaba una vez en una barbería de la Calle Ocho. En Miami hay peluquerías y barberías. Hay peluquerías unisex, con jóvenes peluqueros peinados a la moda que hablan del último vídeo de Madonna, y
hay barberías con viejos barberos que hablan de pelota, y pelota en
Miami, y gran parte del Caribe español, es el béisbol. Barberías en donde se apuntan apuestas, se habla de mujeres y se tiene el *Playboy* en un
cajón para que lo lean los clientes habituales mientras les cortan el
pelo. Ésa era de las clásicas, de las de *Playboy*, pelota, apuesta clandes-
tina y retrato de Trujillo en la pared —el dueño de la barbería era dominicano, ejemplo de que los cubanos no son los únicos que se vuelven más conservadores al cruzar el estrecho de Florida—. Debía de
ser allá por 1992 o 1993, porque ya había balseros —gente escapada
en balsa de Cuba—, pero antes del motín conocido como el maleco-
nazo de La Habana y la fuga en masa que siguió a los disturbios del
Malecón en 1994. Pocos días antes, una pareja de balseros habían atra-
cado un restaurante de la Calle Ocho y matado a un cliente, igualmente cubano. Ya los habían arrestado y eran uno de los temas de
conversación del día. La gente estaba indignada con los atracadores.
Cuanto más cubano era el que protestaba, más alta era la protesta.
   —Yo a esa gente es que no la conozco... Yo los veo y es como
si no hubiéramos venido del mismo país... No son cubanos, chico,
que son otra cosa. No hay respeto a las leyes... no hay respeto a la
gente ni a la propiedad...
   Era un anciano vestido de guayabera, esa camisa tropical de lino
que en tiempos de la colonia fue prenda del campesino cubano, y aca-

48

bó siéndolo a partir de los años treinta de toda la clase política de Cuba. Desde que llegué a Miami, era la misma queja que había oído a cientos de viejos cubanos cada vez que se hablaba de los marielitos. Y el anciano siguió hablando:

—Yo me acuerdo cuando nosotros llegamos en 1980… —Era un marielito. Y no sé si estaba o no integrado en su nuevo país, pero sí que iba por buen camino.

Cuando los irlandeses llegaron por decenas de miles a América, desde principios del siglo XIX hasta el comienzo de la guerra civil, fueron recibidos con motines, quemas de iglesias y conventos católicos, alborotos y linchamientos, por un partido nativista que tuvo muchos nombres pero fue conocido sobre todo como el de los Knownothings. *Knownothing* significa literalmente «el que no sabe nada», «el ignorante», en alusión a su juramento secreto que les comprometía a responder así —«No sé nada»— a cualquier cuestión sobre sus ideas políticas. Aunque los Knownothings como partido existieron menos de una generación y nadie los reclama hoy como antepasados políticos, como tendencia y presencia son una de las más antiguas y constantes en la política norteamericana y han sobrevivido en distintas formas hasta nuestros días.

En 1891, a sólo dos o tres generaciones de su llegada, los irlandeses habían ascendido socialmente y habían comenzado a pasar de delincuentes a policías, y de linchados a linchadores en los motines de Nueva Orleans, que acabaron con la vida de once de los diecinueve sicilianos acusados de ser miembros de la mafia y coautores del asesinato del jefe de policía, David Hennessy, un irlandés. Prueba de lo bien que éste se había adaptado a su nuevo país, las últimas palabras de Hennessy, «Esos dagos me han matado», incluyeron el término racista *dago*, usado inicialmente contra los españoles y después, por extensión, contra todos los europeos del Mediterráneo. En vida Hennessy había sido para muchos de sus contemporáneos, incluso para algunos de los que lo vengaron, un *mick*, un *paddy*, un *shant* o hasta un *potato head*.

Hay muchas señales que indican que un grupo se ha integrado plenamente en la vida norteamericana: la práctica de la xenofobia, e incluso del racismo, es una de las más visibles. Richard Pryor, un humorista negro conocido en España sobre todo por filmes que ya tienen más de veinte años, grabó en los años setenta una serie de discos con sus rutinas. Una de esas rutinas era un curso de inglés para inmigrantes consistente en una sola palabra, *nigger*, que una vez usada correctamente bastaba para colocar a cualquier comerciante chino o coreano, recién llegado, en igualdad de condiciones con sus nuevos compatriotas anglosajones. En fechas más recientes, hay pocas plumas más ácidas a la hora de escribir sobre la inmigración ilegal que la de Michelle Malkin, cuyo apellido de soltera es el mucho más filipino de Maglalang.

En eso los cubanos de Miami sí son distintos. Otros grupos tardan tres generaciones en estar lo suficientemente integrados como para poder votar por los republicanos y mirar mal a los nuevos inmigrantes. Algunos cubanos de Miami, de la primera generación, han logrado hacerlo en menos de treinta años. Lo han hecho incluso con emigrantes procedentes de su misma isla. Cuando escribía antes que no existen términos despectivos para referirse a los cubanos, en realidad pretendía decir que no existen en el idioma inglés. Todos los términos despectivos usados contra los cubanos —cubiche, cubanazo, marielito— han sido creados y usados, sobre todo, por otros cubanos y son desconocidos por los norteamericanos que sólo hablan inglés.

Aunque la integración de los cubanos, fruto de la economía del país y del ritmo de los tiempos, ha sido más rápida que la de emigraciones anteriores, no ha dejado de ajustarse a los esquemas habituales. La integración de una nueva familia en Estados Unidos solía tardar tres generaciones.

La primera generación es la de los inmigrantes: conservan el idioma original, y sin importar si han huido del hambre o la injusticia trasplantan muchas de las costumbres de su viejo país al nuevo, y aprenden un deficiente inglés de supervivencia. Aceptan cualquier trabajo que les permita sacar adelante su familia, sobre todo si tienen hijos. No saben cómo usar todas las leyes de su nueva nación en su beneficio, pero a veces logran recibir ayudas del Estado, sobre todo los grupos emigrados el siglo XX. Ahorran todo lo que pueden y dejan tras de sí y para sus hijos una base, siquiera mínima, a partir de la que éstos podrán vivir mejor.

Sus hijos son la segunda generación: nacen en el nuevo país o llegan de pequeños, y a los pocos años de estar allí ya traducen para sus padres los papeles de abogados, caseros y administradores; van al colegio en el Nuevo Mundo y aprenden una lengua y una historia que aún no son las suyas pero que les serán más útiles que las propias; abandonan la economía cerrada del enclave étnico y son obreros en las grandes fábricas —cada vez hay menos fábricas en la América de hoy— o tratan de ascender en la sociedad a través de la burocracia y la política, son miembros de una unión (sindicato) y a menudo de un círculo de votantes con base étnica. En el colegio primero, la fabrica después, y en el ejército en tiempos de guerra, se relacionan con hijos y nietos de inmigrantes de otros grupos anteriores, posteriores o contemporáneos y descubren con gran sorpresa lo mucho que se parecen entre sí. Conservan en casa y con sus padres el idioma familiar, pero entre ellos, entre los de su generación, se hablan ya en inglés, y ése es el idioma en que leen y escriben cuando tienen tiempo de hacerlo; mandan a sus hijos a colegios privados mejores que los suyos, tienen casa propia y, al contrario que sus padres, no sueñan con volver a su país de origen, aunque a veces, sobre todo cuando pertenecen a grupos que han sido o se sienten exiliados o perseguidos —judíos, armenios, rusos blancos, exiliados centroeuropeos, cubanos o irlandeses—, siguen mirando hacia el mismo y, a veces, hacen sentir el peso político de su nuevo país en los temas que afectan al viejo, como los irlandeses norteamericanos durante la revuelta de la Pascua Sangrienta de 1917 en Dublín, los judíos con respecto al Estado de Israel, o los cubanos con respecto a las relaciones entre Estados Unidos y Cuba.

Después viene la tercera generación: muchos de ellos reciben nombres de pila típicos del país, no es difícil encontrarse un Kevin

Ortigueira gallego–cubano en el que puedes ver los gestos del yuppy norteamericano superpuestos a los rasgos del campesino gallego, un Wyatt Kim coreano de California, una Heather Molinaro lejanamente italiana, o un Harry Li cantonés de Nueva York. Cómo nombres tan típicamente anglosajones como Kevin, Clarendon, Wyatt o Digby acaban siendo nombres típicamente judíos, merecería sin duda un capítulo aparte. Algunos inmigrantes incluso cambian de apellido, aunque las reglas se han relajado bastante sobre quién es o no norteamericano, y el cambio no es tan común ni necesario como antes. Algunos Miller norteamericanos son nietos de algún Müller alemán, que cambiaron su apellido porque Estados Unidos estaba en guerra contra el káiser y había que demostrar la americanidad en todos los detalles, sobre todo en los menores; algunos Green son nietos de algún Greenberg, que cambiaron su apellido porque eran judíos reformados, habían salido por fin del gueto, adoptado una forma menos vistosa de judaísmo que les permitía salir a cenar los viernes por la noche con parejas de amigos gentiles sin necesidad de ser o parecer demasiado kosher, y deseaban estar mejor integrados en la sociedad que los rodeaba. Todos los miembros de esta tercera generación hablan ya el inglés como primer y casi único idioma y, además, son conscientes de lo mal que lo hablan sus padres y abuelos, creen también saber hablar el idioma de sus abuelos porque pueden saludarlos y ordenar en un restaurante del viejo barrio los mismos platos que cocinaba su abuelita (ella sí los hacía bien). Algunos de ellos presumen de su etnicidad, aunque eso es más fácil de hacer ahora que en el siglo XIX, pero son ya norteamericanos, han ido a un colegio privado, o al menos han tenido esa opción, y mandarán a él a sus hijos; viven como norteamericanos normales; si pertenecen a asociaciones cívicas o hacen política no es para sobrevivir en un país hostil, sino porque quieren; no se parecen físicamente a sus abuelos, los hábitos alimenticios americanizados de las dos generaciones anteriores y las mezclas con la gente del país han cambiado su aspecto, hasta limpiar toda la pobreza y hambre del gueto o la aldea originarias, y son más altos, más gordos o más atléticos que sus antepasados —porque no hay gordo como el gordo norteamericano o atleta como el atleta norteamericano—, hasta ajustarse a la idea que en el mundo se tiene de un estadounidense.

Porque esta sociedad de inmigrantes, y ahora no me refiero a ningún grupo en concreto, puede y suele ser también una sociedad de gordos. Peter Whybrow, médico y autor del libro *American Mania*, explica en éste la gordura norteamericana desde la historia y la genética. Los norteamericanos, según el libro de Whybrow, son más susceptibles a la tentación del consumo desmesurado porque descienden de inmigrantes. Y fueron en su día inmigrantes porque querían vivir en un país en el que no sólo todos podían ser libres, sino también a uno en el que todos podían comer carne. Un norteamericano pobre hoy puede comer mejor, o al menos más, que un magnate europeo de siglos pasados. A pesar de todas las diferencias existentes en el seno de la misma, la norteamericana es también la primera sociedad conocida en que todos sus habitantes han tenido acceso a un grado de riqueza y comodidad rara vez visto en la historia. Los norteamericanos han llegado así a ser también la primera sociedad en la historia que ha tenido que preocuparse por ser demasiado rica, y demasiado gorda.

No todos los miembros de esta tercera generación son plenamente conscientes de la experiencia inmigrante, razón por la cual la mayor parte de ellos cuando habla de la inmigración lo hace ya en inglés, y normalmente mal, de toda esa otra gente recién bajada del barco que no sabe nada de nada, no se molesta en aprender inglés ni en integrarse en el país, es desaseada, y no sabe seguir el ejemplo de sus abuelos —los propios abuelos desde luego—, que sí eran inmigrantes buenos, honrados y con ganas de trabajar, prosperar y llegar así a ser norteamericanos.

El voto étnico: el poder económico y político de las comunidades inmigrantes

El poder económico del cubano-americano viene dado por su capacidad de trabajo, de la situación de Estados Unidos en los sesenta, pero también de la situación económica de Hispanoamérica, de la continua inestabilidad de un continente entero. Durante los años sesenta y setenta, por primera vez en la historia de Estados Unidos, la fidelidad al idioma de origen y el conocimiento del español supusieron una ventaja a la hora de hacer contratos y obtener empleo. Tanto fue así que hasta anglos como Jeb Bush, nieto de senador, hijo y hermano de presidentes norteamericanos y gobernador de Florida, aprendió español para poder hacer negocios en Miami antes incluso de pensar en dedicarse a la política —porque en Florida es preciso dominar por lo menos un español básico para poder dirigirse a clientes o votantes, dos tipos no siempre diferenciados en el imaginario americano.

Miami, en sus orígenes una ciudad de segundo orden dominada por un *establishment* anglosajón y demócrata, se transformó en un punto importante para el comercio con Hispanoamérica. La situación geográfica de Miami, la habilidad comercial de los cubanos y la estabilidad del sistema norteamericano contribuyeron a que la ciudad se convirtiera en centro bancario para el capital de las clases medias y altas de la América bolivariana y el Caribe español.

Salvo pequeñas diferencias en el acento, el español de La Habana es el mismo que se habla en Caracas, en la costa colombiana, en Panamá o en Nicaragua. El auge del petróleo venezolano llenó Miami de petroleros con ganas de gastar dinero, y la mala gestión de gobiernos como el peruano, argentino o ecuatoriano llenaron Miami de dinero salido de su país; si las cosas iban bien, las clases medias de esos países iban a Miami y compraban camisas; si las cosas iban mal, sacaban el dinero hacia Miami; si las cosas iban muy mal, ningún otro lugar como Miami para curarse las heridas, como los contras nicaragüenses; comprar armas, como los grupos de autodefensa salvadoreños; o conspirar, como los civilistas panameños y los conservadores venezolanos contrarios a Noriega y Chávez respectivamente.

E iban a comprar camisas, porque gracias a la clase media cubana Miami era una ciudad en que podían comprar ropa de lujo, relojes Rolex, abrir una cuenta corriente, ingresar dinero en esa cuenta sin tener que contestar a demasiadas preguntas sobre su origen; conseguir un permiso de conducir, comprar una casa o una pistola sin necesidad de prescindir del español, sin necesidad de aprender el inglés y, de hispano a hispano, saltándose toda una serie de regulaciones, en el fondo inútiles e innecesarias. Y hacían lo segundo porque esa clase media, que en Cuba había sido reformista, liberal y votado de forma consistente por dos partidos, el Auténtico y el Ortodoxo, de corte reformista y casi socialdemócrata, se había transformado en Miami en uno de los grupos más conservadores del país y la ciudad en una de las raras ciudades hispanoamericanas en la que no había que preocuparse ni por la guerrilla en las calles ni por los profesores de izquierdas en las aulas. En Miami hasta el colegio de los jesuitas es conservador.

Los cubano–americanos son el grupo hispano con mayores ingresos y mayor cantidad de profesionales por familia, pero aún más importante a la hora de determinar su estatus e influencia en Estados Unidos es que son también el grupo hispano con mayor número de negocios propios y mayor cantidad de altos ejecutivos y directivos en negocios ajenos. Miami sólo tiene el 5 por ciento de los hispanos en Estados Unidos, pero ese 5 por ciento incluye a veinte de los cuarenta negocios hispanos más grandes del país, entre ellos dos de los tres más grandes. Con treinta mil negocios en propiedad, los cubanos son el grupo hispano con mayor cantidad de empresarios de la nación. Eso no significa que todos los cubano-americanos sean ricos, ya que gran parte de esos treinta mil negocios son de tipo familiar, lo cual no debe hacernos pasar por alto el aspecto más importante de esa estadística: que la mayor parte de los cubanos recién llegados pueden ser empleados por otros cubanos. A los seis años del Mariel, cuando ya sabían hablar inglés y tenían todos sus papeles en regla, el 45 por ciento de los marielitos seguían trabajando para otros cubanos, y entre un 75 y un 80 por ciento vivían en barrios cubanos y compraban productos cubanos en tiendas propiedad de cubanos. Al contrario que otras clases medias, incluso después del Mariel, la clase media cubana no tuvo tantas razones para desertar de su ciudad.

Para los norteamericanos, los enclaves étnicos son poco más que guetos siniestros, como esas calles de Miami descritas por los periodistas del *New Times*. Para los que viven en ellos, son puntos de transición entre el viejo mundo que queda atrás y el nuevo que se abre ante el recién llegado.

De los guetos no se puede salir, lo impiden las leyes o la economía, los guetos destruyen al que vive en ellos. Del gueto no se sale, y cuando se sale se huye. Por el contrario, un enclave étnico es algo creado por afinidad, de forma más o menos voluntaria; de los enclaves étnicos se sale, quizá se tarda tres generaciones en hacerlo, pero se sale, y a los enclaves étnicos se regresa, a veces con nostalgia. Desde los años noventa, algunos yuppies cubanos, en la jerga miamiense yucas (young upwardly mobile cuban americans), han comprado y renovado casas en Little Havana. La diferencia entre gueto y enclave puede verse mejor paseando por barrios como Liberty City u Overtown y comparando esos barrios con Little Havana, incluso en su peor área, la próxima al río, el antiguo Riverside. En Little Havana no sólo existen negocios de tipo familiar que atienden a las comunidades que allí viven, sucursales de grandes cadenas nacionales, como Eckerd Drugs o Pep Boys, sino incluso negocios locales dedicados a atender a la gente de fuera del enclave. Se sabe que un gueto ha dejado de ser un gueto para convertirse en un enclave étnico cuando no sólo las calles están llenas de negocios, sino que además bastantes de ellos están dedicados a los turistas. Nadie va a un lugar peligroso para comprar un delantal que dice «Kiss me, I'm cuban», un imán para el refrigerador en forma de bandera cubana, una camisa de cuarenta dólares con el escudo cubano bordado, *made in Malasya*, o un ajedrez patriótico-militar en el que los peones son insurrectos mambises y el rey, en un curioso giro de sus ideas políticas, José Martí.

Las otras pequeñas tiendas independientes de la Calle Ocho, las que no son para turistas, ofrecen mercancía quizá no tan buena como la de las grandes cadenas norteamericanas, a precios no competitivos, pero también la compensación de ser atendido por alguien del mismo idioma que el cliente, alguien que no le mira de arriba abajo por el simple hecho de no saber expresarse correctamente en inglés, o incluso no hablarlo en absoluto. Esas tiendas ofrecen su primer empleo a los inmigrantes recién llegados, incluso a aquellos que todavía no han completado el papeleo burocrático. Existe una solidaridad, complicidad, implícita entre el cliente, el empleado y el propietario. El empleado será más tarde cliente; el patrón, aunque pague menos —y a veces bastante menos— que uno del país, es alguien al que el empleado queda unido por una serie de valores culturales comunes que a la larga hacen más fácil al empleado la entrada en el mercado laboral de su nuevo país. Los problemas más difíciles quedan resueltos si no entre amigos, sí entre paisanos, se evitan algunos pagos aquí, a la seguridad social, y allá, a la oficina de impuestos, se omiten algunas facturas o impuestos en espera de que la gente pueda ponerse en pie por sí misma. La ausencia de inspectores en la ciudad o su complicidad, sobre todo en campaña electoral cuando todos los votos cuentan, permite la construcción de anexos no del todo regulares a las casas o el alquiler de las mismas por habitaciones.

Un inmigrante nuevo y sin familia, sin papeles aún regularizados, puede conseguir un trabajo no especializado que no aparece en los libros de contabilidad de la empresa, vivir en un apartamento de una sola habitación construido en el garaje del amigo de un amigo llegado antes, ir a un dentista sin licencia —o con la licencia no convalidada de un país extranjero— y llevar una vida fructífera y regular si sabe mantenerse dentro de las normas no escritas pero claras que conforman la comunidad inmigrada en el nuevo país. El patrón tiene mano de obra barata y fiel que algún día se añadirá a su clientela. Cientos de pequeños negocios no competitivos que, de otra manera, desaparecerían, como han desaparecido tantas otras tiendas familiares propiedad de norteamericanos, sobreviven así y, a pesar del cúmulo de irregularidades que cometen de forma casi diaria, hacen crecer la economía de la ciudad. Con los años, el inmigrante, o su hijo, crecerá y abandonará el enclave para vivir en cualquier punto del país, pero habrá aprendido allí todas las reglas, y todas las trampas, necesarias para sobrevivir en el Nuevo Mundo y tendrá siempre un lugar al que regresar si las cosas no le van bien. Así fue con los italianos, así fue con los judíos o los irlandeses, así fue con todos los otros grupos étnicos que han conformado enclaves urbanos.

Lo que nos lleva a un rasgo particular de Miami. Los cubanos sí han sido distintos de otras inmigraciones anteriores, a las que la irregularidad de su situación legal y la discriminación de grupos anteriores han forzado a menudo a crear bandas, cuando no auténticas organizaciones criminales, con las que sobrevivir al margen de la sociedad establecida: completamente legales desde casi el primer día de su estancia norteamericana, no existen bandas juveniles cubano-americanas en Florida o Nueva Jersey —durante mucho tiempo el segundo estado más cubano de Estados Unidos— equivalentes a las bandas hispanas de California o Nueva York, ni crimen organizado cubano-americano equivalente al italiano, irlandés o judío de los años de la Gran Depresión. Aunque se haya acuñado el término de «mafia cubano-americana», éste ha sido usado sobre todo en conexión con la política más que en relación con el crimen, organizado o no. Amigos de los atajos administrativos y las pequeñas irregularidades, los cubanos parecen ser, sin embargo, pésimos criminales.

Finalmente, del país abandonado queda la complicidad entre la gente de un mismo grupo; el idioma reducido de generación en generación hasta perderse, pero también hasta que algunas de sus palabras pasan a ser parte del nuevo idioma, como *schmuk* que pasa de ser un insulto en yiddish a ser un insulto en neoyorquino; quedan los restaurantes que, desde los shetels judíos y los chinatowns, las pequeñas habanas o pequeñas italias, los barrios irlandeses de Boston, reproducen la cocina de las abuelas modificada por la mayor riqueza de los nietos; quedan las historias del paso al Nuevo Mundo que crean sentimientos de solidaridad y permiten, entre otras cosas, que políticos, a menudo mediocres, resulten reelectos de forma eterna por el sencillo método de vestir guayabera en la Calle Ocho de Miami o desfilar con un ridículo sombrero verde en el desfile del Día de San Patricio en Boston, porque el voto étnico es tan explotado en las campañas electorales locales como supuestamente dejado a un lado en las nacionales. Quedan, desde luego, los pubs irlandeses, como el Cheers televisivo, o aquel John Martin's real que tanto frecuenté en Coral Gables, convertidos en una institución tan típicamente norteamericana que nos permite olvidar que los primeros bares irlandeses de Boston, junto a las primeras iglesias, colegios católicos, e incluso conventos de monjas, fueron quemados por sus vecinos protestantes, y, lo que es más importante, permiten que sus clientes y propietarios irlandeses también lo olviden.

¿Son importantes las políticas del recuerdo y la identidad en Estados Unidos? Lo son. Como lo son a veces las políticas del rencor. Incluso para grupos llegados voluntariamente a Estados Unidos no todos los recuerdos son agradables, por eso algunos políticos irlandeses del siglo xix usaron entre sus recursos electorales no sólo el discurso de la memoria y el orgullo, sino también el del resentimiento, de la misma manera que en el siglo xx lo emplearon, de forma más justificada, también políticos afroamericanos, como el reverendo Al Sharpton, aunque rara vez lo hicieron en la política nacional y lo reservaron para la política más local. Incluso hoy siguen usándolo para unas simples elecciones a concejal de Boston. Nueva Orleans o Miami, donde aún cuenta ser irlandés, negro o cubano, pero nunca para ganar unas elecciones nacionales, porque incluso el más torpe de los candidatos marginales sabe que, en el Estados Unidos de 2008, las políticas de identidad no permiten siquiera el triunfo de la etnia mayoritaria, y mucho menos el de alguien de una etnia minoritaria.

Los cubano-americanos no son tan distintos de los irlandeses o italianos. Aunque a veces son comparados con los judíos por su capacidad comercial y por la forma en que el voto judío de Nueva York y el cubano de Florida parecen controlar la política exterior de Estados Unidos en su relación con Israel y Cuba, hay otros antecedentes con los que podría equipararse la emigración cubana. Ya antes la he comparado con la emigración alemana que siguió a la fallida revolución liberal de 1848. Como aquellos alemanes, los cubanos, o al menos los primeros cubanos llegados de 1961 a 1965, eran gente educada, con ideas políticas propias que tenían poco que ver con la tradición política de su nuevo país, que en muchos casos consideraban a Estados Unidos sólo un lugar de paso en espera de poder volver a una Alemania, o a una Cuba, presumiblemente mejores, que hablaban un idioma distinto al local y además un idioma escrito que se mantuvo a través de revistas, libros, costumbres, folklore y fiestas nacionales que nada tenían que ver con las locales. A las dos generaciones de llegar al país, los nietos de los alemanes liberales y anticlericales de 1848 iban a la iglesia, habían construido iglesias más suntuosas que las dejadas atrás, eran conservadores americanos y sólidos votantes republicanos, a pesar de sus intentos iniciales de resistirse a la americanización. Lo mismo pasa hoy con la tercera generación de cubano-americanos.

Por otra parte, se podría comparar el exilio cubano con otra emigración, la irlandesa, por lo menos por un detalle, la relación militante, a veces militar, que muchos de sus miembros siguen teniendo con respecto a su tierra de origen. Los irlandeses americanos, a pesar de la relativa comodidad que comenzaron a tener después de la guerra civil, nunca olvidaron de dónde venían y tuvieron su propia versión de Bahía de Cochinos, las llamadas invasiones fenianas a Canadá (1866-1870), con las que trataron de apoderarse de aquel dominio de la corona británica para usarlo como moneda de cambio por la independencia de Irlanda, una página poco comentada de la historia de Estados Unidos en sus relaciones con el Reino Unido y su dominio del Canadá. La invasión de Playa Girón fracasó, como fracasaron las invasiones fenianas, pero en gran parte gracias a ese fracaso nació el actual poder político cubano.

Pero ¿por qué tienen los cubanos un poder político del que carecen grupos de hispanos —o de no hispanos— mucho más numerosos en Estados Unidos? En primer lugar, no son el primer grupo minoritario que lo tiene. A principios del siglo XX, los irlandeses eran suficientemente poderosos y estaban suficientemente unidos, aunque sólo fuera en un punto concreto, como para que los ingleses no se atrevieran a fusilar a Eamon de Valera, un neoyorquino y futuro primer presidente de Irlanda, después de la Pascua Sangrienta de 1917 en Dublín. El peso del *lobby* judío en la política norteamericana en Oriente Próximo ha sido documentado numerosas veces, a menudo de forma exagerada y fantasiosa.

Los cubano-americanos tienen más peso que otros grupos hispanos porque están en Estados Unidos para quedarse, como la mayor parte de los miembros de esos otros grupos, pero con la diferencia de que lo saben. Debido al carácter político de su marcha, la del cubano-americano es la última emigración clásica en que un grupo abandona un país para integrarse en otro. Otros hispanos de Estados Unidos han logrado vivir a caballo entre dos países. Dominicanos, salvadoreños o mexicanos en Norteamérica, como tantos marroquíes o ecuatorianos en España, viven la emigración de una forma que podríamos llamar transnacional. Están entre dos países, tienen casa en los dos, hablan dos idiomas, en la que cada vez es una relación más habitual entre dos culturas, la que envía a sus inmigrantes, más pobre, y la que los recibe, más rica. En el caso cubano no se dan las circunstancias que permiten esa interacción entre los dos países.

La emigración mexicana, y junto a ésta la centroamericana, está cambiando el sesgo social de estados enteros en la frontera sur de Estados Unidos, pero carece del peso político de la cubano-americana a la hora de dictar la política de su nuevo país con respecto a México o a Centroamérica. El poder cubano viene de la alta concentración de esa comunidad en un solo estado, y en la casi unanimidad de las opiniones de ese grupo en torno a un tema concreto.

Los cubanos son el grupo inmigrante más concentrado de Estados Unidos. Debido al poder económico que ejercen sobre gran parte del condado de Miami-Dade, es raro el político del sur de Florida que no tenga que estar a su lado, o al menos no en contra suya. En una época de abstencionismo generalizado, la comunidad cubana tiene uno de los índices de participación más alta en las elecciones a nivel estatal. Los cubanos votan, llevan a votar a toda su familia, arrastran a sus amigos, comprueban que han votado los ancianos en las casas de retiro y, además, votan en bloque y de forma disciplinada. A veces votan por cubanos, a veces pueden hacerlo por un norteamericano de nacimiento próximo a ellos, y en casos extremos incluso por un norteamericano muy próximo, como sucedió con Steve Clark —viejo anticomunista, conservador y casado con una cubana— en las elecciones para alcalde del condado de Dade, frente a un cubano de pedigrí más dudoso. El 7 por ciento de los votantes cubanos existente en Florida pueden, con su participación y disciplina de voto, inclinar de forma clara unas elecciones, y dentro del sistema electoral presidencial indirecto de Estados Unidos a veces mil votos pueden determinar quién gana todos los votos electorales de un estado y con ellos una elección presidencial. Los votos de mi barrio miamiense determinaron la elección del segundo Bush. Al menos son votos de gente viva, que es más de lo que puede decirse de muchos de los votos y votantes del condado de Cook, donde está la ciudad de Chicago, que decidieron las presidenciales de 1960 a favor de John F. Kennedy.

El *lobby* que más ha conseguido del Congreso y gobierno norteamericano en proporción al dinero invertido ha sido el de la Cuban American National Foundation (CANF). Dólar invertido en campaña electoral o en propaganda política, por dólar recibido en servicios para su causa, la CANF ha sido uno de los grupos más efectivos de la política norteamericana en tiempos recientes. Al trabajo de *lobby* de la CANF se debe la creación de una sección del United States Information Agency/The Voice of the Americas llamada Radio Martí, dedicada a dirigir emisiones de radio a Cuba, y la aprobación de leyes que endurezcan el embargo contra el régimen de Castro. En 1996, la falta de apoyo del candidato republicano Bob Dole a las medidas de la CANF fue el motivo de que ésta apoyara a Clinton en las elecciones presidenciales, a pesar del tradicional republicanismo de los cubano-americanos. La influencia de los medios de comunicación locales, en los que la CANF tiene intereses, hizo que el voto volviera en las elecciones de 2000 al campo republicano.

Con la televisión en español en manos de grandes consorcios de mayoría mexicana o sudamericana y la prensa escrita española de Miami limitada a un periódico conservador pero independiente, *El Diario de las Américas*, y a la versión española de *The Miami Herald*, que a veces tan sólo parece el suplemento español de un diario norteamericano, la radio AM es el principal medio de comunicación de masas, bajo control casi absoluto de sus oyentes cubanos, lo que da a sus locutores más influyentes un poder que va más allá de lo habitual en gente de su profesión.

Tal vez los admiradores, y los enemigos, de Armando Pérez Roura, el más importante y escuchado de los locutores de la radio cubana de Miami, no estaban exagerando cuando le atribuían la elección de Bush en 2000. Voto por voto, cuando uno piensa en su poder mediático, su capacidad de movilización y la breve diferencia de votos con que se cerraron aquellas ya casi olvidadas elecciones, ya había alguien a quien culpar si estallaba una guerra atómica durante la presidencia de Bush y desaparecía la humanidad. Podrían tal vez hacerse camisetas con «La culpa fue de Armando» por lema. Ya puedo verlos desde aquí: un hongo nuclear en la espalda y la foto de Armando Pérez Roura estrechándole la mano a Bush al frente. No merece la pena hacerlos en inglés. El hombre que eligió a Bush en 2000 rara vez ha hablado inglés en la radio y poca gente lo conoce fuera de Miami o La Habana.

Como en el resto de las comunidades étnicas aparecidas a lo largo de la historia norteamericana, en la política del condado de Dade no basta con ser cubano, sino que además hay que ajustarse a las reglas del grupo. Es por esa disciplina de voto que va más allá de la tradicional separación entre demócratas y republicanos, liberales y conservadores, que el condado de Dade pesa de forma desproporcionada en la política internacional, y no sólo en el caso de Cuba, sino en el proceso de paz de Angola, en el apoyo al rebelde Savimbi cuando estaba alzado contra el gobierno de aquel país, o el recibido por los contras durante la guerra civil en Nicaragua, a pesar del nulo peso económico y político de la comunidad nicaragüense.

Para los norteamericanos, los enclaves étnicos son poco más que guetos siniestros en los que a veces se deciden elecciones presidenciales, lo que los hace aún más siniestros. Sin embargo, incluso los artículos del *New Times* recogen algo que todos los que viven en ellos saben: «No es lo mismo ser pobre aquí que en otras ciudades. No es tan deprimente porque es una ciudad de inmigrantes. Incluso en esta triste situación, Miami es mejor que el sitio del que llegas. Llegas al aeropuerto y con los vendedores [ambulantes] y el caos en las paradas de taxi, crees que es un país del Tercer Mundo, pero comparado con Ciudad de México o Guatemala, Miami parece Ginebra. Parece limpio, organizado, bien administrado, incorrupto». Y añaden: «Pero de algún modo comenzaron a oírse lecciones de piano. La gente se identificaba con la bandera. Tallaban adoquines para las calles. Cantaban». Ah, no, esa cita es de *Ragtime*.

Los autores del artículo del *New Times* ignoran, no tienen quizá tantos motivos para sospecharlo como yo para recordarlo, que ser pobre en Norteamérica no es lo mismo que serlo en Centroamérica hoy, o en Europa en un pasado aún no tan lejano. Tom Wolfe escribió, en

1976, en su artículo «The "Me" Decade and the Third Great Awake-ning»: «A pesar de todo, en la ciudad de Compton (California), es posible que una familia de cuatro, de la clase social más baja, la que es conocida en América como *on welfare* [que vive de la asistencia social], tenga ingresos de ocho mil dólares al año procedentes de la ayuda pública. Esto es más que lo que cobran la mayor parte de los columnistas británicos o los capataces italianos. En América, donde camioneros, policías, bomberos y basureros pueden ganar de quince a veinte mil al año (o más), no es raro que el término "proletario" ya no pueda ser empleado seriamente». Si bien este artículo refleja un optimismo que se corresponde más a la época en que fue escrito que a la realidad actual. Gracias a las continuas desregularizaciones empresariales, y a los recortes a las ayudas sociales, iniciadas por el Partido Republicano pero secundadas por muchos demócratas, en el Estados Unidos de principios del siglo XXI vuelve a existir un proletariado pobre que, a pesar de trabajar de forma regular, no llega a fin de mes. Tal vez por eso Norteamérica ha dejado de ser punto de llegada de la inmigración masiva europea, que sigue existiendo de forma discreta —¿cuántos profesionales pierde cada año Europa a favor de Estados Unidos?—, aunque siga siendo un punto de atracción para México y Centroamérica. Bueno, los judíos polacos de la industria de la confección en Chicago, los irlandeses que construyeron Boston, los chinos que pusieron los rieles de la Western Union, también fueron en su día un proletariado infrapagado, y eso no les impidió llegar a ser norteamericanos. Incluso el único grupo que no llegó a Estados Unidos de forma voluntaria, el afroamericano, parece tener la posibilidad de llegar a la presidencia.

Los que no inmigraron:
la excepción afroamericana

A riesgo de ser acusado de racista, tengo que decir que me cuesta escribir sobre la experiencia afroamericana. Escribir es describir, y describir es comprender. Así como cualquier inmigrante puede aspirar a comprender la experiencia norteamericana aunque sea de forma vicaria, comprender la experiencia afroamericana es algo infinitamente más complicado. La experiencia inmigrante tiende a copiar y aceptar los valores creados por el *establishment* anglosajón, a aceptar sus verdades y experiencias como ideología, y sus mitos fundacionales como la base necesaria para lograr esa nueva nacionalidad a la que aspira el recién llegado. La experiencia afroamericana es, en más de un aspecto, muy distinta. Puedo decir en mi defensa que pocos inmigrantes entre los que me precedieron han tratado de comprenderla, a pesar de haber vivido más que yo en Estados Unidos. Algunos armenios, judíos y polacos recién inmigrados hubieran debido de simpatizar con la comunidad afroamericana, y la presencia de numerosos judíos en las luchas por los derechos civiles de los años sesenta demuestran que por algún tiempo fue así; por el contrario, los irlandeses, tan oprimidos en su Irlanda natal como los negros en los estados del Sur, debieran haberlo hecho, y sin embargo al llegar al Nuevo Mundo se asociaron normalmente con el Partido Demócrata, que en el siglo XIX era el de los plantadores propietarios de esclavos, y chocaron en numerosas ocasiones con los afroamericanos.

¿Debo hablar de los afroamericanos en un capítulo dedicado a los inmigrantes? Puedo intentarlo, al menos debo intentarlo, aunque sólo sea porque fueron el segundo grupo llegado en tiempos de la colonia a lo que es hoy Norteamérica y estuvieron presentes a lo largo de toda su historia. Me temo, sin embargo, que la mía, y en eso podría perfectamente ser una historia escrita por un blanco norteamericano, será más la historia de una institución, la esclavitud, que la de los que la sufrieron.

Los primeros africanos llegaron a Jamestown en 1619 como esclavos. Como la imagen más conocida de la esclavitud en Norteamérica es la de la plantación sureña, de fecha posterior, existe la tendencia a creer que la esclavitud en los territorios que con el tiempo serían Estados Unidos debió de ser si no parecida igual. Pero no fue así, al contrario. Los primeros sirvientes negros que llegaron a lo que es hoy Massachusetts lo hicieron en condiciones parecidas a las de los sirvientes blancos llegados de Inglaterra que al cabo de algunos años eran liberados, lo hicieron más como siervos sometidos a un contrato de servicios que como esclavos en el sentido actual del término. De resultas de estas prontas manumisiones, entre 1640 y 1650 comenzó a aparecer una clase terrateniente negra, pobre, como por lo demás el resto de los colonos, pero libre, en los alrededores de Jamestown. La dificultad de seguir consiguiendo esclavos contratados en Inglaterra y la aparición del comercio del algodón hizo que se alterasen esas condiciones. La esclavitud basada en la raza no apareció hasta 1700, y lo hizo como resultado de la influencia de las cercanas colonias inglesas, así como de las francesas y las españolas del Caribe.

De gran popularidad en el Sur, la esclavitud nunca logró entrar en tiempos coloniales en los que después serían los territorios del Norte de Estados Unidos. Después de la independencia, un asunto que durante mucho tiempo fue una lucha entre blancos en la que los dos bandos trataron de mantener al margen a los negros, entre 1780 y 1804 se aprobaron distintas leyes destinadas a limitar el avance de la esclavitud. En 1780, la legislatura de Pensilvania pasó un acta que promovía la abolición progresiva de la esclavitud y ese mismo año Massachusetts abolió la esclavitud dentro de las fronteras de su estado. Pese a ello, la economía jugaba en contra de los abolicionistas. El triunfo del algodón como cultivo básico en la economía de muchos estados del Sur, hacia 1793, aumentó la demanda de esclavos en los mismos y su importación masiva, hasta que en 1808 el Congreso abolió esa práctica y cerró las fronteras norteamericanas, no sólo a los esclavos de origen africano, sino también a los que pudieran llegar de países del Caribe. Además, a partir de 1820, con el Compromiso de Missouri, y para mantener el equilibrio entre dos formas de vida cada vez más distintas y evitar un conflicto abierto, se decidió que la incorporación a la República de nuevos estados se haría por pares —un estado esclavista por cada estado libre—, limitando así la expansión de la esclavitud más allá de unos límites geográficos claros. La línea Mason-Dixon fue la señalada para servir de frontera entre la Norteamérica «libre» y la «esclavista». Durante algo más de treinta años, y hasta los disturbios de Arkansas en 1852, esa solución, que todos sabían temporal y condenada al fracaso, pareció evitar males mayores. Al final, empero, llegó la guerra civil entre los estados esclavistas —aunque no todos: varios estados con esclavos permanecieron del lado de la Unión—, y los estados libres.

En 1790, cuando se hizo el primer censo de Estados Unidos, había ya unos 50.000 negros libres y 640.000 esclavos. Poco antes de la guerra civil, en 1860, medio millón de negros eran ya libres, sobre todo en los estados del Norte, aunque también en algunos estados del Sur, donde apareció incluso la figura, hoy olvidada, del propietario negro de esclavos igualmente negros.

Fueron los negros libres del Norte, con más facilidades para organizarse y enfrentados a la segregación, menos clara que la del Sur pero igualmente presente en el mundo de los negocios, los que crearon organizaciones misioneras e iglesias negras paralelas a las blancas, y negocios propios. La ausencia de jerarquías de color dentro de las iglesias protestantes blancas condujo a la creación de denominaciones propias en la mayor parte de las iglesias protestantes norteamericanas. El pastor negro, como líder de su gente y personaje respetado dentro de una comunidad de la que era normalmente el miembro más educado, gracias su papel de interlocutor frente a las autoridades blancas, nació entonces y no desapareció ni con la abolición de la esclavitud después de la guerra civil, y ni siquiera con la llegada de la plena igualdad legal en el último tercio del siglo XX.

Algunos se preguntarán por qué en el caso de los afroamericanos parece no haberse cumplido la integración en tres generaciones. El caso es que sí se ha cumplido esa integración. Aquellos que conozcan sólo a los afroamericanos a través del folklore o de los filmes, difícilmente podrán darse cuenta del peso que ese grupo ha llegado a tener en la administración pública, el ejército o la política. Debido precisamente a la historia de opresión que arrastra, el electorado afroamericano es uno de los últimos grandes bloques de votantes que sigue movilizándose de forma masiva en cada elección presidencial. De entre todas las minorías étnicas, es la más representada en el Congreso y el Senado, está presente en todos los órganos de la administración pública y, con un siglo de retraso con respecto a la fecha en que hubiera debido hacerlo, puede decirse que ha triunfado.

Estados Unidos es un país lleno de otras comunidades cuyos nombres compuestos llevan un guión. Y, normalmente, pasado el primer choque, y las primeras peleas, a los norteamericanos no les ha molestado demasiado ese guión cuando ha sido un guión de unión: *italian-american*, *irish-american*, *polish-american*. No importa qué término vaya delante del *american*, las historias de esas comunidades suelen ser historias de triunfo, entre otras cosas porque se trata de historias que arrancan con una emigración voluntaria. La comunidad afroamericana parece escapar a esa regla porque no emigró voluntariamente, sino que fue llevada a Estados Unidos debido al tráfico de esclavos. El resto del país lo sabe, lo recuerda, y a veces ve, a veces adivina y a veces teme que el guión que lleva el nombre de esa comunidad en su inglés original no sea un signo de unión, sino de separación.

Pese a ese triunfo demorado, hay diferencias evidentes en la experiencia africana con respecto a la de otros grupos. En primer lugar, sus antepasados no querían ir a Estados Unidos, sino que viajaron forzados; en cambio, merece la pena destacar que los inmigrantes negros, africanos o del Caribe, llegados a Estados Unidos durante las dos últimas generaciones, de forma voluntaria, parecen estar integrándose, a pesar de su color, siguiendo las mismas pautas que otros grupos inmigrantes.

El pasado como esclavos repercute en la manera en que los miembros del grupo se integran en la sociedad. Para otros grupos étnicos recién llegados a Estados Unidos, plegarse a las reglas comúnmente aceptadas por la sociedad es un acto voluntario con el que adquieren cierto estatus, entrando así en un mundo mejor. Para muchos adolescentes, e incluso para algunos adultos afroamericanos, hablar como un blanco, ceder a los valores de una sociedad que hasta fechas relativamente recientes les ha oprimido, puede parecer una nueva forma de permanecer en la esclavitud, una nueva cesión más que el paso necesario para integrarse en la clase media. Los nombres pseudoafricanos, a menudo inventados o escogidos por su sonoridad más que por su realismo histórico, las modas afrocéntricas, el rechazo del inglés estándar, la reivindicación de formas distintas del dialecto negro hablado en el Sur —lo que en tiempos recientes pasó a llamarse *ebonics*— son formas de protesta, que muchos otros norteamericanos consideran contraproducentes, contra una esclavitud que, acabada oficialmente a mediados del siglo xix, dejó caer su pesada sombra hasta el último tercio del siglo xx. Tal vez son sólo anécdotas, pero anécdotas reveladoras.

Por otra parte, la familia multigeneracional, ese elemento de estabilidad y ayuda mutua que existió en todos los grupos inmigrantes y permitió el progreso de éstos en los primeros tiempos, fue imposible para los esclavos africanos llegados a una sociedad esclavista. Las colonias norteamericanas carecían de Códigos Negros, como los reglamentos de esclavos de las colonias españolas, que impidieran separar las familias.

Con todo esto en mente, quizá en el caso de los afroamericanos haya que contar las ya tantas veces citadas tres generaciones de una forma distinta a la de los otros grupos inmigrantes. Si empezamos a contar esas generaciones desde la abolición de la esclavitud, la tesis no funciona para la mayor parte de ellos; pero, por otra parte, si empezamos a contar esas tres generaciones a partir del momento en que durante la presidencia de Johnson, entre 1963 y 1968, se implementaron las leyes contra la discriminación, las cosas cuadran mejor. Tomando esa fecha como punto de partida, ahora estaríamos entrando en la tercera generación, y es evidente la aparición de una clase media e incluso media alta y alta de afroamericanos. Hay ya millonarios negros, por suerte no todos ellos relacionados con el mundo del espectáculo y los deportes, e incluso un par de billonarios.

De aparición reciente para muchos, lo cierto es que la clase media afroamericana tiene sus raíces más de un siglo atrás, y desde los años sesenta, el momento en que a efectos legales comenzaron a estar en pie de igualdad jurídica con las demás comunidades norteamericanas, los afroamericanos comenzaron a acceder también a la igualdad económica. A principios de este nuevo siglo, más del 45 por ciento de las familias afroamericanas son propietarias de sus casas, y los afroamericanos han ingresado en todos los campos de la vida pública y laboral y hasta han incluido a algunos de sus miembros en la lista de multimillonarios que publica *Forbes Magazine* cada año. En 2008 ha aparecido incluso un senador afroamericano que algunos consideran presidenciable.

Ante la aparición de Barack Obama, la pregunta que más han repetido los analistas y periodistas políticos a lo largo de las primarias demócratas ha sido la siguiente: ¿puede Estados Unidos elegir a un presidente afroamericano? La respuesta es sí. Hace ya una década, el general Colin Powell hubiera podido intentarlo con buenos resultado, incluso en bastantes estados del Sur. Pero quizá habría que ver hasta qué punto Barack Obama es considerado afroamericano o si sólo negro.

Aunque todos los que hemos vivido en el Caribe o en Hispanoamérica conocemos países en los que Obama no sería considerado negro, estoy hablando de lo que es ser negro dentro de la cultura y tradición norteamericana.

Para muchos norteamericanos desde tiempos de la colonia y la sociedad esclavista, negro es cualquiera que tenga una gota de sangre negra; incluso para muchos norteamericanos de origen africano, «ser negro» no consiste sólo en tener esa gota, sino también en haber compartido toda una larga serie de experiencias, apenas esbozadas en este capítulo, que van desde el paso a las Américas hasta la esclavitud, desde la lucha por los derechos civiles hasta la búsqueda de la igualdad jurídica, desde el recuerdo trágico de los linchamientos hasta las reivindicaciones históricas de una minoría orgullosa de sus orígenes africanos. Una experiencia que a veces se manifiesta en la forma de un separatismo cultural, e incluso político, como fue el caso de los Panteras Negras o los Musulmanes Negros. Una experiencia, en todo caso, a la que Obama, que creció en una familia interracial pero en un barrio blanco de clase media alta, hijo de un estudiante extranjero de una gran universidad integrada, en gran parte es ajeno.

Al comienzo de las primarias demócratas leí en un periódico español, de los que se reparten gratuitamente en el metro de Barcelona, un artículo titulado «Del barracón de los esclavos a la Casa Blanca». Lo de la Casa Blanca aún está por ver, pero lo del barracón resulta inexacto. Por sus orígenes, Barack Obama está más cerca de Rudolph Giuliani que de Martin Luther King. A pesar de que algunos quieran pintar la biografía de Obama como una carrera de obstáculos contra la discriminación y el racismo institucional —y lo es en algunos aspectos—, lo cierto es que su vida también puede enfocarse de forma distinta, como la historia, no menos épica, no menos inspiradora y para muchos votantes la que necesitará para llegar a la Casa Blanca, bastante más próxima y americana del inmigrante de segunda generación que ha logrado triunfar y obtener en su país de adop-

72

ción lo que no habría logrado en su país de origen. Su triunfo, el de Obama, no es el de un nieto de esclavos, sino el de un hijo de inmigrante.

Su campaña electoral, al menos al comienzo, tampoco era la de un candidato afroamericano. ¿Se oscureció a partir de marzo de 2008 la candidatura de Obama? Cuando Obama comenzó su carrera electoral, su color no parecía tener importancia. Se trataba de un candidato definido ante todo por su juventud, por su relativa inexperiencia dentro del mundo político, que lejos de privarle de credibilidad por su inexperiencia, le daba credibilidad por tratarse de alguien todavía no maleado por el sistema. Ser afroamericano, pero no sólo afroamericano, era un elemento más de su carácter, de su imagen, de sus vagas propuestas dirigidas a los afroamericanos, no porque el candidato también lo fuera, sino porque desde los años sesenta éstos son un electorado considerado demócrata, así como también a los jóvenes y a las élites urbanas, creando una base electoral diversa y distinta de la tradicional del Partido Demócrata. Obama sabía en ese punto inicial de la campaña electoral que ser afroamericano y transformar la negritud en la baza principal de su carrera a la Casa Blanca era entrar en el peligroso juego de las identidades étnicas, un juego en el que cuando se forma parte de una etnia minoritaria no se puede ganar.

Todo eso pareció cambiar cuando el pastor de la iglesia a la que Obama asistía fue atacado por sus rivales dentro del Partido Demócrata. El discurso de Obama, distanciándose de las posturas de su pastor mientras lo elogiaba, reconociendo en voz alta una realidad, de división racial, que todos conocen pero evitan discutir, fue un discurso valiente; pero un discurso que reconoce divisiones, ¿es un discurso realmente presidencial en Estados Unidos?

¿Un presidente negro, aunque sea inmigrado? Durante toda una generación después de la guerra civil pareció imposible que un demócrata pudiera ser presidente electo de Estados Unidos —el demócrata era, después de todo, el partido de los rebeldes del Sur—; durante toda otra generación después de la gran crisis de 1929 pareció imposible que un republicano pudiera ser presidente electo; durante mucho tiempo pareció imposible que un católico fuera presidente electo de la misma manera que parecía imposible que un candidato negro encabezara las encuestas de popularidad a la presidencia. Sin embargo, a la larga Grover Cleveland fue presidente electo en 1884 —el primer demócrata en veinticuatro años—, Dwight Eisenhower en 1952 —el primer republicano en veinte años—, y el católico John F. Kennedy lo fue en 1960. Hay que decir también que Cleveland, Eisenhower y Kennedy fueron gente de su época, y no precisamente rebeldes o reformistas. El primer demócrata de su generación en la Casa Blanca no comprometió ni discutió la derrota confederada de 1863; el primer republicano en veinte años siguió las mismas políticas del New Deal con algunos frenos fiscales; el primer católico en la Casa Blanca fue un católico laico en un Estados Unidos menos religioso de lo que es hoy día. Todos esos presidentes supusieron un cambio y un relevo generacional, pero ninguno de ellos logró ser presidente pregonándolo porque sabían lo que algunos partidarios de Obama parecen ignorar: a los norteamericanos les gustan los cambios, pero sólo cuando esos cambios los acercan a lo que ya conocen.

Incluso sin saberlo, siempre había estado en Estados Unidos

De los guetos se huye, y a los enclaves étnicos se regresa. Los guetos son sitios que destruyen día a día a los que habitan en ellos. Los enclaves son sitios en los que nacen, a veces sin darse cuenta, ciudadanos. Las camareras con traje de poliéster y redecilla del Casablanca podían ignorar quién era Jefferson o Adams, como probablemente ignoraban a un nivel más local quiénes fueron Julia Tuttle, Henry Flagler, Francis Dade o John Martin, a pesar de vivir en una ciudad que existe gracias a ellos, de circular por calles que llevan sus nombres, pero, les guste o no, sus hijos no serán descendientes de los mambises de Martí y Maceo que lucharon en la manigua cubana contra los españoles, sino de los soldados que estuvieron con Washington en Valley Forge luchando contra los ingleses.

Tardé años en comprenderlo, que norteamericano es todo el que desea serlo. Lo ha llegado a ser gente expulsada media docena de veces del Departamento de Inmigración y Naturalización, lo ha llegado a ser gente rechazada por el resto de sus conciudadanos, lo ha llegado a ser incluso gente llegada por accidente a Estados Unidos, a partir del momento en que ese accidente era aceptado y asumido. Nacer norteamericano es sólo una casualidad, como nacer polaco o sueco, pero llegar a ser norteamericano, en contra de lo que creen incluso muchos norteamericanos de nacimiento, puede ser, y a menudo es, un acto de voluntad.

En contra de lo que yo había creído inicialmente, había llegado a Estados Unidos y estaba viviendo entre norteamericanos desde el primer día. Algunos de ellos son los que aún no han acabado de comprender o aceptar su americanidad. Pese a ello, y pese a ellos, Miami, ciudad de inmigrantes, es también una ciudad típicamente norteamericana.

2

Llegar a ser norteamericano es fácil:
a veces basta con morir para conseguirlo

Tell me, tell me, weary soldier from the rude and stirring wars,
Was my brother in the battle where you gained those noble scars?
He was ever brave and valiant, and I know he never fled.
Was his name among the wounded or numbered with the dead?
Was my brother in the battle when the tide of war ran high?
You would know him in a thousand by his dark and flashing eye.

Tell me, tell me, weary soldier, will he never come gain,
Did he suffer 'mid the wounded or die among the slain?

Was my brother in the battle when the flag of Erin came
To the rescue of our banner and protection of our fame,
While the fleet from off the waters poured out terror and dismay
Till the bold and erring foe fell like leaves on Autumn day?
When the bugle called to battle and the cannon deeply roared,
Oh! I wish I could have seen him draw his sharp and
                                                    [glittering sword.

STEPHEN FOSTER, «Was My Brother in The Battle» (1862)

El culto a la bandera

El 11 de septiembre, el momento más importante de nuestra generación, una de esas raras fechas a partir de las que se puede decir que existe un antes y un después en la historia, no de un país, sino del mundo entero, me pilló despistado —aparentemente, mi estado natural— y trabajando en una librería. Honestamente, no podría decir en qué momento exacto me enteré del choque del primer avión, aunque todos nos enteramos muy rápido, ni en qué momento todos supimos que el choque no era un accidente, sino un ataque, pero a media mañana sabíamos que estábamos siendo atacados.

Fue una mañana que no sé si fue gris, era septiembre después de todo, o si la recuerdo así por lo sucedido. Los clientes, escasos, entraban y salían como zombis. Sobre todo después del mediodía, cuando ya se sabía lo que había pasado. Nadie vino por curiosidad o para mirar libros, recuerdo que sólo vino gente que realmente tenía que comprar libros, de texto, diccionarios, material para trabajar. Una especie de calma pesada había caído sobre la ciudad, igual a la que siguió al huracán Andrew. Acostumbrado al ruido de los aviones, su simple ausencia era una señal ominosa de que algo no funcionaba, de que algo había cambiado.

Desde luego cambió el decorado urbano. Fue el segundo o tercer día cuando comencé a ver las banderas. Estaban en todas partes. Pocos meses después se publicó una primera antología de caricaturas y cómics sobre el 11 de septiembre. Una de ellas era una calle de pueblo, con casas inequívocamente norteamericanas, de esas con porche delante, ligeramente elevadas sobre pilotes. Era un dibujo estilizado hecho en tinta china, sólo en blanco y negro. La tira la componían sólo dos viñetas, que además se repetían con un único cambio. En la primera se veían sólo una hilera de casas y se podía leer: «Con sus atentados querían que cambiáramos»; en la segunda todas las casas tenían una bandera y se podía leer: «Lo han logrado». La bandera norteamericana, se crea o no, no tenía todavía en aquel primer momento una presencia bélica, ni presagiaba otras guerras o muertes. Era un punto de referencia al amparo del que muchos buscaron protección y consuelo. Yo mismo colgué una en la puerta de mi casa.

En sólo un par de días, a veces, para muchos, incluso en menos tiempo, los atentados dejaron de ser algo lejano, ocurrido al otro lado del país. Y no era tan sólo por el testimonio de los supervivientes, o el silencio fúnebre que parecía llenar todos los espacios públicos. Se hablaba de miles de muertos, muchos miles que poco a poco, de recuento en recuento, fueron rebajándose hasta llegar a los aproximadamente tres mil del censo final.

Uno de mis clientes, llegado cuando el Mariel, había trabajado en uno de los restaurantes de las torres y había perdido un montón de amigos: lavaplatos, camareros, cocineros, gente trabajadora a la que nunca se le hubiera ocurrido que fuera o pudiera llegar algún día a ser blanco de un atentado antiimperialista. Otro de mis clientes, economista, antiguo sindicalista en Cuba, había pasado uno de los peores días de su vida hasta que su hijo —trabajaba de broker en una de las torres— logró encontrar una cabina telefónica, sólo después de andar durante horas cubierto de polvo blanco, para llamarle y decirle que había sobrevivido al ataque.

A las banderas se unieron las señales. En la marquesina del Kentucky Fried Chicken de la Calle Ocho podía leerse UNITED WE STAND en vez de las ofertas del día. En el Eckerd Drugs, a dos manzanas de distancia, podía leerse un mensaje semejante.

La imagen del avión golpeando la segunda torre ha sido vista tantas veces que me es difícil recordar cuándo la vi por primera vez. Supongo que debió de ser en el despacho de la librería, aquella misma mañana. Pero no sé bien en qué momento lo hice. Supongo que, de aquellos días, cuanto más se olvide mejor.

Aunque olvidar será imposible. No nos dábamos cuenta de forma racional, pero habíamos entrado en una nueva época. ¿Se dieron cuenta los europeos cuando cayó Bizancio de que algún día aquel momento sería recordado como el comienzo de una nueva era?

Durante algún tiempo después de los atentados se habló de convertir el 11 de septiembre en un día de fiesta nacional sin que el proyecto llegase a prosperar. Al margen de las fiestas comunes a todo Occidente, los norteamericanos tienen ocho fiestas nacionales en las que cierran todas las oficinas de los distintos gobiernos, tanto el federal como los locales. Una de ellas es de tipo religioso, pero no denominacional, el Día de Acción de Gracias, nacida en 1863 en medio de la guerra civil; otra es común a muchos países jóvenes, el Día de la Independencia, que se celebra el 4 de julio; el Día del Trabajo allí no es el primero de mayo, probablemente porque el primero de mayo original, el de los tiros, bombas, muertos, juicio a los anarquistas supuestamente implicados y más muertos en la horca, tuvo lugar en Chicago; hay dos fiestas oficiales que no todo el mundo celebra, el Día de la Raza, boicoteada por muchos grupos indígenas para los que la llegada de Cristóbal Colón al Nuevo Mundo no es motivo de alegría, y el Día de Martin Luther King, que nadie boicotea pero en la que todo el mundo va a trabajar, excepto los funcionarios, y en la que nadie hace ventas especiales en las tiendas; el Día del Presidente, dedicado originalmente a Washington, extendido después a Lincoln, abarca incluso hoy a presidentes tan justamente olvidados como, por ejemplo, Martin Van Buren, Rutherford Hayes o William Henry Harrison, que, de otra manera, no tendrían un día en su honor. Al menos no Rutherford Hayes, después de robar las elecciones presidenciales de 1876. Otros países tienen un día para sus combatientes, y Estados Unidos tiene dos: el Día de los Caídos y el Día de los Veteranos, creado el primero después de la guerra civil, y el segundo al final de la Primera Guerra Mundial. Estos últimos son días de banderas y oraciones, viajes en grupo a cementerios, iglesias y reuniones de veteranos. Aunque lloran a sus muertos, los norteamericanos parecen ir a la guerra más fácilmente que cualquier otra nación industrializada y moderna del mundo y, además, parecen ir contentos a juzgar por lo a menudo que lo hacen. A condición de que sea corta, de objetivos claros y bien organizada —y la de Irak no comenzó a ser vista como demasiado larga y desordenada hasta por lo menos después de las presidenciales de 2004—, a los norteamericanos no parece disgustarles una buena guerra de vez en cuando.

Durante buena parte de mi estancia norteamericana, Estados Unidos me gustó por su estabilidad, por el hecho de que las elecciones rara vez alteraban la vida cotidiana de sus ciudadanos, porque el país que los norteamericanos se habían construido parecía poder vivir no sólo al margen del mundo sino incluso al margen de la historia. Pero todo eso cambió a partir de los ataques del 11 de septiembre.

Ya antes había vivido en Estados Unidos en tiempos de guerra. En los veinte años de mi vida norteamericana he visto a Estados Unidos ir a la guerra en cuatro de los cinco continentes. Varias de esas guerras han sido operaciones secundarias, como podemos deducir a través de su escaso reflejo en la cultura popular. La invasión de Granada sólo mereció un filme —aunque fuera de Clint Eastwood—. La guerra de Panamá incluso menos. La reciente guerra de Afganistán me recordó lo mucho que había cambiado el mundo en las últimas dos décadas cuando vi a un antiguo oficial de Spetsnaz, las fuerzas especiales rusas —no hacía tanto tiempo el arquetipo de malvado absoluto en filmes como *Rambo II* y *Rambo III*—, aparecer en el más conservador de los canales informativos, la Fox, dando su experta opinión sobre cómo limpiar los valles afganos: regarlos de napalm y matar a todo el mundo. Yo era lo suficientemente viejo como para recordar cuando en la prensa conservadora se recogía dinero para mandar armas a Afganistán, porque precisamente los Spetsnaz estaban llenando los valles afganos de napalm y matando a todo el mundo. Yo era lo suficientemente viejo como para haber dado dinero —lo hice— a fin de comprar la bala que tenía que haber matado a ese amable hombre que me hablaba desde la televisión. Ahora él era uno de los buenos y yo —junto a Ronald Reagan y Oliver North, aunque desde luego en muy distinto grado— un cómplice objetivo de Bin Laden.

De las dos guerras del Golfo sólo viví la primera en Estados Unidos, y fue un gran espectáculo que demostraba, una vez más, que cuando los ingenios de Hollywood, Washington y Madison Avenue trabajan juntos, la magia aún es posible.

Cuando me fui de Estados Unidos, la guerra afgana estaba en marcha y había banderas en muchas puertas de Miami. No tantas como después del ataque del 11 de septiembre pero suficientes como para ser uno de los elementos más visibles del decorado urbano. Una semana después del 11 de septiembre, en las veintinueve manzanas que separaban mi casa de mi lugar de trabajo, conté cerca de trescientas banderas en cuarenta minutos de paseo. Las había en las tiendas; las había en la barbería del dominicano donde me cortaba el pelo; en el restaurante cubano en que desayunaba; estaban en los autobuses del condado y, en contra del reglamento que las prohibía expresamente, en las antenas de los coches de la policía de Miami y del condado; estaban sobre todo en casas y coches particulares. Trescientas banderas no fueron difíciles de contar porque la librería donde yo trabajaba estaba al lado de una sucursal de Home Depot, una gran cadena de ferreterías y material para la construcción. Sólo en el aparcamiento de Home Depot podían contarse medio centenar de *pickups* y camionetas con distintas variantes de la insignia nacional. En América, cuando la bandera deje de ondear en otros barrios, siempre podrá encontrarse en los de la clase trabajadora.

Los norteamericanos sienten una veneración especial por su bandera. Es el centro de un culto laico, no tan laico a veces, a la Nación. Puede verse en todas las ceremonias oficiales o públicas, en las iglesias cristianas al lado del altar, en las graduaciones de las escuelas y en las ventas especiales de los almacenes del Día del Presidente o del Cuatro de Julio, y en los lotes de venta de coches —incluso si son importados— ondea todo el año. La ves entrar, escoltada a veces por marines o soldados, en el campo de juego antes de un gran partido, de fútbol y béisbol sobre todo, así como en muchas residencias privadas en las fechas patrias. En la esquina de la Calle Ocho con la Avenida Cuarenta y dos estaba —supongo que seguirá estando— Abraham Chevrolet, un concesionario de venta de coches, que ocupa tres de las cuatro esquinas de uno de los mejores cruces de calles de Miami y es uno de los mayores vendedores de esa marca en todo el estado, y probablemente de toda la nación. La bandera que ondea sobre esa isla de asfalto llena de automóviles debe de medir unos diez metros de alto y ondea todos los días del año sobre un mástil que debe de tener la altura equivalente a un edificio de cinco o seis pisos. Un caso extremo pero no demasiado extremo, y en modo alguno raro, en América.

El himno estadounidense no está dedicado a la tierra, al pueblo, a un héroe, un rey o a Dios, sino que es un poema de Francis Scott Key a la bandera, compuesto en el fragor de la batalla, en la guerra contra los ingleses de 1812. Detenido toda una noche en un barco inglés que participaba en el asedio de Fort Henry, una fortaleza estadounidense, Scott Key vio con alegría cómo, tras un largo bombardeo nocturno, su bandera seguía alzada al día siguiente. El poema cuenta cómo a lo largo de toda la noche supo que su bandera aún ondeaba gracias al fuego frustrado de los sitiadores ingleses.

Estados Unidos está más lleno de símbolos patrios por metro cuadrado que cualquier otro país del mundo. La intensa lealtad de los norteamericanos hacia su país, que a menudo no es donde han nacido sino el que han escogido, es sin embargo menos notable que la forma en que ésta ha venido a fijarse en un solo símbolo, la bandera. Ventajas de una historia breve, violenta y bien documentada, incluso es posible poner fecha concreta al nacimiento de ese culto.

El 12 de abril de 1861, baterías de artillería de la Guardia Nacional de Carolina del Sur abrieron fuego sobre Fort Sumter. El honor del primer disparo fue concedido a Edmund Ruffin, un político virginiano claramente loco que llevaba veinte años predicando la separación del Sur del resto de la Unión. Cuatro años más tarde, a la historia parece gustarle ese tipo de equilibrios, Ruffin dispararía el último tiro de esa guerra en su propia cabeza. La guarnición, bajo el mando del mayor Robert Anderson, trató de contestar al fuego lo mejor posible. Ciudadanos del vecino Charleston y de otras comunidades próximas pudieron ver el combate desde sus balcones y aplaudieron cuando día y medio más tarde, con el fuerte destruido, sin munición ni comida, Anderson rindió la plaza a su antiguo compañero de academia, el general Beauregard, de la milicia de Carolina del Sur —el cuerpo de oficiales era entonces tan pequeño que aquélla fue durante los primeros meses una guerra entre viejos amigos—, y se retiró en orden, con sus banderas desplegadas. La tropa de Beauregard despidió a la que ya no consideraba su insignia con una salva de honor de cincuenta cañonazos. Los únicos dos muertos del lugar fueron en ese momento, cuando uno de los cañonazos de la salva salió mal disparado. Tres días más tarde, Lincoln, considerando que «la ruptura de la ley en los estados del Sur no puede ser evitada por medios ordinarios y el uso de agentes federales», ordenó la movilización de 75.000 voluntarios. Se presentaron muchos más. Lincoln ordenó también la movilización de la milicia de varios estados próximos a Carolina del Sur, que efectivamente se movilizaron de inmediato, aunque en contra del gobierno de Washington, y ofreció el mando del ejército de la Unión al que, con razón, consideraba como el mejor general norteamericano, Robert E. Lee, justo en el momento en que éste se sublevaba en contra suya.

En cualquier caso, el culto a la bandera norteamericana nació una semana después de aquel primer bombardeo, el 20 de abril de 1861, cuando la gran bandera de la Unión que había ondeado en Fort Sumter hasta su bombardeo llegó a Nueva York en procesión y fue depositada sobre el monumento a George Washington en Union Square, en manos de la estatua del primer presidente —un sudista, propietario de esclavos no muy distinto en sus orígenes al enemigo del momento—, delante de decenas de miles de personas que, reunidas para la ocasión, daban vivas a la República y mueras a los traidores. Traidores entre los que, por cierto, estaba el nieto del poeta

Francis Scott Key, encarcelado en Maryland por simpatizante sece-
sionista, algo que no impediría que fuera el himno de su abuelo el
que cerrase el acto.

El culto a las barras y las estrellas nació en la guerra por salvar la
Unión. En esa guerra la bandera fue transformada, menos por el gobierno que por el pueblo, en el símbolo definitivo que unía los poderes del gobierno federal, los estados y los ciudadanos leales, la
energía e idealismo de los voluntarios —fue durante algún tiempo
una guerra de voluntarios—, con la sangre vertida a todo lo largo de
la historia norteamericana. En el acto frente a la estatua de Washington en Union Square unía en un trozo de tela los problemas del
presente con un pasado elevado a mito. Hasta entonces la bandera
norteamericana había compartido honores con las banderas de los
estados. A partir de entonces sería superior a todos los efectos. La
guerra que casi dividió Estados Unidos fue también el punto deci-
sorio a partir del cual los norteamericanos ciudadanos de Massachusetts o Illinois dejaron de ser sólo eso para ser ante todo estadounidenses y seguir por delante de la bandera de su estado a la de la
Unión.

En el ejército confederado, fue otro más de los infinitos errores
del Sur, tardaron en crear una bandera común por la que morir y,
hasta bien entrada la guerra, no era raro que los soldados confederados lucharan sólo bajo las banderas de sus estados y fueran incapaces
de reconocer su bandera de combate que tuvo tres versiones hasta
llegar a ser esa Cruz del Sur que todos los aficionados a la guerra civil norteamericana reconocen hoy, y muchos confunden —incluso
dentro de Estados Unidos— con la insignia nacional de la Confederación. El punto más avanzado del avance sureño sobre el Norte, el
marcado por la brigada del general Pickett en la batalla de Gettysburg, apenas vio banderas confederadas y sí muchas del estado de
Virginia.

El culto a la bandera ha llegado hasta hoy. Una bandera, a la que
le faltan doce estrellas, rescatada de la llamada Zona Cero, de las Torres Gemelas de Nueva York, fue llevada a las World Series, los Cam-
peonatos Mundiales de béisbol, al Super Bowl, el principal partido

de fútbol americano del año, y usada finalmente como bandera oficial de la delegación estadounidense en la ceremonia de apertura de los Juegos Olímpicos de Invierno de 2002. Otra, cubierta con comentarios escritos a mano por los visitantes a las ruinas del World Trade Center, fue mandada a Afganistán a través de la marina de guerra norteamericana y alzada sobre Kabul tras su conquista.

Viviendo en el centro de Miami, la principal novedad los días que siguieron al 11 de septiembre fue, más que las banderas, el silencio. Los miamienses nos habíamos acostumbrado a tener un aeropuerto en el centro de la ciudad. En realidad, nos habíamos acostumbrado a tener una ciudad que había crecido de forma desmesurada y sin control hasta rodear un aeropuerto que debía de estar —estaba en el momento de su construcción— fuera de la ciudad, pero había pasado a estar en el centro de la misma. Todos los días oíamos, sin prestar atención, aviones entrando o saliendo. Durante tres días estuvimos en silencio, sin aviones. Era como estar en el campo. Tanto silencio era antinatural. Yo perdí el sueño. Al menos simbólicamente, Miami volvía a ser la aldea sureña perdida al borde de un pantano que había sido no mucho tiempo atrás.

En los días que siguieron al 11 de septiembre, los mensajes, como las banderas, aparecieron en todas partes. Es evidente que algo preocupa a un país cuando en la marquesina de los Kentucky Fried Chicken, o de las farmacias Eckerd, en vez de las ofertas del día aparecen las palabras PERMANECEMOS UNIDOS o DIOS BENDIGA AMÉRICA, en mayúsculas. Los ataques sorprendieron a Estados Unidos, e incluso lo paralizaron por algunos días, pero la reacción inmediata a los mismos no fue una reacción europea, al menos no la reacción europea de estos tiempos de corrección política: no fue la introspección o el análisis de los posibles errores que hubieran conducido a aquella situación, el intento de comprender al otro y sus motivos, las largas discusiones de los pro y los contras de los asaltantes, la mala conciencia por un pasado colonial o neocolonial. La solución norteamericana fue la de seguir la vía de la acción:

la búsqueda y localización rápida de un enemigo contra el que contraatacar y al que machacar. Hubo sorpresa, hubo dolor, hubo silencio y hubo respuesta, y la respuesta fue violenta. Un periódico de Carolina del Sur, antes incluso de saberse dónde iba a caer esa vez la bomba, recordó que a Pearl Harbor le siguió Hiroshima. No fue el único medio de prensa que hizo esa comparación.

Me fui de Estados Unidos en medio de la campaña de Afganistán y a tiempo de vivir la segunda parte de la guerra de Irak a través de la televisión española. Las guerras pierden mucho vistas desde la televisión española. Nuestras cadenas no saben cubrirlas. De entrada, las imágenes son menos bonitas, la cobertura menos amplia, y en algunos momentos uno llega a añorar el entusiasmo y candidez de los reporteros de la Fox News pidiendo sangre; a Geraldo Rivera, uno de sus reporteros estrella, yendo a cubrir la guerra con una pistola, por si se encontraba con Osama bin Laden —¿pensaba entrevistarlo antes o después de dispararle?—, y a E. D. Hill —pronúnciese Iddi—, mi periodista televisiva favorita, sobre todo cuando lleva botas y falda corta, preguntando por qué aún no se había llevado a juicio militar —y si sería posible fusilarlo— a John W. Lind, un ciudadano norteamericano detenido mientras combatía en las filas talibanes.

La Fox News es la cadena de televisión dedicada a las noticias que más rápido ha crecido en América, que es lo mismo que decir en el mundo. ¿Por qué no? Da a sus televidentes lo que éstos le piden. La Fox News es la única cadena de televisión del mundo en que una encuesta sobre la humanidad de la pena de muerte por fusilamiento, celebrada entre sus espectadores, da resultados positivos, al menos para los fusiladores: el 81 por ciento a favor, el 16 por ciento en contra y el 3 por ciento indeciso.

Un desayuno en tiempo de guerra que no incluya a la Fox News and Friends con sus locutores, E. D., Steve, Lauren y Brian, conversando sobre el tiempo, la alta costura, las últimas películas, entrevistando a un cocinero o a un juez de moda —en Estados Unidos un juez puede estar de moda—, pidiendo la pena de muerte para el

norteamericano capturado combatiendo junto a los talibanes o re-
prochando al gobierno norteamericano ser demasiado suave con el
enemigo, no es un desayuno en tiempo de guerra. Hay que decir
que la Fox es refrescante por la brutal candidez de su patriotismo. Están tan convencidos de tener razón, además toda la razón, que no se
molestan en mentir u ocultar sus ideas. Ellos no se esconden ni se es-
conderán nunca detrás de una supuesta imparcialidad para decir medias verdades. Lo de ellos es patriotismo puro, propaganda de las barras y estrellas, y quien quiera escucharles que les escuche y quien
no, pues que no les escuche, que para eso hay otras cadenas, en el
caso de Estados Unidos incluso otras muchas cadenas, en las que, ni
siquiera en tiempo de guerra, los presentadores se ponen la bandera
nacional en la solapa. Incluso en América existen empresas que no
comparten el culto a la bandera. Sé que existen porque la Fox suele
darles publicidad gratuita en algunos de sus programas, o al menos
mencionarlas a ellas y a sus ejecutivos.

Guerras dentro y fuera de sus fronteras. ¿Les gusta la guerra a los norteamericanos?

La actitud norteamericana de hoy respecto de la guerra, o al menos la que existía al principio de la de Irak, no es muy distinta a la que existía en Europa en fecha tan reciente como 1914. Por aquel entonces bastaba con que sonasen los tambores de guerra para que socialistas franceses y socialdemócratas alemanes votasen el presupuesto de guerra pedido por sus gobiernos conservadores, los universitarios abandonaran las aulas al grito de «A Berlín» o «A París» y los directores de la prensa, incluso la de izquierdas y progresista, compitieran por ver quién era el más patriota en sus editoriales. Si nos chocan los disparates ajenos, es porque hemos olvidado los propios. Han sido necesarias dos guerras, devastadoras, para convencer a los europeos de que «A París» o «A Berlín» es mejor ir en clase turista que en tren blindado.

Las historias europeas de esas dos grandes guerras son historias de horror, ciudades destruidas bajo los bombardeos, poblaciones civiles extenuadas y hambrientas, peleas dentro de una misma sociedad y una misma familia, odios y rencores que tardaron una generación, o más, en apagarse. Los norteamericanos vivieron esas dos guerras de forma distinta. A la primera llegaron tarde y frescos, y en la segunda se convirtieron en la primera potencia industrial del mundo. A las dos fueron cantando, bien alimentados y unidos. En la segunda incluso los enemigos de la guerra se alistaron al primer disparo. El aviador Charles Lindbergh, principal propagandista de la neutralidad

frente al Eje, amigo personal de Goering, enemigo personal de Roosevelt, admirador de Hitler, fue de los primeros en alistarse en la
fuerza aérea una vez disparado el primer tiro —para evitarle conflictos de conciencia lo mandaron al frente asiático—. Lo mismo hicieron Henry Ford, que en pocas semanas pasó de fabricar camiones
para la Wehrmacht, en sus fábricas alemanas, a hacerlo para el ejército norteamericano, y William Randolph Hearst, cuyos periódicos
habían sido favorables al Eje hasta poco antes de transformarse en el
mayor apologista de la guerra. Los filmes norteamericanos sobre su
retaguardia en la Segunda Guerra Mundial tienen un aire de nostalgia del que carecen sus equivalentes europeos. Los personajes, incluso cuando sufren por sus seres queridos desplegados en el frente, siguen teniendo una vida relativamente normal, trabajan, juegan y
comen. La música de esos filmes suele ser el swing, Benny Goodman
y las Big Bands de la época. Es difícil no sentir nostalgia al escuchar
a Goodman.

Fue a partir de la Segunda Guerra Mundial —de sus días finales—
cuando el presidente de Estados Unidos se transformó en el hombre
más poderoso del mundo. El 6 de agosto de 1945, los norteamericanos introdujeron al mundo en la era atómica.

Little Boy (Muchachito) medía tres metros de largo, 71 centímetros de ancho y pesaba cuatro mil kilos. La ciudad de Hiroshima era
su objetivo prioritario. En el momento de su destrucción, Hiroshima era una ciudad de segundo orden que no había sufrido apenas
daños en bombardeos anteriores. Se trataba de un centro de comunicaciones sin valor estratégico que había sido ignorado por la fuerza aérea norteamericana a pesar de que allí se encontraba el cuartel
general del Segundo Ejército, al que estaba asignada la defensa del
sur de Japón en caso de invasión.

El 6 de agosto de 1945, el tiempo fue favorable. A las 8.16 de la
mañana, bajo el mando del teniente coronel Paul Tibbets, el B-29
llamado Enola Gay —los pilotos norteamericanos podían bautizar a
sus aparatos, y Tibbets le había puesto al suyo el nombre de su ma-

dre— dejó caer *Little Boy* en el centro de Hiroshima. El aparato explotó con una potencia equivalente a la 12.000 toneladas de TNT.

A las 8.17, Paul Tibbets había unido de forma indeleble el nombre de su madre a la historia de la guerra. Hay amores (filiales) que matan. Enola Gay Tibbets sobreviviría hasta 1983, y moriría pocos meses antes de cumplir cien años. A las 8.17 del 6 de agosto de 1945, la bomba lanzada por su hijo ya había matado de manera inmediata a 80.000 civiles. Varias decenas de miles más morirían antes de fin de año y ningún superviviente quedaría libre de secuelas.

Fue un día grande para Estados Unidos. Como enemigo Japón nunca había sido más que una potencia industrial de segundo orden, carente de materias primas o alta tecnología; Hitler había sido derrotado pocos meses antes; y aunque era evidente que el próximo enemigo iba a ser la Unión Soviética, aquel país estaba en tan mal estado como la misma Alemania. Los soviets estaban destruidos por largos años de guerra, y crisis económica, y si el ejército Rojo era el más numeroso del mundo, el norteamericano estaba mejor armado, alimentado y equipado; la flota de guerra norteamericana era la más poderosa que había existido en la historia de la humanidad, su flota aérea había demostrado al aún aliado ruso lo que podía hacer destruyendo Dresde; sus campos y su industria estaban intactos y la ciencia norteamericana había hecho realidad algo que pocos años antes era sólo posible en las tiras cómicas de Flash Gordon o Buck Rogers: la bomba atómica era viable y sólo ellos la tenían. Nadie antes había tenido nunca tanto poder en el mundo.

Los norteamericanos salieron de las dos grandes guerras europeas con sus ciudades intactas, su industria floreciente y su país más unido que antes de las mismas. En las décadas siguientes incluso las guerras que perdieron fueron lo suficientemente lejanas como para no afectarles directamente.

Esa diferencia ayuda a comprender la actitud norteamericana tanto respecto de la guerra como respecto de los europeos, esos lloricas. Ningún país del viejo continente se libró de la crítica y la caricatura, pero Francia, país que nunca había estado en guerra con Estados Unidos, fue la principal víctima. Los franceses, a despecho

de su historia militar, están representados en el imaginario norteamericano como un pueblo de gente cómoda, pacifista y derro-
tista que necesitan de la existencia de un Estados Unidos duro y armado para ser protegida de una larga serie de amenazas que pueden
ir del káiser a Stalin, pasando por Hitler, y que en vez de agradecer
esa protección responde a la sangre vertida por chicos de Iowa o
Minnesota en lugares tan lejanos como Ypres o Normandía con políticas de obstrucción, críticas desconsideradas y gestos esnobs y fuera de lugar.

Existe un convencimiento, inconsciente y sin embargo profundo, típicamente norteamericano, de que la historia de Occidente
sólo sirve de prólogo a la historia de Estados Unidos. Puede verse en
la manera en que la historia es presentada no tanto en los libros de
texto destinados a los estudiantes como en los libros de historia
dedicados al gran público. La historia de los norteamericanos empieza en tiempos bíblicos y clásicos —pocos alumnos españoles podrán conocer la *Ilíada* tan bien como un buen estudiante norteamericano—, para pasar a Roma y la Edad Media; a partir de ahí se insiste
sobre todo en la Edad Media inglesa, seguida por el renacimiento
igualmente inglés de los tiempos isabelinos, la colonia americana y
después su propia historia. Otras partes de la historia del mundo que
no entronquen directamente con su propio desarrollo como nación
parecen no importarles. Es un rasgo común a muchos pueblos, incluyendo el nuestro, pero no deja de ser desconcertante que una sociedad
que por virtud de su fuerza ejerce una influencia desproporcionada sobre el resto del mundo ignore tanto los idiomas de sus socios, aliados,
amigos, enemigos y posibles competidores —el porcentaje de norteamericanos que hablan un segundo idioma, incluso el de sus antepasados directos, es realmente mínimo—, como la historia de los mismos,
sus costumbres y tradiciones más allá de una serie de estereotipos, a
menudo ofensivos. Y Francia es el país más criticado. Los chistes norteamericanos sobre el ejército francés no son muy distintos de los
chistes franceses sobre el ejército italiano.

A Regis Philbin, presentador televisivo de un programa matuti-
no, hombre amable al que es difícil no querer, nada cruel en sus co-

mentarios, se le atribuye la frase: «A los franceses sólo les gusta que los americanos vayan a la guerra cuando la Wehrmacht toma su café en París». A partir de ahí es fácil comprender la existencia de toda una serie de estereotipos sobre el francés que le presentan vestido con una camiseta a rayas, boina, llevando un bigotito ridículo, mal afeitado, fumando constantemente, con una baguette debajo del brazo, perpetuamente invadido por los alemanes y, a decir verdad, no muy aseado. No es por causalidad que la mofeta de los dibujos animados de Bugs Bunny hable con acento francés.

El final de la guerra fría y la noticia de la reunificación alemana fueron acogidos con buen humor por los presentadores de los programas nocturnos norteamericanos. Jay Leno, uno de los más populares presentadores nocturnos, comentó: «Alemania se ha reunificado, comienzan a verse las primeras reacciones en Europa. [...] Francia capituló al amanecer». En fecha más reciente, las reacciones ante la falta de apoyo francés en la última guerra norteamericana se tradujeron en una serie de chistes y frases que iban desde un «Ir a la guerra sin Francia es como ir a cazar ciervos sin llevar el acordeón», atribuido, espero que falsamente, al general Norman Schwarzkopf, al «No entiendo por qué la gente se extraña de que los franceses no nos ayuden a expulsar a Sadam fuera de Irak, si en la última guerra a duras penas nos ayudaron a sacar a Hitler fuera de Francia», nuevamente pronunciada por Jay Leno. En cualquier caso, los norteamericanos son casi unánimes al respecto: «En la próxima guerra europea, el perdedor tiene que quedarse con Francia». Esta última frase es particularmente cruel, sobre todo porque es anónima.

Las guerras hacen a Norteamérica y a los norteamericanos. Con la excepción de la incursión en Columbus, sin consecuencias a largo plazo, de Pancho Villa en tiempos de la Primera Guerra Mundial, Estados Unidos no ha sufrido una invasión en su territorio continental desde 1812. Estados Unidos no ha visto nunca bombardeadas sus ciudades —excepto durante la guerra civil, a manos de otros norteamericanos—, razón por la cual continúan marchando a la guerra con visible entusiasmo.

Estados Unidos ha tenido bastantes guerras desde su fundación hasta nuestros días. Tanto el carácter como el territorio norteamericanos fueron forjados en su primer siglo de existencia como nación, y esos primeros cien años que siguen a la guerra de independencia incluyen varias guerras con los nativos, contra los piratas bereberes de Trípoli, una segunda guerra contra los ingleses en 1812, una contra los seminolas y los cherokees de Florida, la mexicano-americana de 1848, en la que se entrenaron tantos futuros soldados de la guerra civil, más guerras contra los indios de las llanuras, y una, la civil, que fue precedida por las luchas entre bandas armadas esclavistas y abolicionistas en Kansas y seguida por la violencia del llamado período de la Reconstrucción. Ese período supuso para algunos estados, sobre todo para Kansas y sus vecinos inmediatos, veinte largos años de conflicto irregular y continuo. Entre 1854 y 1876, durante toda una generación, no hubo un solo día en que la política no causara muertes violentas en Estados Unidos.

Después de 1876, a la guerra civil le siguió en el Sur tanto el bandolerismo social —los hermanos James y Younger, asaltantes de bancos y ferrocarriles, eran demócratas y confederados—, como la resistencia guerrillera a la ocupación —por mucho que pueda molestar el concepto, el Klan en sus orígenes tuvo más de movimiento de liberación nacional que de grupo esencialmente racista—. Un antiguo soldado sureño que en Missouri podría ser un bandido, en Georgia era casi necesariamente un klansman o en Carolina del Sur un camisa roja. Otros pistoleros igualmente mortales, como Wild Bill Hickott o los hermanos Earp, fueron por el contrario comisarios o marshalls estatales o federales, entre otros motivos por su pertenencia a los vencedores republicanos. De haber tenido un resultado distinto la guerra, tal vez ahora recordaríamos al sheriff Jesse James y al cobarde pistolero Wyatt Earp.

No olvidemos la conquista del Oeste, el llamado Destino Manifiesto definido por el periodista John Louis O'Sullivan: «El derecho de nuestro Destino Manifiesto es extendernos y poseer el continente que la Providencia nos dio, para desarrollar el gran experimento de la libertad y del desarrollo federal de nuestro autogobierno. Es el mismo derecho que tiene el árbol al aire y la tierra necesarias para el pleno desarrollo de su principio y destino de crecer». La doctrina de la expansión norteamericana fue expresada con metáforas poéticas pero se realizó mediante la guerra tanto contra los indios de las llanuras como contra el vecino México.

Aunque muchas de esas guerras fueron libradas dentro del actual territorio de Estados Unidos —un territorio que es, a su vez, definido por esas mismas guerras victoriosas—, no todas fueron internas o dentro de sus fronteras naturales. A principios del siglo XIX, cuando Estados Unidos era sólo una estrecha franja costera recién liberada de Inglaterra, un país sin apenas comercio externo que parecía predestinado a ser, como mucho, una potencia secundaria, los marines cruzaron medio mundo y desembarcaron en un país mediterráneo, la actual Libia, en busca de piratas berberiscos, los encontraron y ahorcaron antes de volver a casa. Al regresar de su primera aventura internacional, el teniente Presley Neville O'Bannon, el oficial de los marines que había tomado Trípoli con ocho marines y cuatrocientos mercenarios —reclutados por el cónsul norteamericano entre la chusma local—, se llevó consigo como recuerdo un sable de mameluco con empuñadura de marfil que pronto copiaron todos los oficiales de su unidad y cuyo modelo sigue en uso en el cuerpo de marines hoy día. Esa guerra fue también motivo de que el himno de la infantería de marina empiece con las palabras «From the halls of Moctezuma to the shores of Trípoli», «Desde los salones de Moctezuma a las playas de Trípoli». Por aquellos días, el resto del mundo se preguntaba quién sería la gran potencia mundial, si Francia o Inglaterra, y no prestó demasiada atención a aquel desembarco. Era una falta de atención justificada. Estados Unidos era un país pequeño y estaba lejos, tan lejos que su presencia en los asuntos del mundo no podía ser sino marginal.

Olvidada hoy, esa guerra fue significativa no sólo porque indicaba que los norteamericanos iban a tener poca paciencia con aquellos que se atrevieran a atacar, o incluso limitar, sus derechos en el extranjero, sino también por la influencia que tuvo en los debates de la aún no aprobada Constitución norteamericana. La continuada acción de los piratas norteafricanos fue uno de los principales argumentos usados durante la redacción y discusión de los artículos de la Constitución norteamericana para justificar la necesidad de un gobierno fuerte, capaz de crear y mantener su propia flota y proteger el comercio norteamericano fuera de sus fronteras. Aunque durante un largo tiempo la serie de expediciones que la marina norteamericana lanzó sucesivamente contra los enclaves piratas del Mediterráneo fueron consideradas como excepciones.

Si bien los norteamericanos siempre han cuidado sus fronteras y su espacio vital más inmediato, también es cierto que ha costado que salgan a luchar fuera de los mismos hasta tiempos relativamente recientes. Después de aquella primera excepción, tras haber construido un país diferente y asegurado sus fronteras naturales, a los norteamericanos de los siglos XVIII y XIX no les gustaba por regla general viajar, y menos aún hacer la guerra fuera de su continente, y tardaron mucho tiempo en volver a hacerlo.

Por el contrario, hoy el imperialismo norteamericano parece haberse desatado con el final de la guerra fría y la llegada de un improbable mundo monopolar. Mucha gente ha sido acusada por esta nueva política y los sospechosos habituales son desde luego los republicanos, y dentro de los mismos una escuela de pensadores conocida como los *neocons*, a menudo de origen judío, procedente de la izquierda, a veces incluso de la extrema izquierda, que se ha pasado a la derecha, e incluso a la extrema derecha. Tanto el recuerdo de la Shoah, que les hace partidarios de las guerras preventivas, como su defensa del Estado de Israel son los causantes de ese giro radical de sus ideas personales. Son esos mismos *neocons* los que han aportado al tradicionalmente aislacionista Partido Republicano una serie de iniciativas intervencionistas que tienen poco que ver con sus políticas tradicionales. Ejemplo de esos *neocons* podría ser David Horowitz, hijo de estalinistas, ex miembro del Partido Comunista de Estados Unidos, consejero en la década de 1960 de los Panteras Negras y contrario a la guerra de Vietnam, que en la actualidad es uno de los principales directores del tabloide conservador informático Newsmax.com, uno de los últimos órganos de prensa favorables a la guerra de Irak.

Hasta Reagan y Bush, los republicanos rara vez empezaron las guerras exteriores de Estados Unidos. Las dos grandes guerras mundiales, las acciones policiales en Corea o Vietnam fueron empezadas por presidentes demócratas. Incluso el fiasco de la invasión a Cuba en Bahía de Cochinos fue organizado, o al menos administrado, por un demócrata con injusta fama de liberal: Kennedy. El Partido Republicano fue hasta hace menos de veinte años el de los aislacionistas.

No es menos cierto que desde antes incluso de la guerra fría existió una tendencia a la intervención dentro de Estados Unidos basada en ideas consideradas allí, y probablemente sólo allí, como de izquierdas que llega hasta nuestros días. También las políticas intervencionistas de Bush fueron en su día, a veces lo son todavía, apoyadas por escritores a los que consideramos —y que se consideran— de izquierdas. Libros como *Terror y libertad*, de Paul Berman, y *Love Poverty and War*, de Christopher Hitchens, son obra de autores que sin dejar de ser liberales, de izquierdas en el sentido norteamericano del término, han apoyado la defensa, e incluso exportación, del modelo norteamericano de sociedad a través de las armas y la lucha contra el terror. Incluso David Rieff, arquetipo del escritor norteamericano comprometido y de izquierdas, llegó al principio de la guerra de Afganistán a decir que el mundo tenía que escoger entre el imperialismo o la barbarie, como si esos dos términos fueran necesariamente excluyentes. Por su parte, Christopher Hitchens justificó las invasiones de Irak y Afganistán: «Ésta es la primera vez que bombardeamos a un país fuera de la Edad de Piedra», fue la frase que escogió para comentar los bombardeos de Afganistán. Una frase que era una clara referencia a la pronunciada por el general Curtis LeMay durante la guerra de Vietnam: «Les bombardearemos de vuelta a la Edad de Piedra».

Ni siquiera el pretexto humanitario es un elemento nuevo en la política norteamericana: el motivo oficial de que los marines fueran

hasta Trípoli en 1812 no fue que los piratas berberiscos asaltaran na-
víos norteamericanos, sino devolverle la soberanía de la ciudad a su
legítimo monarca, Hamet Karamanli, que se transformó así en el primero de una larga serie de reyes, shas y presidentes habidos y por haber cuya posición de poder se debía al voto de los marines.

Guerra e integración nacional

A lo largo del siglo XIX Estados Unidos no sólo ganó territorio en sus guerras —la guerra mexicano-americana duplicó el territorio norteamericano—, sino también ciudadanos. Francia, Alemania e Inglaterra no han logrado reponerse de las matanzas de las dos guerras mundiales; Inglaterra comenzó a perder la India en 1914, cuando toda una generación de jóvenes ingleses que debería haber crecido para administrar su Imperio colonial murió en sólo cuatro años; la demografía de Rusia, teórica vencedora de la Segunda Guerra Mundial, aún padece las bajas sufridas en la misma, aunque las hambrunas y purgas estalinistas no fueron ajenas al fenómeno. Estados Unidos es el único país que a lo largo de su historia ha acabado las guerras con casi más ciudadanos que al principio, sin grandes pérdidas civiles, sin ciudades destrozadas. La única excepción a esta regla ha sido su única guerra civil, en la que el destrozo lo causaron otros norteamericanos.

Ser norteamericano puede ser en muchos casos un acto de voluntad. Llegar a ser reconocido y aceptado como norteamericano por los otros miembros de la comunidad implica una serie de sacrificios. La educación, el triunfo económico ayudan a ser respetado, pero para ser querido y aceptado hace falta más: la vida entregada como tributo a la comunidad en la que uno se integra es sólo el más evidente de los sacrificios. No es necesario morir para llegar a ser norteamericano, pero ayuda que alguien de tu mismo apellido, o al menos de tu mismo grupo étnico, lo haya hecho, y mucho más que el resto del país sepa que lo ha hecho.

Durante el siglo XIX celtas, eslavos, mediterráneos, judíos y anglosajones eran considerados por la mayor parte de los norteamericanos como razas distintas entre sí. No fue hasta el siglo XX que todos esos grupos quedaron unidos dentro del pensamiento norteamericano en un solo grupo que ahora es llamado «caucásico». La guerra fue uno de los factores que más contribuyó a crear esa nueva raza.

Desde los arcabuceros puritanos a los pelotones multiétnicos, pero blancos, de los filmes de la Segunda Guerra Mundial en los que aparece necesariamente alguien de Brooklyn, un italoamericano, un irlandés, un polaco, y, en filmes más recientes, un judío claramente identificado como tal, un hispano, un negro o un asiático-americano, la historia del ejército norteamericano es la historia de la integración de las sucesivas oleadas de inmigrantes, primero europeos y después asiáticos y sudamericanos.

Estados Unidos es hoy, presume de ser hoy, un lugar tolerante para con el otro. Es curioso constatar, me doy cuenta a medida que lo escribo, que llegar a ser norteamericano es llegar a vivir como un blanco norteamericano —nadie emigra a Estados Unidos para ser afroamericano o nativoamericano—, y que llegar a ser blanco norteamericano al cien por cien, no importa cuál sea la fe nominal, orígenes o incluso el color de la piel, es aceptar un conjunto de valores que vienen en gran parte de los separatistas religiosos puritanos llegados de Inglaterra en el *Mayflower*. No siempre fue así, y antes de la guerra civil norteamericana existían otras formas de ser norteamericano. En cualquier caso, ser norteamericano hoy es descender de los separatistas religiosos puritanos desembarcados en Plymouth, una gente que no deseaba integrar a nadie sino precisamente separarse del resto del mundo. Curiosa paradoja que sólo es paradoja o curiosa para el que acepta que Estados Unidos es el de la costa, no importa cuál de las dos costas, multirraciales y multiculturales que aparecen en nuestros televisores, y olvida la inmensa América profunda que se extiende entre ambas. Una América profunda que puede llegar a ser a veces multirracial —está comenzando a serlo—, pero en absoluto multicultural.

A falta de la solidez del sociólogo o el historiador, todo lo que puedo ofrecer para defender mi tesis son ejemplos y anécdotas.

El primer soldado profesional de la historia de Norteamérica fue Miles Standish.

Irlandeses y alemanes pasaron a ser norteamericanos en la guerra civil, una guerra tras la cual los norteamericanos blancos de los estados sureños fueron considerados ciudadanos de segunda durante una generación.

Esos blancos del Sur no fueron definitivamente perdonados por sus conciudadanos hasta la guerra de Cuba.

La japonesa es la minoría no blanca de mayor poder económico y mejor integrada en la sociedad norteamericana gracias a la Segunda Guerra Mundial.

Los negros han tardado en integrarse en la sociedad norteamericana, pero el último soldado de carrera del que se ha hablado como posible presidente ha sido el general Colin Powell, negro e hijo de inmigrantes jamaicanos.

Antes incluso de que Estados Unidos existiera, la guerra sirvió como forma de integración personal en la sociedad norteamericana, una sociedad que en aquellos tiempos era mucho más hostil a la diferencia, al otro. Una de las mejores cosas de una historia tan relativamente corta y bien documentada como la de Estados Unidos es que es posible localizar a los primeros en cualquier terreno. Así, el primer norteamericano, consciente de ser americano, nacido en Norteamérica fue Peregrine White; el primer ejecutado, James Kendall, acusado de espionaje a favor de España en 1608; la primera ciudad fue Jamestown, fundada en 1607; el primer cargamento de esclavos llegó en 1619; la primera escuela se abrió en 1633, veinticinco años después de la primera ejecución, siguiendo la tradición norteamericana, que aún hoy persiste, de primar el castigo sobre la educación; el primer hombre que murió por la independencia norteamericana fue Jonas Parker; y el primer soldado profesional del continente norteamericano fue Miles Standish, del que gracias a uno de sus enemigos, aficionado a la poesía satírica, sabemos que era bajito. Captain Schrimp (capitán Gamba), era el nombre que le dio en uno de sus poemas. El gracioso lo pagaría. El capitán Gamba, como tantos otros bajitos ilustres a lo largo de la historia, carecía de sentido del humor.

Miles Standish fue un soldado profesional, antiguo mercenario de las guerras en Holanda, contratado por los separatistas religiosos ingleses, los primeros colonos puritanos, para organizar y defender su colonia de Plymouth. De entre los primeros colonos anglosajones, los puritanos han sido el grupo que más ha definido el carácter norteamericano respecto a todos los grupos posteriores llegados a América del Norte; en todo caso fue el grupo sobre el que se modeló la nacionalidad norteamericana durante la guerra civil y una de sus fiestas, transformada por Lincoln en día festivo para el resto del país, el Día de Acción de Gracias, es la fiesta más popular de la Norteamérica contemporánea. Fue en los primeros años de aquella primera colonia de Plymouth cuando se inició la perpetua confrontación con los nativos que llegaría hasta finales del siglo XIX; se crearon todas las bases de la ética laboral norteamericana; se cercó a los católicos, que en algunos lugares y hasta la guerra de Independencia no tuvieron derecho a estar armados ni a predicar, y mucho menos convertir, a personas de otros grupos. Había poca gente más cerrada hacia el otro, ya fuera católico, pagano, miembro de otra confesión protestante, negro, indio, holandés, español, francés o, Dios no lo quisiera, inglés monárquico y libertino, que aquellos primeros puritanos. Sabemos que no sólo eran intolerantes, sino incluso muy intolerantes por su fea costumbre de ahorcar cuáqueros —y, en por lo menos dos ocasiones en la historia de Jamestown, cuáqueras— y hace falta ser muy intolerante para ahorcar a la gente más pacífica y honrada del mundo.

La reacción de los puritanos contra Thomas Morton fue a todos los efectos ejemplar. Morton fue un colono de origen aristocrático

103

que creó su propia colonia, un lugar de depravación y libertinaje en el que negociaba con los indígenas y se acostaba con las indígenas, se podía beber alcohol, se tocaban instrumentos musicales incluso en el día del Señor, se bailaba y se celebraba la llegada de la primavera con fiestas y fuegos llegados de una Inglaterra precristiana, o por lo menos prepuritana. Primero, los puritanos advirtieron a Morton de que se arrepintiera porque Dios le castigaría por sus nefastos crímenes y pecados —entre ellos, tocar la gaita el sábado—; después, considerando que Dios no era suficientemente rápido en su cólera, le quemaron la cosecha y la colonia, mataron a sus amigos indios, dispersaron a sus seguidores y lo devolvieron a Inglaterra cargado de cadenas. Morton tuvo la fortuna de ser inglés, caballero y tener amigos en la corte de Londres. Los cuáqueros no tuvieron la suerte de tener amigos en la corte y el trato con ellos no fue tan amable y cordial.

La expedición enviada contra Morton y sus paganos fue dirigida por Miles Standish, que, además de ofendido en lo moral, se sentía molesto porque Morton había escrito contra él unos versos satíricos en los que se burlaba de su tamaño. El primer soldado profesional de América del Norte, el hombre que defendió la colonia contra los indios y las buenas costumbres contra los libertinos, fue aceptado entre los puritanos de Nueva Inglaterra no por su fe religiosa, sino a pesar de ella. Hay muchos motivos para sospechar que Miles Standish era, en secreto, católico romano y por eso, una vez al año, viajaba a caballo hasta la iglesia católica más cercana, en las colonias del Canadá francés, el actual Quebec, para asistir a misa y tomar la comunión. Un paseo que podía durar varias semanas a caballo y le llevaba a través de territorios necesariamente hostiles.

En 1861, cuando estalló la guerra civil en Estados Unidos abundaban los inmigrantes. Muchos de ellos procedían del norte de Europa, eran daneses, suecos, noruegos y holandeses, y la mayor parte de ellos no fueron discriminados, al menos no de forma tan evidente como los italianos y centroeuropeos que llegaron más tarde. El hecho de que una vez perdido el acento fueran idénticos, o al menos muy parecidos, a los anglosajones y que todos ellos fueran miembros devotos de iglesias calvinistas o luteranas ayudó a su pronta integración. No hay historias de discriminación, no las conozco en todo caso, contra holandeses o suecos en Estados Unidos. Los dos grupos inmigrantes más grandes del momento, alemanes e irlandeses, no tuvieron esa suerte. La historia de los irlandeses es la más conocida, o al menos la más recordada en el cine y la cultura popular. Contribuyó a ello que mantuvieran en el Nuevo Mundo los rencores y peleas del Viejo, no sólo contra los nativistas norteamericanos sino contra otros inmigrantes, irlandeses como ellos pero protestantes, los orangistas procedentes del Ulster. La historia de Estados Unidos de la preguerra civil está llena de peleas entre nativistas Knownothings, irlandeses orangistas y católicos, y alemanes, estos últimos bastante laicos y a veces anticlericales a pesar de ser nominalmente católicos. Los alemanes al menos dejaron sus peleas religiosas internas un siglo atrás, en el viejo continente. Por difícil que parezca de creer, los irlandeses católicos y los alemanes no eran considerados como blancos al cien por cien por los blancos que les habían precedido en Estados Unidos.

Al llegar a Estados Unidos, irlandeses y alemanes eran igualmente pobres y despreciados. Los irlandeses no sólo eran pobres, sino, en su mayoría, también analfabetos que escapaban más del hambre de Irlanda que del yugo británico propiamente dicho, hablaban mal el inglés y eran católicos. Al cabo de pocos años los irlandeses eran los más despreciados. Los irlandeses perdieron en la guerra con México en 1848 su primera oportunidad para integrarse por la vía de las armas en el Nuevo Mundo. Fue una guerra victoriosa en la que sin embargo algunos voluntarios irlandeses, mal dirigidos y peor tratados por sus mandos, debido sobre todo a su catolicismo, desertaron. No sólo desertaron del ejército norteamericano, sino que además se pasaron al enemigo, pronto derrotado, en número suficiente como para crear su propia unidad, el Regimiento San Patricio, que combatió en varias ocasiones contra unidades norteamericanas. El final de la primera experiencia militar irlandesa en América fue para muchos la horca, para otros el hierro de marcar ganado y el látigo con el que fueron castigados, y para el resto, incluso para los que habían permanecido en las filas del ejército vencedor, el desprecio.

Fue la última vez que una minoría étnica europea emigrada a Estados Unidos en vez de integrarse en la cultura dominante fue solidaria con una de las culturas dominadas. A partir de entonces los irlandeses harían todo lo posible por ser blancos. En el futuro, no importa de dónde llegara el inmigrante europeo, supiera o no lo pasado con los San Patricios, haría lo necesario para dejar claro que su interés era llegar a ser blanco. Tal vez por ello la prensa de las comunidades centroeuropeas y eslavas emigradas a Estados Unidos el siglo XIX, estaba tan plagada de ejemplos de cómo ser blanco y norteamericano que incluían, en las décadas de 1920 y 1930, numerosas descripciones de incidentes raciales y linchamientos de negros, parte recordatorio, parte advertencia, parte —me temo— ejemplo de lo que era estar integrado.

Cuando estalló la guerra civil, alemanes e irlandeses se alistaron de forma masiva. Los alemanes, muchos de ellos universitarios y educados, lo hicieron en bloque con la Unión —incluso cuando vivían en el Sur—, porque eran liberales, republicanos y abolicionistas, con no pocos jacobinos entre los mismos, y veían en la clase terrateniente del Sur a la misma aristocracia contra la que se habían rebelado en su propio país en 1848. En el caso de los irlandeses porque, tras haber desplazado a los negros de los trabajos peor pagados de las ciudades, habían descubierto que para ser tratado como un blanco nativo no bastaba con tener la piel blanca y por ello lo hicieron con el mismo escaso entusiasmo en el bando más cercano, independientemente de cuál fuera.

«Was My Brother in The Battle» es una canción de la Unión que, con muy leves cambios, hubieran podido cantar también los confederados: «¿Estaba mi hermano en la batalla cuando llegó la bandera de Erin al rescate de nuestra enseña y para la protección de nuestro honor...?». No fue sin embargo ni la primera ni la única canción de los irlandeses en esa guerra, y a medida que el conflicto avanzaba esas canciones fueron pasando del derrotismo de una canción de inmigrantes pobres como «Paddy's Lament» —«Cuando llegamos a la tierra de los yanquis nos dieron un arma / diciendo Paddy, debes ir a luchar por Lincoln»— al triunfalismo de una marcha militar de norteamericanos triunfantes como «Meagher Is Leading The Irish Brigade» —«Dejemos que el arpa demasiado tiempo silente vibre sus altas notas / Ahora Meagher dirige la Brigada Irlandesa».

No faltó en aquella guerra por lo menos una batalla, Fredericksburg, en la que regimientos irlandeses de la Unión, reunidos en la Brigada Irlandesa del general Meagher, fueron detenidos en su avance por una brigada irlandesa confederada, bajo el mando del general McMillan. El hecho de que tanto en una como en otra unidad buena parte de sus veteranos fueran miembros de una misma sociedad semisecreta, la Fenian Brotherhood, no les impidió matarse con saña aquel día. Fueron 144.000 los irlandeses que lucharon en el bando de la Unión y unos 30.000 los que lo hicieron en el confederado. Esta vez sus oficiales superiores sí les permitieron tener no sólo oficiales irlandeses, sino también capellanes católicos en sus unidades. Tanto Lee como Grant eran veteranos de la guerra con México y recordaban a los San Patricios, pero esa vez no hubo desertores y, por el contrario, abundaron los héroes.

Los alemanes siempre llamaron menos la atención. Llegaron libres de odios anteriores, no tenían orangistas con los que seguir peleándose en Estados Unidos, y eran ciudadanos tranquilos, como lo demostraron en los Draft Riots —las revueltas contra el reclutamiento obligatorio— de Nueva York, en que demostraron su sentido cívico. Los alemanes, tan afectados como los irlandeses por el reclutamiento obligatorio y masivo, en vez de rebelarse, saquear la ciudad y aprovechar para linchar a los negros que les cayeran en mano, organizaron patrullas ciudadanas en sus barrios, patrullaron junto a la policía e impidieron bastantes muertes. Hay que decir que a los alemanes les era más fácil que a los irlandeses no linchar negros, ya que no competían con ellos por los mismos empleos. Los irlandeses, al final de los Draft Riots tampoco tuvieron que volver a hacerlo hasta bien entrado el siglo XX. Después de esos motines y durante cerca de tres cuartos de siglo, los negros no volvieron a trabajar en los muelles de Nueva York.

Aunque los alemanes a su llegada, debido a su supuesta fe católica, tuvieron choques con los nativistas, lo cierto es que nunca despertaron la misma aversión que los irlandeses. Eran más reservados, más sobrios, menos amigos de empezar peleas. Eso no significa que sus problemas con los nativistas Knownothings fueran menores. Prueba de ello son los sangrientos incidentes en las elecciones municipales de 1854, 1855 y 1856, en Columbus, Boston, Newark o Louisville. En Baltimore, el día de las elecciones municipales de 1856, los nativistas llegaron a sacar a la calle dos cañones cargados con metralla y los dispararon. Al final del día había un alcalde nuevo y diez ciudadanos menos. Otros doscientos ciudadanos fueron heridos en aquellas elecciones.

Antes incluso de la emigración de 1848, muchos alemanes afincados en Estados Unidos habían estado entre los primeros abolicionistas. En tiempos de la colonia, la primera protesta oficial y escrita contra la esclavitud en América del Norte tuvo lugar en 1688 en Germantown, Pensilvania, y las comunidades moravas de Carolina del Norte, así como las salzburguesas de Georgia se negaron siempre a usar esclavos a pesar de vivir en una economía que dependía de la mano de obra esclava. No les fue fácil, y Germantown, boicoteada por todos sus vecinos, llegó a ser conocida en el estado como Poortown, «Ciudad Pobre». Con la posible excepción de algunos alemanes afincados en el Sur desde mucho antes de 1848, la mayoría de los germanos residentes en América luchó del lado de la Unión y luchó bien. Hay que decir que en si en Inglaterra la opinión pública estaba del lado confederado, en Alemania todo el mundo estaba del lado de la Unión, desde Otto von Bismarck a Karl Marx. Miembros de las sociedades patrióticas y gimnásticas recreadas por los exiliados alemanes en Estados Unidos formaron parte de la escolta de Lincoln en su primera toma de posesión, en un momento en que ser su escolta no era un acto simbólico, sino algo que implicaba riesgos reales. Cuatro años después, con motivo de su reelección, Marx envió una larga carta de felicitación a Abraham Lincoln. Algunos marxistas norteamericanos —término que en aquella época podía, debía, limitarse únicamente a los corresponsales de Marx— llegaron más lejos.

August von Willich era prusiano. En realidad era el arquetipo del prusiano tal y como es imaginado por los no prusianos a los que no les gustan los prusianos. Oficial prusiano nacido en Braunsberg, era hijo, nieto, sobrino, hermano, primo y quizá hasta tío de oficiales prusianos. Era también corresponsal de Marx, con el que se peleó en varias ocasiones, pero con el que siempre se reconcilió. Antes de ser exiliado en Estados Unidos, Von Willich había sido conspirador contra la monarquía absoluta, organizador de logias liberales en el cuerpo de oficiales y desertor del ejército prusiano. Durante la primavera de las naciones de 1848 comandó una unidad de voluntarios, el Freikorps Willich, que fue la primera unidad de la historia en luchar bajo la bandera roja teniendo ésta el significado que se le da hoy día —los *comunards* parisinos no la levantarían hasta años después—. Al poco tiempo de llegar a América, mientras se ganaba la vida como carpintero, fundó un periódico en alemán, de carácter sindicalista revolucionario y anticlerical, *Die Republikaner*, con el que apoyó a Lincoln en las elecciones que le dieron la presidencia.

Cuando estalló la guerra civil, el marxista Willich, que en algún punto de su vida había renunciado a la aristocrática partícula *von*, logró ascender hasta el grado de brigadier general y cargó, en aquella guerra los generales cargaban y a menudo morían, al frente de sus tropas contra los confederados cantando *La Marsellesa*, no la burguesa versión francesa, sino *La Marsellesa de los Trabajadores* alemana de 1848: «Marsch, marsch waer's zum Tod! Und unsre Fahn' ist rot!», «Marchemos, marchemos aunque sea a la muerte. Roja es nuestra bandera». Su bandera era roja en oposición a la tricolor de los republicanos, más común en aquellos días, o al menos en aquella revuelta, y que es hoy la bandera oficial de Alemania. La carrera militar de

Willich fue gloriosa, herido siete veces, capturado en combate, canjeado y devuelto a la batalla pocos meses después; su unidad entrenada a la prusiana —no por ser de izquierdas dejó de ser un oficial prusiano— fue una de las mejor disciplinadas del ejército de la Unión. A lo largo de la guerra Willich recibió de su tropa el apodo de Papá que los regimientos alemanes dan sólo a sus oficiales más queridos.

Papá Willich fue uno de los oficiales más apreciados por sus soldados, que a su vez se contaban entre los mejor instruidos, cuidados, uniformados y alimentados del ejército de la Unión. Acampados en invierno construían hornos de piedra para elaborar su propio pan, avanzando en verano cruzaban los ríos sobre carros pontón diseñados y construidos bajo la dirección de su general, que unía a la teoría del ingeniero la práctica del carpintero. Voluntario a duras penas aceptado por el ejército de la Unión al principio de la guerra, Von Willich acabó con el cargo de brigadier general.

Von Willich regresó a Prusia en 1870, justo a tiempo para tratar de alistarse en el ejército de la misma dinastía que había tratado de derrocar, en su guerra contra Napoleón III. Fue rechazado. Ese rechazo le permitió escapar al que hubiera sido el triste destino de tener que disparar con veinte años de diferencia sobre los últimos defensores de París, que, como él en su juventud, luchaban bajo una bandera roja, la de la Comuna. Solo y anciano, sus últimas actividades públicas, de nuevo en Estados Unidos, fueron las de un retirado que se dedica a usar su excesivo tiempo libre organizando lecturas shakespearianas y jugando al ajedrez en una decente casa de retiro, rodeado por veteranos de su unidad que se turnaban en sus visitas para no dejarlo morir abandonado, solo y sin familia. El único general marxista de la historia de Estados Unidos fue enterrado vistiendo su uniforme: el de la Unión.

Colorista como era Von Wilich, no fue la única figura importante entre los germano-americanos movilizados, ni siquiera la más importante. Otros alemanes llegaron a general: Alexander Schimmelfennig, Peter Osterhaus, Max Weber o Franz Sigel, que salvó Missouri para la Unión en los primeros y confusos momentos de guerra. Otro abolicionista alemán, que llegó a general de la Unión, Carl Schurz, fue después de la guerra senador por el estado de Missouri, secretario del Interior y el reorganizador de toda la administración pública norteamericana, a la que profesionalizó y liberó de la hasta entonces común tara del clientelismo. Aunque el alemán más importante de la guerra civil norteamericana no fue un general sino un abogado, Franz Lieber, que codificó la conducta del ejército de la Unión durante buena parte del conflicto con el código que llevó su nombre —«Código Lieber para la conducta de las tropas sobre el terreno de batalla»—, uno de los primeros conjuntos de leyes destinadas a limitar la destrucción de blancos civiles en tiempo de guerra del mundo moderno, e hizo de la guerra civil norteamericana una de las raras guerras civiles casi civilizadas de la historia.

Alemanes e irlandeses no fueron los únicos en llegar a ser norteamericanos a título pleno en esa guerra, lo fueron también, entre otros, los polacos de Illinois, los suecos y noruegos de Minnesota y Wisconsin —a Hans Christian Heg, coronel noruego, le corresponde el honor de ser el oficial superior de más rango de Wisconsin muerto en combate—, e incluso los judíos, aunque sobre todo los de la Confederación, porque el general Grant no hizo nada fácil que éstos se alistaran en los ejércitos de la Unión con su Orden n.º 11 —del 17 de diciembre de 1862—, según la cual expulsaba a todos los judíos de los territorios de Kentucky, Tennessee y Mississippi. Pese a esa orden —anulada casi inmediatamente por Lincoln— 9.000 judíos lucharon por la Unión. No tan visibles como los irlandeses o los alemanes, porque no formaron unidades nacionales, los judíos dieron por lo menos tres jefes regimentales a la Unión: Marcus M. Spiegel, coronel del 120.º de Voluntarios de Ohio; Max Einstein, coronel del 27.º de Infantería de Pensilvania, y Frederick Knefler, veterano de la rebelión húngara de 1848 y general del 79.º Regimiento de Infantería de Indiana.

Incluso los italianos de Nueva Orleans que lucharon con los Louisiana Tigers dieron un primer paso hacia su blancura, aunque los italianos seguirían siendo linchados durante algunos años más. Por lo menos uno de los linchados, en los disturbios sucedidos a la muerte del jefe de policía de Nueva Orleans, David Hennessy, era un veterano del ejército confederado. Tuvo que ser un linchamiento curioso, en todo caso raro, en el que, por una vez, el grupo de linchadores unió a dos grupos que rara vez colaboraban entre sí, irlandeses y negros, a pesar de que todos los linchados eran blancos. Aunque para muchos irlandeses los italianos no eran realmente blancos, de la misma forma que para muchos blancos, e incluso negros del Sur, a duras penas ya sí lo eran los irlandeses...

Dentro de esta lógica, ¿por qué no llegaron a ser blancos los hispanos? ¿Lo hubieran sido los indios de las llamadas tribus civilizadas si hubiera ganado el Sur? Es posible. El hecho de que hoy la bandera de combate confederada sólo sea usada por grupos básicamente blancos, a veces incluso racistas, oculta el hecho de que los estados de la Confederación eran sociedades muy heterogéneas y abiertas, a menudo multilingües, mucho más variadas racial y culturalmente que los estados del Norte, leales a la Unión, y que hubo, en proporción, muchos más indios, hispanos y judíos en las filas de la Confederación que en las de la Unión.

Las llamadas Cinco Tribus Civilizadas (cherokee, chickasaw, choctaw, creek y seminolas) llevaban años intentando ser tratadas como blancas, para lo cual se habían instalado en casas de blancos, creado alfabetos propios en los que publicaban libros y prensa, se habían dado constituciones y un sistema judicial copiado del europeo, e incluso algunos miembros de esas tribus se habían unido a logias masónicas, comprado esclavos y, al estallar la guerra, creado unidades militares propias o mixtas con sus vecinos anglosajones.

Después de la guerra civil, algunos indios se unirían incluso al primer Klan, lo que no era del todo raro en un momento en que entre los Caballeros de la Magnolia Blanca de Luisiana —un grupo similar al Klan, propio de aquel estado— no faltaron algunos judíos de Nueva Orleans. El antisemitismo del moderno Klan, como su anti-catolicismo, procede no de los grupos del primer Ku Klux Klan de posguerra sino del recreado en los años veinte. El primer Klan, sin dejar de compartir una larga serie de prejuicios raciales sobre los negros, de los cuales en aquella época no estaban libres ni los aboli-cionistas del Norte, no era tanto una organización racista como la expresión ilegal de las políticas seguidas en el Sur por el Partido De-mócrata de antes de la guerra.

En cualquier caso, y volviendo a los indios, una de las últimas uni-dades confederadas en rendirse al final de la guerra civil fue el 69.º Re-gimiento de Carolina del Norte, un regimiento de fusileros cherokees, conocido como la Legión Thomas en atención a su jefe, William Ho-lland Thomas, un tendero blanco adoptado por los cherokees que había llegado a ser una figura importante por sus consejos. No fue la única unidad india. Han quedado los nombres de otras unidades con-federadas: la Brigada de Caballería India del brigadier general Stand Watie, cuyo nombre indio era Degadoga —«el que se mantiene en pie»—, y que incluía al 1.º de Caballería Cherokee, el 2.º de Caballería Cherokee, el Escuadrón Creek, el Batallón Osage y el Batallón Semi-nola. Watie sólo había hablado cherokee hasta los doce años, trabajado durante cuarenta años como abogado dentro de la Nación Cherokee y ejercido como funcionario en su Tribunal Supremo de justicia.

Lo mismo sucedió con los hispanos. La mayor parte de la pobla-ción hispana en Estados Unidos estaba aún poco integrada y no par-ticipó en el conflicto, pero cuando estaba integrada lo estaba en la sociedad sureña, sobre todo en Texas, Nuevo México, Florida y Lui-siana. Hubo unidades españolas, oficiales y tropa de origen mexica-no e independentistas cubanos en el ejército confederado. El hecho de que la mayor parte de los hispanos que lucharon en la guerra ci-vil norteamericana lo hiciera en el bando perdedor no ayudó a su integración posterior.

En Texas los hispanos estuvieron representados por el Regi-miento Benavides, que llevaba el nombre de su jefe, el coronel San-tos Benavides, y el 10.º de Caballería de Texas, del mayor Leonides

Martin. Cantidades apreciables de hispanos sirvieron en el 55.° de Infantería de Alabama, el Batallón de Artillería de Manigault en Carolina del Sur, el 6.° de Infantería de Missouri, el Regimiento de Chalmetle de Infantería de Luisiana, y el 2.° de Fusileros Montados de Texas. Otras unidades confederadas que incluían a numerosos hispanos fueron los Zuavos de Luisiana, el 1.° de Caballería de Florida, la Legión Española de la Brigada Europea, la Guardia Española (integrada en el Cuerpo de Voluntarios de Mobile, Alabama), y cuatro compañías independientes de la milicia de Nuevo México conocidas por los nombres de sus comandantes, Gonzáles, Martínez, Tafolla y Perea, que fueron los únicos alzados a favor de la Confederación en aquel estado fronterizo que permaneció del lado de la Unión. José Agustín Quintero, poeta y revolucionario cubano, sirvió al gobierno confederado como encargado de compras de la Confederación en el norte de México, asegurando la llegada de material procedente de Europa a través de ese país neutral, mientras que David Camden de León, descendiente de judíos sefardíes, fue el jefe de los servicios médicos del ejército confederado. El judío más importante de la Confederación no vistió sin embargo uniforme. Se trataba del secretario de Estado de la Confederación, Judah Benjamin, que ocupó distintos cargos dentro del gobierno confederado —sería considerado como el cerebro del mismo— y al que después de la contienda se le atribuyó un plan para matar a Lincoln. Judah Benjamin tiene la rara distinción de ser uno de los pocos políticos norteamericanos fallecidos en el exilio, en Inglaterra, donde al final de su vida llegó a ser consejero de la reina Victoria.

Del lado de la Unión, el hispano más famoso fue David G. Farragut —alguien que nadie identifica como hispano—, que, a pesar de carecer de formación, llegó a ser el primer almirante de cuatro estrellas de la marina norteamericana. A su favor tenía el hecho de que había estado embarcado como grumete en un buque de guerra desde los ocho años, participó en su primer combate naval a los nueve y tomó el timón de un navío por primera vez a los doce. Farragut era hijo de un marino menorquín que había servido en la marina estadounidense en las guerras de 1776 y 1812.

Hay un punto en la historia en el que las minorías se encuentran y se entrecruzan. Emilio Luis Fenellosa, nacido en Salem, Massachusetts, de padres españoles, sirvió como oficial en el 54.º Regimiento de Massachusetts, uno de los primeros regimientos negros reclutados oficialmente, y fue uno de los pocos oficiales que sobrevivió al ataque de esa unidad a Fort Wagner. Sus memorias de guerra, *A Brave Black Regiment*, sirvieron un siglo después de base documental al filme *Glory*, ganador de tres Oscar en 1989. Por su parte, Fort Wagner había sido fortificado por el ingeniero Ambrosio José González, coronel confederado, y futuro oficial independentista cubano. Hay un punto en la historia norteamericana en el que las minorías no sólo se encuentran y se entrecruzan, sino que además se matan entre sí.

Después de la guerra civil, no sólo los cherokees y la mayor parte de los hispanos siguieron sin ser blancos —además, a los cherokees les quitaron sus esclavos—, sino que incluso los blancos del Sur perdieron por completo su condición de norteamericanos.

La guerra civil es asimismo la guerra en que también la mayor parte de los norteamericanos nacidos en el país pasaron a ser estadounidenses y dedicar su fidelidad a Estados Unidos por encima de su estado de origen. Carolina del Sur, que ya lo había intentado en 1832, fue el primer estado en salir de la Unión. En marzo de 1861, siguiendo a Carolina del Sur y molestos por la elección de Lincoln, se separaron otros seis estados: Mississippi, Florida, Alabama, Georgia, Luisiana y Texas. Después del bombardeo de Fort Sumter por la milicia de Carolina del Sur, Virginia, Arkansas, Tennessee y Carolina del Norte se unieron a los anteriores creando poco después los Estados Confederados de América. Sin embargo, varios estados que todo el mundo creía que se unirían a la causa sudista no lo hicieron, bien por la acción de minorías abolicionistas, como Missouri, bien por la fuerza del gobierno federal, como Maryland. Varios estados esclavistas como Delaware ni siquiera se plantearon la secesión, mientras que una parte de los habitantes del estado de Virginia consideró que si

Virginia podía separarse de la Unión ellos podían separarse de Virginia, y crearon, no sin lucha, el actual estado de Virginia Occidental. En el plano más personal, aquella guerra fue un momento de decisiones difíciles para muchos hombres nacidos en el Sur que, al margen de su posición respecto a la esclavitud, querían permanecer fieles a la Unión. El almirante David G. Farragut había nacido en el Sur. Otro sureño, Frederick Benteen, el oficial que años después salvaría lo que quedaba del 7.º Regimiento de Caballería de un desastre aún mayor en Little Big Horn, llegó a enfrentarse en el campo de batalla con su padre, oficial confederado. Sam Houston, primer presidente de Texas, a pesar de ser propietario de esclavos, se opuso a unirse a la Confederación y trató de mantener a su estado dentro de la Unión. Mientras, del otro lado, Thomas «Stonewall» Jackson, que sería el mejor general de la Confederación, se unió a la misma por fidelidad a su estado natal, Virginia, a pesar de estar en contra de la secesión, y a Lee se le ofreció el mando de las fuerzas de la Unión antes de que, por fidelidad a su estado, de nuevo Virginia, siguiera el camino trazado por Jackson.

Houston, Farragut y Benteen fueron sin embargo excepciones dentro del Sur, y durante el período conocido por la Reconstrucción, que en algunos estados duró hasta 1877, la mayor parte de los blancos del Sur perdieron el derecho al voto mientras las legislaturas locales del Sur fueron ocupadas por negros recién liberados, blancos del Sur que habían renegado de sus orígenes antes, durante o después de la guerra, y yanquis llegados para saquear el Sur, reconstruir la Unión, o una lucrativa mezcla de ambas actividades. La administración pública de los estados del Sur quedó en manos de generales del Norte, lo que ayuda a comprender por qué tantos de ellos murieron ricos, y de civiles del Partido Republicano, un partido que al acabar aquel período tardó noventa años en volver a obtener el voto blanco en aquella región del país. Peor aún, existía, después de una guerra particularmente cruel, un odio total y visceral en muchos habitantes del Norte hacia todo lo sureño.

La Reconstrucción no concluiría hasta después de las elecciones de 1876, en que el republicano Rutheford Hayes robó la presidencia con un fraude tan evidente que el Partido Demócrata obtuvo todo lo que quiso a cambio de reconocer su victoria. Entre las condiciones de los demócratas, estaba la retirada de las tropas federales aún acuarteladas en los estados del Sur. Aunque al acabarse la Reconstrucción, el retorno de los blancos a las urnas y el final del experimento republicano radical hicieron que poco a poco se cerraran las heridas, lo cierto es que los blancos del Sur sólo volvieron a ser completamente norteamericanos después de la guerra de Cuba de 1898, la primera en que unidades reclutadas en la antigua Confederación volvieron a combatir bajo la bandera de las barras y estrellas. Por aquel entonces el sencillo mecanismo de «morir por la Patria es ser parte de la Patria» estaba ya lo suficientemente consolidado como para que el presidente William McKinley insistiese personalmente en el reclutamiento de unidades en el Sur, así como en el retorno a la vida activa de oficiales del antiguo ejército confederado. Un cuerpo de ejército norteamericano fue puesto bajo el mando de un antiguo general confederado, Fitzhugh Lee, sobrino y biógrafo de Robert E. Lee.

Acabada la Reconstrucción, Fitzhugh Lee había sido primero gobernador de Virginia y después cónsul de Estados Unidos en La Habana desde 1896. A su regreso de La Habana, McKinley le devolvió en el ejército federal el grado obtenido irregularmente en el ejército confederado y le confió el VII Cuerpo del Ejército. Fue un nombramiento político, y no fue el único. A un general confederado de sesenta y dos años, Joseph Wheeler, conocido popularmente como Fighting Joe («el peleón» Joe), famoso por su agresividad en el combate —había participado en 800 escaramuzas y 172 batallas a lo largo de su carrera militar— y su odio visceral hacia la Unión, se le confió un regimiento que dirigió vestido a veces con su uniforme de confederado. La leyenda más que la historia dice que en medio de su locura, hay motivos para sospechar que era un loco de atar, confundía y mezclaba las guerras y se refería a los soldados españoles como «esos malditos yanquis». El VII Cuerpo rara vez entró en acción, pero fue lo suficientemente conocido como para que casi todo el mundo diera por cerrada la guerra civil con sólo treinta y pocos años de retraso. Aunque no todo el mundo: cuando Fitzhugh Lee fue enterrado en 1901, vestido con el uniforme de gala azul del ejército federal, uno de los asistentes comentó: «¿Qué pensará Stonewall [el general Thomas Jackson] cuando Fitz aparezca en el cielo llevando eso?». Ignoro qué uniforme llevaba Fighting Joe Wheeler en su funeral, pero estoy seguro de que, si llegó al cielo, Stonewall Jackson no debió de tener motivos de objeción.

Los japoneses-americanos están más integrados que los coreano-americanos. Ambos grupos disfrutan de índices educativos e ingresos equivalentes. Los estudiantes asiáticos están entre los mejores de América tanto en los colegios públicos como en los privados. Coreanos y japoneses son a todos los efectos comunidades modélicas por su alta educación y baja criminalidad, están entre las más educadas y de mayores ingresos promedio de Estados Unidos, superando en algunos aspectos incluso a los anglosajones. Los japoneses tienen sin embargo un poder político del que carecen los coreanos. Los japoneses llegaron en el primer tercio del siglo XX, sobre todo a California y Hawai, y quizá no sería justo incluir a los dos grupos en una misma historia ya que los japoneses hawaianos, más integrados tanto dentro del movimiento sindical como del Partido Demócrata y la sociedad en general, no fueron detenidos y deportados al principio de la Segunda Guerra Mundial, al contrario que los que habitaban la costa continental del Pacífico, a pesar de estar en un lugar de mucho más peligro para Estados Unidos. Los coreanos, por su parte, llegaron sobre todo después de la guerra de Corea y están bastante más repartidos geográficamente. El hecho de que unos estén mejor integrados que otros se debe no tanto a la distinta antigüedad de sus comunidades en el país, o como en el caso cubano a su concentración, como al hecho de que los japoneses lucharon en el ejército norteamericano en la Segunda Guerra Mundial, en una unidad segregada de un ejército segregado, el 100.º Batallón de Infantería, que más tarde se transformó en el 442.º Regimiento de Infantería, con tan buena o mala fortuna que esa unidad, al contrario que la mayor parte de las igualmente divididas unidades afroamericanas, sí vio combate en el frente europeo, como lo prueban las 3.900 condecoraciones sobre un total de 4.500 voluntarios.

Hay bastantes congresistas negros, y hasta algún congresista hispano, pero el Senado, incluso hoy, incluso con la presencia de Barack Obama, parece un viejo club del Sur en el que hay pocas caras que no sean blancas. Una de las raras excepciones a esa regla fue durante largo tiempo Daniel K. Inouye, senador demócrata del estado de Hawai y veterano del 442.º de Infantería. Voluntario como soldado raso a los dieciocho años y licenciado a los veintiún años, con un brazo menos y el grado de capitán, en el momento de licenciarse Inouye tenía la Medalla de Honor, la Cruz de Servicios Distinguidos, la Estrella de Bronce, el Corazón Púrpura y otras doce medallas y menciones, y de no haber perdido el brazo en combate hubiera ingresado automáticamente en West Point. Años después de acabada la guerra, siendo ya senador, le fue concedido un título honorario en esa academia militar.

La excepción afroamericana, otra vez...

¿No debería haber funcionado ese método de integración con los afroamericanos? A fin de cuentas funcionó para los japoneses, que eran un enemigo aún más odiado que los alemanes al comienzo de la Segunda Guerra Mundial. ¿Acaso no han tenido los negros un pasado militar en Estados Unidos? Después de todo, son el segundo grupo étnico más antiguo entre los llegados a América.

El principal líder abolicionista negro, Frederick Douglass, escribió al principio de la guerra civil: «Una vez que se permita que el negro lleve las letras U.S. en [su hebilla de] latón, vista un uniforme, lleve un mosquete al hombro, balas en sus bolsillos, no habrá poder en la tierra que pueda negarle que ha ganado su derecho a ser ciudadano de Estados Unidos». Consecuente con sus palabras, sus dos hijos mayores, Charles y Lewis, se alistaron en el 54.º de Massachusetts. Lewis alcanzó en ese regimiento el grado de sargento mayor y fue herido en el asalto a Fort Wagner.

Uno de los problemas más importantes para los soldados negros como grupo, a la hora de reconocerles sus méritos, es el hecho de que los soldados negros americanos no fueron visibles hasta que el ejército fue desegregado por Harry Truman —Orden ejecutiva 9981 del 26 de julio de 1948—, justo a tiempo para ir a Corea, una guerra fría y desagradable que muchos norteamericanos no comprendieron. Hasta Corea, su presencia en guerras anteriores había sido más señalada por aliados o incluso enemigos que por los mismos norteamericanos. Vietnam fue la primera que fue librada por negros directamente ante la cámara.

Es curioso que uno de los primeros monumentos militares que reconoció la existencia del soldado negro fuera uno dedicado en 1914 a los soldados de la Confederación, en el cementerio nacional de Arlington, en el que aparece un soldado de color, confederado, marchando armado junto a otros soldados blancos, mientras otro soldado blanco confía su hijo a una mujer negra para su protección.

En la Segunda Guerra Mundial, la última juzgada de forma favorable por todos los sectores de la población, de un 8 a un 9,5 por ciento del ejército norteamericano desplegado en los distintos frentes fue negro. Eso suma alrededor de un millón de movilizados. Sin embargo, de ese millón un 78 por ciento lo hizo en actividades no relacionadas con el combate.

Los incidentes rodearon a las tropas de color. El primer muerto causado por la carabina M-1 —nueva arma larga reglamentaria del ejército norteamericano en aquella guerra— fue un soldado negro, caído en una pelea entre soldados blancos y negros que aún no habían embarcado. Pero la cosa no quedó ahí, sino que el ejército norteamericano llevó consigo las leyes de segregación racial incluso a países aliados en que éstas no existían, como Inglaterra, Italia, Holanda o Francia.

En la Primera Guerra Mundial sólo 42.000 de los 200.000 soldados afroamericanos en filas fueron clasificados como tropas de combate, a pesar de que el comandante en jefe de las unidades americanas en esa guerra, Pershing, era conocido como Black Jack, por haber sido oficial de tropas negras en la guerra de Cuba.

En la guerra de Cuba fueron unidades de caballería negras, los Buffalo Soldiers, las que, bajo el mando del mismo Black Jack, salvaron a Teddy Roosevelt en la batalla de la Colina de San Juan Hill, momento histórico sobre el que descansó toda su carrera política posterior y del que hizo todo lo posible para borrar no sólo a las tropas negras, sino a todas las demás unidades presentes en el terreno de combate, sin importar cuál fuera su color. Según Theodore Roosevelt como cronista, fue sólo Theodore Roosevelt como soldado, con alguna ayuda de su unidad de voluntarios cowboys, los Rough Ryders, quien liberó Cuba del yugo español. El humorista norteamericano Peter Finley Dunne indicó en su momento que las memorias de guerra de Theodore Roosevelt deberían llevar por título *Alone in Cuba* («Solo en Cuba»), por el escaso crédito que concedía a los demás combatientes de su mismo bando.

En el cuerpo de oficiales el primer negro en graduarse en West Point fue Henry O. Flipper, de Thomasville, Georgia, en una fecha ya tan lejana como 1877, y lo hizo en un momento, la posguerra civil, en el que una buena parte de la caballería norteamericana estaba compuesta por unidades de color, algo que difícilmente podrá adivinar el que conozca la conquista del Oeste a través de la versión dada por Hollywood.

Y desde luego hay que hablar de la guerra civil cuando se habla de los negros en Estados Unidos. La esclavitud y la raza fueron temas importantes al inicio de la contienda, si bien ésta no es un tema en que todo pueda o deba verse en blanco o negro. La civil no fue sólo una guerra de propietarios de esclavos contra abolicionistas. Una guerra con esos combatientes hubiera tenido muy pocos combatientes. En 1860, sólo una pequeña minoría de blancos poseían esclavos. De acuerdo con el censo, vivían en Estados Unidos veintisiete millones de blancos, ocho millones en estados esclavistas, y sólo 385.000 de ellos poseían esclavos. Incluso si todos los propietarios de esclavos hubieran sido blancos, habrían sumado sólo el 1,4 por ciento de todos los blancos y el 4,8 por ciento de los blancos del Sur. El problema para las estadísticas es que también existían propietarios negros. Según el mismo censo, en 1860 vivían en Estados Unidos cuatro millones y medio de negros. Cuatro millones en los estados esclavistas. De esos cuatro millones, 261.988 eran libres. En Nueva Orleans vivían 10.689 negros libres. De acuerdo con los títulos de propiedad conservados de la época, aproximadamente 3.000 de los negros libres de Nueva Orleans eran propietarios de esclavos, con un porcentaje del 28 por ciento, bastante superior al de la población blanca del Sur. En Charleston, Carolina del Sur, en 1860, 125 negros libres eran propietarios de esclavos. Estadísticas similares se dan en todos los estados del Sur.

De la misma manera que no todos los negros eran necesariamente esclavos, ni todos los blancos del Sur propietarios de esclavos, tampoco la posición de los nordistas respecto a la esclavitud era unánime. El general Ulysses Grant esperó para liberar a sus propios esclavos a que el Congreso aprobase la Decimotercera Enmienda a la Constitución, que abolía la esclavitud. Cuando le preguntaron sobre su tardanza se limitó a hacer un comentario más propio de una ama de casa no demasiado politizada que el de un general jefe de los ejércitos de la Unión: «Es tan difícil conseguir buen servicio estos días». Su lugarteniente, el general William T. Sherman, también había tenido esclavos antes de la guerra, durante su estancia en el Sur. Por el contrario, Robert E. Lee, en una carta escrita en 1856 a Mary Curtis Lee, su esposa, decía de la esclavitud que era un mal moral y político. Y hubo por lo menos un general confederado abolicionista, Patrick Cleburne, que, para conseguir la simpatía del mundo hacia la causa confederada, propuso armar a los negros del Sur y liberarlos para detener la invasión nordista: «Si puede conseguirse que se enfrenten y luchen bravamente contra sus antiguos amos, cuánto más probable es que con la promesa de una más alta recompensa, y conducidos por sus amos, se sometan a la disciplina y se enfrenten al peligro». No le hicieron caso, pero pese a todo se dieron casos de esclavos que siguieron a sus amos al combate. Nathan B. Forrest, que después de la guerra fue el primer Gran Dragón del Imperio Invisible del Ku Klux Klan y antes del conflicto traficante de esclavos, armó a cuarenta y cinco de sus propios esclavos para que le siguieran al combate y ninguno de ellos desertó, aunque bastantes cayeron en combate. No fueron los únicos.

En la guerra civil, 180.000 soldados negros, más de 90.000 de ellos procedentes de los estados esclavistas, lucharon del lado de la Unión y un número indeterminado, calculado de forma muy distinta entre los 13.000, cifra aceptable, y los 65.000, obviamente exagerada, del lado confederado. Alrededor de 37.000 soldados negros murieron en la guerra pero sólo se conservan estadísticas de los que lo hicieron del lado federal. Sin embargo, en Bull Run, la primera batalla de la guerra, una batería de Howitzers confederada, procedente de Richmond, fue manejada, al menos en parte, por tropas negras, lo que haría que los primeros negros muertos en combate en esa guerra ,pertenecieran al bando confederado, aunque sólo fuera porque aún no había tropas negras del bando federal.

Cuando el general confederado Thomas Stonewall Jackson tomó en 1862 la ciudad de Frederick, Maryland, llevaba como auxiliares unos 3.000 soldados de color, no mucho peores en su aspecto que el resto de sus tropas. Un testigo de la Unión, el doctor Lewis Steiner, escribió sobre sus uniformes: «Estaban ajados, pero no más ajados o desaliñados que los vestidos por los blancos en las filas rebeldes». Aproximadamente unos 1.150 marinos negros formaron parte de la marina confederada, algunos de ellos estuvieron entre los últimos confederados en rendirse, a bordo del *CSS Shenandoah*, que se entregó a la marina de la Unión en Inglaterra a los seis meses de acabarse la guerra.

En 1860, William Ellison era el propietario negro de esclavos, igualmente negros, más importante de Carolina del Sur. Cuando en 1895 su nieto y heredero, John Wilson Buckner, fue enterrado por antiguos miembros de su unidad, la unidad en que había luchado durante la guerra civil, el 1.º de Artillería de Carolina del Sur, una unidad blanca en la que todos lo sabían igualmente negro, sus antiguos oficiales y compañeros de armas presentes en el acto le recordaron y honraron como el «leal soldado de la Confederación».

Hubo por lo menos un voluntario negro —algunas fuentes dicen que dos—, esclavo liberto que acompañaba a su antiguo amo, en el raid auténticamente criminal lanzado por los irregulares confederados del capitán Quantrill contra la ciudad de Lawrence, Kansas, cuyo principal pecado era el haber sido fundada por abolicionistas llegados de Massachusetts y ser lugar de refugio de esclavos fugitivos.

Desde luego, todo lo anteriormente escrito no podrá ocultar nunca el hecho de que, a veces en contra de la voluntad de las tropas blancas, e incluso sin demasiado apoyo de Lincoln, la inmensa mayoría de los soldados negros que lucharon en la guerra civil norteamericana tuvo el buen sentido de hacerlo por el bando que quería abolir la esclavitud.

Aunque varias unidades reclaman ese título, el primer regimiento negro regular que luchó en el ejército de la Unión fue al parecer el 1.º de Carolina del Sur, reclutado por el general David Hunter sin permiso de Washington. Reclutar esa unidad no fue una decisión popular, ni siquiera entre sus propios oficiales. La orden de reclutamiento fue redactada por su asistente, Charles G. Halpine, un protestante angloirlandés, que a continuación, bajo el seudónimo de Miles O'Brian, escribió un poema doblemente racista, «Sambo's Right To Be Kilt», que se podría traducir como «El derecho de Sambo a ser mata'o», en el que se burlaba a un mismo tiempo de la supuesta forma de hablar de los iletrados católicos irlandeses, del deseo de luchar por su libertad de los negros manumitidos y de las órdenes que acababa de pasar al resto de la división. El poema fue ofensivo, hizo reír a gran parte de la tropa, aunque supongo que no a negros o irlandeses, y tuvo un gran éxito y numerosas ediciones.

> Some tell me «tis a burnin» shame
> To make the naygers fight,
> And that the trade of bein' kilt
> Belongs but to the white.
> *But as for me, upon my soul!*
> *So lib'ral are we here,*
> *I'll let Sambo be shot instead of myself*
> *On ev'ry day in the year.*

> Algunos me dicen que es una vergüenza
> Hacer luchar a los negratas,
> Y que el oficio de hace'se mata'
> Es sólo cosa 'e blancos
> Pero por mí, por mi alma te juro que
> *Tan liberales somo' aquí*
> *Que dejaré a Sambo ser balea'o en lugar mío*
> *Ca'a día del año.*

La autorización para reclutar tropas negras no llegaría hasta 1863 y el primer regimiento de tropas de color reclutado oficialmente sería el 54.º de Massachusetts. Con pocos oficiales blancos que quisieran comandar una unidad negra, Lincoln hizo coronel a Robert Gould Shaw, hasta entonces un teniente de veinticinco años sin experiencia militar previa, aunque hijo de una prominente familia abolicionista de Massachusetts, y le confió el regimiento. Tal vez debido a esa misma falta de experiencia, muy pocos soldados y casi ningún oficial de esa unidad sobrevivió al asalto a Fort Wagner, la primera batalla importante en que su unidad participó.

En la olvidada guerra de 1812, el general Andrew Jackson, a pesar de su racismo, aceptó en la batalla de Nueva Orleans la ayuda del Batallón de Hombres Negros Libres de Luisiana. En esa misma guerra una cuarta parte de los efectivos norteamericanos comprometidos en la batalla del Lago Erie, una de las más importantes, fueron tropas de color, como reflejan los documentos de la época.

Cinco mil negros lucharon en la guerra de Independencia del lado revolucionario, la mayor parte como soldados rasos, aunque algunos, sobre todo los que estaban en la marina, con cargos de cierta importancia, como James Forten, que con los años llegaría a ser uno de los primeros grandes comerciantes negros de Filadelfia, o el piloto Mark Starlins. Antes incluso de la guerra de Independencia, uno de los primeros en caer en la llamada masacre de Boston, uno de los tumultos que plagaron Norteamérica al final de la colonia considerados como los antecedentes de la guerra de Independencia, fue un hijo de negro e india llamado Crispus Attucks, antiguo esclavo fugitivo, que estaba en la primera fila de los revoltosos que atacaron al ejército inglés. Por lo demás, debió de ser más fácil estar por la independencia de América en una ciudad como Boston o en una unidad como el Regimiento de Rhode Island, en el que una cuarta parte de los soldados eran negros libres, que en una unidad de Virginia comandada por un propietario de esclavos.

De todas maneras, no todos los negros libres, y menos aún los esclavos, estuvieron necesariamente del lado de una independencia en la que no estaba contemplada necesariamente su libertad personal. Mientras que las colonias habían empleado su capacidad de autogobierno para defender la continuidad de una esclavitud que les era necesaria para mantener su agricultura en marcha, ésta era ilegal en la metrópoli, donde había sido abolida desde 1569. En 1772, colonos norteamericanos trataron de ver los límites de esa abolición en un juicio con el que pretendieron obtener la devolución a su amo de un esclavo fugitivo residente en Inglaterra, James Somersett, para encontrarse con una sentencia dictada por lord William Mansfield, juez del Tribunal Supremo inglés, a favor del ya ex esclavo, que declaraba que Somersett había comenzado a ser libre en el mismo momento en que había pisado territorio inglés. Decisión ésta que sirvió para liberar después a 1.400 esclavos que acompañaban o servían en Inglaterra a sus amos de las colonias.

Los problemas de los ingleses a la hora de admitir, o incluso reclutar auxiliares negros, no fueron sin embargo pocos. Por un lado, deseaban golpear la economía de los sublevados, que en el Sur incluían en sus filas a numerosos dueños de esclavos; por otra parte, deseaban apaciguar a esos mismos rebeldes, no deseaban desencadenar una guerra social y sí, por el contrario, mantener el *estatu quo* en sus colonias. Querían derrotar a los rebeldes, pero en modo alguno llevar a cabo una guerra a muerte contra unos parientes lejanos y equivocados, por lo que finalmente ningún negro vistió el uniforme de una unidad regular del ejército inglés. Pese a ello, John Murray, el último gobernador real de Virginia, que en sus tiempos de gobernador había previsto con previsible temor una revuelta de esclavos, no dudó en alentar esa misma revuelta contra sus antiguos conciudadanos cuando éstos se alzaron contra la corona. Para lograrlo, y según sus propias palabras, comenzó por «armar a mis propios negros y recibir en mis filas a todos aquellos otros que acudían y a los que declaré como libres». Extremadamente falto de tropas, Dunmore dejó saber que acogería bajo su bandera a todos los realistas, con independencia de su color. A lo largo de 1775 tuvo consigo a un centenar de cimarrones y antes de fin de año declaró libres a todos los esclavos, propiedad de rebeldes, que tomaran armas «en defensa de la corona y su dignidad». En diciembre de 1775 creó una unidad irregular, el llamado Regimiento Etíope, que llevaba en su bandera el lema «Libertad para los esclavos», en alusión directa a la bandera de los independentistas virginianos que tenía por lema «Libertad o muerte». Por desgracia para la corona, su ejemplo no fue seguido por otros comandantes ingleses. Sir William Howe trató de impedir dentro de lo posible que se alistasen en sus tropas soldados de color, un error que probablemente le costó la guerra. Los últimos soldados negros de la corona inglesa en esa guerra sirvieron en dos regimientos mercenarios reclutados en Hesse, que sustituyeron a sus músicos alemanes por otros reclutados entre los esclavos fugitivos. Hasta 115 voluntarios negros sirvieron en los regimientos de Hesse-Kassel y Hesse-Hanau, en su mayoría niños, que hicieron de tambores y pífanos, liberando así a los músicos para el combate. Los jefes de esos regimientos cumplieron con la palabra dada y una treintena de soldados negros se fueron a Alemania al final de la guerra en el que era ya su regimiento, llevándose consigo a sus familias con las que se instalaron en Kassel. Aunque derrotados, aquella guerra les supuso la libertad. Otro grupo de realistas negros se instaló después de la guerra en Nueva Escocia, Canadá, antes de emigrar a Sierra Leona.

En realidad, la guerra de Independencia norteamericana fue en buena parte la revuelta de los blancos de la colonia contra la corona, con poca o ninguna colaboración de otros grupos. No sólo los primeros negros en luchar de forma organizada en esa guerra lo hicieron por la corona, sino que también los indios cuando combatieron lo hicieron sobre todo del lado del rey. Todavía en la segunda guerra entre ingleses y norteamericanos de 1812, la prensa inglesa recordaba en las páginas de *Quarterly Review* que «los aborígenes nativos fueron nuestros fieles aliados durante toda la rebelión americana». Tal vez por eso, el trato relativamente favorable dado por la corona inglesa a las tribus indias residentes en Canadá contrasta con la forma en que éstas fueron tratadas en Estados Unidos después de la guerra de Independencia.

George Washington no hizo nada por los indios, pero abrió las puertas al reclutamiento negro justo cuando los ingleses comenzaban a cerrarlas. Aunque Washington instruyó a los reclutadores del Ejército Continental para que admitieran sólo a negros libres, los independentistas virginianos, tan faltos de tropas como los ingleses, permitieron reclutar a negros y mulatos libres a los que pronto se les unieron negros y mulatos esclavos que luchaban por sus amos. O, más exactamente, en lugar de sus amos. Al final de la guerra sólo las colonias de Carolina del Sur y Georgia seguían negando a los negros la posibilidad de luchar por la independencia.

Tras la independencia, entre 1782 y 1792, unos mil esclavos fueron liberados por sus amos por su servicio durante la guerra. Tantos habían acabado luchando por sus amos que la legislatura de Virginia, a pesar de estar dominada por los propietarios de esclavos, pasó una ley que declaraba la libertad por decreto a aquellos que aún no habían sido manumitidos por sus propietarios a pesar de haber combatido, condenando a aquellos que, «contrariando los principios de la justicia y su propia solemne promesa», mantenían a sus sustitutos en la esclavitud. El decreto incluía instrucciones al fiscal general de la Commonwealth de Virginia para que actuase en favor de cualquier esclavo mantenido en servidumbre a pesar de su alistamiento.

Lo cierto es que todas las guerras populares, comenzando por la de Independencia, fueron libradas por tropas negras pero sin negros en un primer plano. Los negros llegaron justo a tiempo para luchar, esta vez ante las cámaras, en dos guerras no ganadas, Corea y Vietnam. Una de ellas, Vietnam, que hasta la de Irak fue la única impopular en la historia de Estados Unidos y también la primera en entrar, a través de la televisión, en el comedor de todos los norteamericanos. Si los irlandeses hubieran comenzado a ser norteamericanos en Vietnam, seguirían siendo pelirrojos y pálidos pero seguirían sin ser blancos.

En 1993, a mitad del primer período presidencial de Bill Clinton, se retiró del servicio activo el general Colin Powell y de forma casi automática aparecieron rumores de que planeaba dedicarse a la política. Powell era querido por la tropa, por la prensa, por la sociedad. Su estilo directo al contestar a la prensa durante la primera guerra del Golfo —«¿Nuestra política respecto al enemigo? Bueno, primero lo encontraremos y después lo mataremos»— le había convertido en una de las figuras más populares de América. Incluso antes de saberse su afiliación política, si era republicano o demócrata, siendo negro tenía que ser demócrata, pero siendo militar tenía que ser republicano; antes incluso de saberse su postura con respecto al aborto, el control de armas, la pena de muerte y otros temas menores, ya estaba por delante en las encuestas presidenciales para las elecciones de tres años más tarde. Entre los estados en que Powell llevaba ventaja a Clinton, un chico blanco del Sur, estaban muchos de la antigua Confederación. Powell podía ser negro, pero estamos hablando de estados en los que los clubes sociales de los pueblos pequeños han sido tradicionalmente el puesto de los veteranos de la Legión Americana y la unidad local de la Guardia Nacional. Al Franken, humorista judío y liberal —hubo una época pasada, no tan lejana, en que todos los humoristas judíos eran necesariamente liberales—, comentando el ímpetu en las encuestas de un candidato negro que no había declarado, no ya sus ideas, sino ni tan siquiera su intención de ser candidato, dijo que, si los judíos querían poner un presidente en la Casa Blanca, lo mejor que podían ofrecer en aquellos momentos a la nación era al jefe del servicio de guardacostas de Nueva Jersey. No estoy seguro del estado o el cargo, pero sí del significado del chiste.

Durante los meses, e incluso años, posteriores, la no candidatura de Powell siguió mereciendo comentarios en la prensa. Un año antes de las elecciones de 1999, un periódico afirmaba que una candidatura Gore-Powell sería invencible en las urnas. El Partido Demócrata, desoyendo a Al Franken, que demostró ser mejor estratega que los dirigentes demócratas, optó por un judío sin experiencia militar para vicepresidente, y perdió. De haberse producido esa improbable candidatura Gore-Powell, por fin un veterano de Vietnam, dos en realidad, porque Gore también estuvo allí, se hubieran sentado en la Casa Blanca. Vietnam es la única guerra que no ha bastado para otorgar a sus combatientes la plena ciudadanía. Vietnam es también la única guerra que ha producido más presidentes entre los que se han emboscado —dos, uno detrás del otro— que entre los que han ido… ninguno.

Colin Powell es negro, es también hijo de inmigrantes jamaicanos, y como tal forma parte de una inmigración casi invisible a la que nadie, excepto los mismos negros norteamericanos, ha prestado demasiada atención, la de los negros de cultura inglesa de los antiguos dominios británicos en el Caribe, Barbados, Antigua, Jamaica, por lo que no sé si su triunfo personal al llegar a ser secretario de Estado y uno de los hombres más poderosos del mundo es el de un inmigrante triunfante en su nuevo país o el de un afroamericano que ha superado las barreras raciales. En cualquier caso, es el de un hombre que ha ascendido los eslabones de una institución mucho más ciega que el resto del país con respecto al color de sus miembros y uno de los dos afroamericanos de mayor poder real en la historia de América.

Generales presidentes y ciudadanos soldado

Junto a los ciudadanos, otro efecto de las guerras son los presidentes. Desde el final de la guerra civil norteamericana hasta casi principios del siglo xx, todos los presidentes fueron veteranos. Si hablamos de la Segunda Guerra Mundial, el caso es casi más evidente. A partir de esa guerra el único presidente que no ha sido militar en absoluto ha sido Clinton. Incluso Bush hijo, aunque evitó ir a Vietnam, estuvo en una unidad de la Guardia Nacional. Ike Eisenhower había sido jefe del Estado Mayor aliado en la invasión de Europa. Tres de los presidentes que siguieron a Ike en la Casa Blanca —Nixon, Kennedy y Ford— obtuvieron su primer cargo electo jugando con la imagen del veterano: los tres primeros lucharon en ella, aunque no la usaran como plataforma electoral, y otro, Bush padre, antes de cumplir los diecinueve años, fue piloto de la marina norteamericana.

Veinticinco de los cuarenta y tres presidentes de Estados Unidos, un país que jamás ha tenido un golpe de Estado, o vivido bajo un régimen militar, que incluso en medio de su guerra civil mantuvo intactas sus instituciones parlamentarias, han sido soldados u oficiales en tiempo de guerra.

George Washington, primer presidente del país, fue comandante en jefe del llamado Ejército Continental en la guerra de independencia. Thomas Jefferson fue coronel de la milicia de Virginia antes de la independencia y oficial reclutador de la misma durante la guerra. Madison fue coronel jefe del Regimiento del Condado de

Orange de la milicia de Virginia. James Monroe luchó en la guerra de Independencia. Andrew Jackson estuvo en la guerra de Independencia como voluntario, en la guerra de 1812 como general, y en la primera guerra seminola como principal culpable. William Henry Harrison fue a las guerras indias en los territorios del noroeste y a la guerra de 1812. John Tyler estuvo en la guerra de 1812. Zachary Taylor luchó en la guerra de 1812, la guerra contra los cherokees, la segunda guerra seminola y la guerra con México. Franklin Pierce fue oficial en la guerra con México. James Buchanan estuvo en la guerra de 1812. Abraham Lincoln fue voluntario contra los indios de las llanuras y más tarde dijo que aquéllos habían sido los días más felices y plenos de su vida. Ulysses Grant estuvo en la guerra con México y llegó a general jefe en la guerra civil. Rutherford Hayes, James Garfield, Chester Arthur, Benjamin Harrison y William «Big Bill» McKinley fueron veteranos de la guerra civil. Con McKinley se acaban los veteranos de la guerra civil en la Casa Blanca, pero se enlaza con los veteranos de nuevas guerras. A McKinley le sucedió Theodore Roosevelt, a corto plazo el principal vencedor de la guerra hispano-cubano-americana. El primer Roosevelt fue durante mucho el último veterano en la Casa Blanca hasta llegar a Truman. Harry S. Truman fue oficial de artillería en la Gran Guerra. Dwight Eisenhower fue comandante en jefe de los ejércitos aliados en la invasión de Normandía en la Segunda Guerra Mundial. Eisenhower fue también una nueva muestra de que los inmigrantes alemanes habían llegado a formar parte de la nación y, fiel a su carácter germano-americano, lo hizo con menos escándalo que el primer presidente católico irlandés. John Fitzgerald Kennedy fue oficial de marina en la Segunda Guerra Mundial. Lyndon B. Johnson insistió y movió influencias hasta lograr ser reclutado como oficial de la marina en la Segunda Guerra Mundial. Richard Nixon y Gerald Ford fueron oficiales de la marina en la Segunda Guerra Mundial. Ronald Reagan, curiosamente, no fue oficial de la marina en la Segunda Guerra Mundial, aunque sí oficial del Cuerpo de Moral del ejército. George Herbert Walker Bush fue piloto de la marina y uno de los aviadores más jóvenes de la Segunda Guerra Mundial. Hay que añadir que otros cuatro presidentes fueron militares pero nunca vieron un combate: James Madison, James Polk, Millard Fillmore y James «Jimmy» Earl Carter, que fue oficial en un submarino nuclear, lo que le convierte en el único presidente norteamericano que no necesitó llegar a la Casa Blanca para tener la posibilidad de destruir al mundo apretando un solo botón. Podíamos estar tranquilos: también fue el único presidente de Estados Unidos que, habiendo sido gobernador de un estado del Sur, nunca firmó una pena de muerte.

Desde luego esta lista hace trampas: al llegar al capítulo de la Segunda Guerra Mundial incluye a un político como Johnson que tuvo que hacer uso de sus influencias para lograr vestir el uniforme, a pesar de ser congresista en Washington y superar la edad máxima de recluta, lo que no le impidió ganar la medalla Estrella de Plata, y a un oficial del Cuerpo de Moral como Reagan, que nunca vio combate, pero también a dos oficiales que sí lo vieron de cerca a punto y estuvieron de morir en el mismo: John F. Kennedy hundido con su patrullera, y George Bush, piloto de caza, abatido dos veces sobre el Pacífico.

Tal vez estos dos últimos tenían más que probar que los demás oficiales, o presidentes, del mismo grupo. Al margen de sus claras diferencias políticas, los dos tenían en común el ser hijos de millonarios que eran simpatizantes del Eje en Estados Unidos. El padre de Kennedy hizo lo posible para evitar que Estados Unidos entrara en guerra junto a Inglaterra y era tan odiado por el presidente Roosevelt que, años más tarde, la viuda de éste haría todo lo posible para que John no alcanzara la nominación para la presidencia dentro del Partido Demócrata; el padre del primer presidente Bush, Prescott, era un alto directivo de un banco que invirtió, legalmente, dinero procedente del Reich alemán en Estados Unidos hasta la misma entrada del país en el conflicto, lo que no le impediría ser senador electo por Connecticut después de la guerra o ser el primer soporte económico, en 1946, de la primera campaña electoral de un veterano recién licenciado, Richard M. Nixon.

En realidad, esta lista hace muchas trampas. Es una lista que permite suponer que todos los incluidos en ella fueron militares sin precisar cómo. Y es que por lo menos la mitad de los presidentes soldado del siglo XIX fueron oficiales en guerras casi privadas, en milicias que elegían a sus jefes, en unidades irregulares o, cuando lo fueron en el ejército regular, llegaron a serlo como civiles ascendidos a oficiales y no como oficiales de carrera.

«Primero en el combate, primero en la paz y en el amor de sus compatriotas», George Washington fue mayor de la milicia de Virginia a los veintiún años porque Lawrence, su hermano mayor, que ostentaba el cargo, murió, alguien tenía que ser oficial y él tenía demasiado tiempo libre y era apreciado por sus vecinos, que lo eligieron para un cargo sin paga al que, por lo demás, nadie aspiraba. Hasta ese nombramiento, e incluso después, toda la educación militar de George Washington había consistido en la mera lectura de algunos libros sobre tácticas militares y haber tomado clases de esgrima. La milicia de Virginia fue también el lugar en que Jefferson y Madison, el segundo y cuarto presidentes respectivamente, tuvieron su primera —en el caso de Jefferson única— experiencia militar. Harrison, el noveno presidente, fue general de la milicia de Kentucky. Tyler fue capitán de milicia. Polk fue capitán en la milicia del condado de Maury. Buchanan fue sólo soldado voluntario en la guerra de 1812 contra los ingleses. Abraham Lincoln fue capitán electo de su unidad y, disuelta ésta, soldado raso en una unidad irregular de exploradores de la milicia de Illinois, conocida como el Batallón Espía Independiente. Varios de los veteranos que alcanzaron la presidencia después de la guerra civil habían alcanzado graduación de coronel o incluso general, pero sólo Grant había pasado —último de su promoción— por la academia militar de West Point. Rutherford Hayes era abogado, aunque llegara a brigadier general por méritos de guerra. William McKinley, después de alistarse a los dieciocho años como voluntario en la guerra civil, ascendió hasta capitán por méritos de campaña. De todos los presidentes veteranos posteriores a la Segunda Guerra Mundial, sólo Eisenhower, graduado en West Point, y Carter, graduado en la academia naval de Annapolis, han sido oficiales de carrera; el resto fueron civiles uniformados.

Se da también otra paradoja: a los norteamericanos les gustan las guerras, les gustan los soldados, pero no la carrera militar. Hasta la Segunda Guerra Mundial, el ejército norteamericano de entreguerras era pequeño en relación con el tamaño del país y la sociedad que defendía, para acabar creciendo de forma desmesurada en época de crisis. En eso no era muy distinto al Estado que representaba. A finales del siglo XX, la actitud del norteamericano frente a la guerra era la misma que solían tener los europeos de principios del siglo XX; sin embargo, ni a principios del siglo pasado los militares profesionales norteamericanos disfrutaron del respeto institucional de que solían gozar sus colegas europeos.

Los militares profesionales nunca han formado una casta privilegiada en Norteamérica. Después de la guerra de Independencia, John Adams, el segundo presidente de Estados Unidos, llegó a denunciar incluso algo tan inocente como la creación de una asociación de oficiales veteranos, la Orden de Cincinnati, como una amenaza a la igualdad republicana y un intento de crear una aristocracia militar, a pesar de que el nombre de la misma procedía de Cincinnato, un general de la República romana que, como Washington, al acabar sus años de guerra había renunciado a la vida pública para volver a cultivar su campo.

Había en eso menos desconfianza hacia un posible despotismo militar, una especie de gobierno que no era aún conocido en aquel momento, ni lo sería hasta la llegada bastante posterior del régimen napoleónico, que el rechazo hacia la existencia de un Estado fuerte. No deja, pues, de ser una paradoja más que con los años la única característica típica ya no de un Estado fuerte sino autoritario, adoptada por la democracia norteamericana haya sido la existencia de un ejército desmesuradamente grande, mientras que otros aspectos más benignos de un gran Estado, como la salud pública, no han logrado ser aceptados como concepto ni por aquellos a los que más favorecería.

Durante el período colonial los norteamericanos odiaron a los militares de carrera, sobre todo a los mercenarios traídos por el rey inglés desde Hesse y otros principados alemanes, y los derrotaron con un ejército propio formado no sólo por soldados voluntarios, sino por soldados voluntarios que en muchos casos se negaban a ser soldados regulares.

«Manteneos en vuestro puesto; no disparéis a menos que os disparen, pero si quieren una guerra, empecémosla aquí.» No fue un gran discurso épico, pero ésas fueron las palabras que el capitán John Parker dirigió a sus soldados antes de la primera batalla de Lexington. Los milicianos norteamericanos habían sido advertidos por dos miembros de los círculos revolucionarios de Boston, Paul Revere y William Dawes, de que tropas regulares británicas iban hacia Concord para decomisar un arsenal comprado por la milicia local. Estando Lexington en el camino de la columna inglesa, decidieron detenerla.

El 19 de abril de 1775, en Lexington, el primer norteamericano muerto en la guerra de Independencia, al menos el primero muerto sabiendo que estaba en una guerra, guerra contra el mismo rey de Inglaterra al que había servido lealmente en la contienda inmediatamente anterior, fue Jonas Parker, uno de los soldados bajo el mando de su casi tocayo John Parker. Era un *minuteman*, un voluntario civil que podía estar en pie de guerra y armado en sólo un minuto. Jonas Parker era un *minuteman* demasiado viejo para correr y el día del combate se limitó a colocar el sombrero lleno de balas a sus pies y se quedó en su puesto disparando contra la tropa vestida de rojo hasta que fue, primero, herido de bala y, después, bayoneteado hasta morir. La batalla de Lexington supuso una derrota para los norteamericanos; eran sólo setenta y siete voluntarios contra una fuerza de setecientos soldados regulares. Sin embargo, el monumento que conmemora aquel suceso no está dedicado a un oficial inglés en territorio bajo dominio de la corona, sino a John Parker en la República que no llegó a ver nacer.

Mucho después, en 1837, Ralph Waldo Emerson escribió en honor de aquella jornada en una de sus líneas más recordadas:

Here once the embattled farmers stood,
And fired the shot heard round the world.

Aquí resistieron los granjeros atacados,
e hicieron un disparo oído en todo el mundo

RALPH WALDO EMERSON, *The Concord Hymn*

A corto plazo, la matanza de Lexington, más por la facilidad de la tropa a la hora de verter sangre que por el número de muertos —sólo ocho—, inspiró a otro escritor, Thomas Paine, a escribir *Common Sense*, un libro que llevó a miles de colonos a la rebelión.

Al final del incidente, los ingleses cometieron el error de lanzar una salva para celebrar su victoria, que irritó a los vecinos tanto como el mismo tiroteo. Tal vez sin aquella última salva, innecesaria, Lexington no hubiera sido la primera batalla de la guerra de la independencia norteamericana, sino sólo un incidente aislado, olvidado, en la historia de la América colonial inglesa. Aquella salva no la oyó el mundo entero, sólo los vecinos de los muertos. Al día siguiente, en esa ocasión se reunieron varios miles de ellos, los vecinos tomaron venganza sobre la columna inglesa, persiguiéndola campo a través hasta Boston, causándole trescientas bajas entre muertos y heridos. Hubieran sido más si en el fragor del combate los norteamericanos no se hubieran detenido varias veces para discutir entre sí quién estaba al mando, sin ponerse de acuerdo. La guerra de Independencia había empezado.

Años después, durante el debate constitucional que siguió a la independencia, los *Federalist Papers*, una serie de artículos destinados a defender la aún no firmada Constitución, escritos por un equipo de autores que incluía a Alexander Hamilton, James Madison y John Jay, dejaron claro que mientras que un gobierno central fuerte era necesario para combatir el caos de la confederación inicial entre las antiguas colonias, una milicia bien armada, y no un ejército profesional, era la única fuerza que necesitaba América para su defensa.

En consonancia con esa tesis, el primer gobierno norteamericano no creó un Departamento de Defensa que funcionara de forma continuada sino un Departamento de Guerra para resolver casos concretos. Los primeros gobiernos de Estados Unidos consideraron al ejército como una fuerza ocasional, que debía permanecer inactiva en épocas en que no hubiera conflictos. Los norteamericanos veían al ejército como un mal menor, necesario para rechazar invasiones extranjeras, para satisfacer su Destino Manifiesto, para la conquista de la frontera occidental o para transformar al país en una potencia mundial. Aunque el Destino Manifiesto, la guerra con México o la hegemonía mundial difícilmente podían estar en los planes originales de los Padres Fundadores.

Ese papel inicial de la milicia quedó limitado, entre otros documentos, por uno que no estaba pensado para ello: la Declaración de Derechos, el conjunto de las diez primeras enmiendas hechas a la Constitución, añadidas dos años después de la aprobación de ésta, para extender las libertades enunciadas en la misma. La Segunda Enmienda reconocía el derecho de los ciudadanos a estar armados y organizarse en milicias; la tercera recordaba la desconfianza que un país que acababa de pasar por su guerra de independencia sentía hacia el poder militar: «En tiempo de paz a ningún militar se le alojará en casa alguna sin el consentimiento del propietario; ni en tiempo de guerra, como no sea en la forma que prescriba la ley».

Costó incluso que el gobierno permitiera la existencia de una academia militar, a pesar del apoyo a esta idea por parte de George Washington, Alexander Hamilton y John Adams. Después de haber dependido para el mando de sus tropas durante la guerra de Independencia en gran parte de oficiales extranjeros, con nombres entonces tan poco americanos como Von Steuben, La Fayette, Kosciuszko, de Bèque du Portail, el barón de Kalb, o Bernardo de Gálvez, Washington deseaba crear una academia para oficiales en la que se les diera la formación matemática y científica, de la que él mismo carecía. Una idea a la que se oponía gran parte de la clase política del momento, que no deseaba la creación de una casta de oficiales profesionales parecida a las europeas. Estados Unidos se enorgullecía, de hecho, de tener un ejército dirigido por ciudadanos que se dedicaban normalmente a otras actividades, como podemos ver tanto en sus crónicas de guerra como en la correspondencia personal de los oficiales franceses que acompañaron a La Fayette, en más de una ocasión sorprendidos por la rara curiosidad de sus colegas norteamericanos, que solían preguntarles a qué negocio se dedicaban en tiempo de paz.

Tanto la rebelión de Shay, que estuvo a punto de ser la primera guerra civil norteamericana en la que los sublevados eran veteranos del Ejército Continental, como el hecho de que al final de la guerra de independencia una parte del cuerpo de oficiales hubiera estado semiamotinado pensando en establecer una monarquía, servían de argumento a los detractores de la creación de una clase militar profesional permanente. Que George Washington hubiera rechazado la corona, antes incluso de que ésta le fuera ofrecida formalmente, salvaba su reputación ante la historia, pero no la de los oficiales que habían pensado en ofrecérsela ante sus contemporáneos.

El conflicto en torno a la academia militar no concluyó hasta la presidencia de Thomas Jefferson, que comprendió que una milicia de campesinos no podría defender un país de verdad y transformó la fortaleza de West Point en la primera academia militar de Estados Unidos. De los cadetes de West Point saldrían dos presidentes: Dwight D. Eisenhower y Ulysses Grant; el único presidente de la Confederación, Jefferson Davies; George Goethals, arquitecto definitivo del canal de Panamá; cuatro de los cinco generales de cinco estrellas que ha tenido el ejército norteamericano —Douglas MacArthur, Dwight D. Eisenhower, Henry H. Arnold y Omar Bradley—; el primer norteamericano que fue al espacio, Edward White II, y dos de los tres astronautas que fueron al primer viaje a la luna —Edwin «Buzz» Aldrin y Michael Collins.

La ruptura del ejército norteamericano con respecto a las tradiciones de los ejércitos europeos que le habían precedido arranca de la guerra de Independencia, y nace desde luego de las milicias, que fueron la columna vertebral del ejército de Washington, pero también del verdadero padre del ejército regular norteamericano que, como era normal en aquella guerra, fue un mercenario extranjero. El rey de Inglaterra compró a los príncipes alemanes, sobre todo al de Hesse, a algo más de 27.000 mercenarios alemanes, de los que murieron cerca de la mitad, por el importe exacto —las facturas sobrevivieron a la derrota— de 1.684.156 libras. George Washington y el Congreso Continental, que no tenían tanto efectivo disponible, tuvieron que conformarse con un solo prusiano.

El padre del ejército más igualitario del mundo fue un prusiano, el general Friedrich Wilhelm Ludolf Gerhard Augustin von Steuben, que acortó su nombre al llegar a América, donde fue conocido más simplemente como barón Friedrich Wilhelm Augustus von Steuben. Ya por aquel entonces los norteamericanos eran amigos de acortar los nombres para hacerlos más fáciles y familiares. No tan famoso como La Fayette, probablemente porque Estados Unidos ha estado en guerra con su país de origen en dos ocasiones, pero más influyente que el francés, Von Steuben es el padre del ejército norteamericano por méritos propios y el creador de la particular relación que existe entre el oficial norteamericano y la tropa bajo su mando.

En 1777, Benjamin Franklin, embajador de Estados Unidos, estaba en París, buscando dinero y alianzas en Europa en su guerra contra Inglaterra, donde coincidió con Von Steuben. Éste había acompañado a París a un príncipe católico alemán que necesitaba un préstamo. Franklin consiguió dinero para su guerra, el príncipe alemán no lo consiguió para su nuevo palacio y el barón Von Steuben, necesitado de trabajo, fue contratado para entrenar a una tropa indisciplinada, y con una desgraciada tendencia a correr frente al enemigo, llamada Ejército Continental. Con un aval del general conde Claude Louis de Saint-Germain —el secretario de Estado para la Guerra de Luis XVI y no el mistificador de apellido similar—, Von Steuben fue presentado a George Washington como barón y teniente general al servicio del rey Federico de Prusia, no siendo teniente

141

general ni habiendo estado al servicio del rey de Prusia desde hacía ya muchos años. Tampoco era barón.

Von Steuben llegó, pues, a Estados Unidos como el típico inmigrante en busca de trabajo, con un currículo muy exagerado que nadie se iba a molestar en comprobar y sin saber ni una palabra de inglés. A lo largo de la guerra, y en su condición de instructor jefe de un ejército de campesinos sin disciplina ni conocimientos militares, se acostumbraría a dar las instrucciones en francés, el idioma culto de la corte en la que ya no estaba, a oficiales norteamericanos que a su vez las traducían al inglés a la tropa.

Verle dirigir la instrucción de sus tropas debió de ser un curioso espectáculo: Von Steuben en lo alto de su caballo, vestido con el uniforme de su último empleo centroeuropeo —seda y raso azul celeste, con puntillas rematando las mangas—, maldiciendo en alemán y francés a unos soldados harapientos, mientras su asistente, el capitán Benjamin Walker, repetía sus maldiciones e instrucciones en inglés.

La cantidad de insultos empleados hasta hoy por los instructores, *drill sergeants*, del ejército norteamericano es tal vez uno de los legados más antiguos dejados por el militarismo prusiano en Norteamérica. No fue el único, ni el más importante. Von Steuben introdujo en los campamentos del Ejército Continental las medidas de salubridad y orden que seguirían rigiendo siglo y medio más tarde: tiendas alineadas por unidades, letrinas lejos de las cocinas y río abajo, los animales muertos fuera del campamento y la prohibición expresa de comer cualquier animal que hubiera estado muerto durante tanto tiempo que ya oliera, fueron algunas de las medidas revolucionarias introducidas por él en la administración militar de la nueva República. Con Von Steuben se simplificó, además, la acción de cargar los mosquetes hasta reducirse a quince el número de movimientos necesarios para hacerlo —en otros ejércitos era de hasta treinta y dos—, aumentando la cadencia de fuego del fusilero norteamericano frente al inglés. El día que los soldados entrenados por él fueron capaces de enfrentarse a las tropas del ejército regular inglés sin huir, se consideró poco menos que una victoria por los mandos del Ejército Continental. Von Steuben unificó finalmente las técnicas de entrenamiento de las tropas de forma que todos los soldados del Ejército Continental pudieran tener una instrucción similar, independientemente de en qué unidad estuvieran. Ninguna de esas reformas introducidas fue sin embargo tan decisiva como la forma en que transformó, quizá sin darse cuenta, las relaciones soldado-oficial en el Ejército Continental.

Todo el mundo parece de acuerdo en afirmar que las guerras europeas del siglo XVIII fueron relativamente civilizadas. Eran guerras libradas por tropas profesionales en las que éstas habían perdido el fervor religioso de siglos anteriores, sin haber adquirido aún el patriotismo de los soldados ciudadanos, que llegaría con la Revolución francesa. El soldado del siglo XVIII no solía tener motivos personales para odiar al enemigo o amar a su rey; luchaba por dinero, bajo la bandera de un país que normalmente no le había visto nacer —había regimientos valones en los ejércitos de Carlos III, irlandeses en los de Luis XIV y suizos en los de cualquier país que pudiera pagarlos— y bajo el mando de oficiales que, no importa cuál fuera su nacionalidad, pertenecían todos a una misma clase social y, en caso de duda, solían dirigirse los unos a los otros en francés, el todavía idioma de la diplomacia. Si los oficiales eran aristócratas, la tropa estaba compuesta de criminales, mercenarios y paletos que habían sido lo suficientemente tontos como para emborracharse en compañía de un oficial de reclutamiento y habían despertado con resaca, esposados y de uniforme. El soldado del siglo XVIII no gozaba de la confianza de sus oficiales y era conducido al combate en manada, manada bien formada, y si, al contrario que el soldado de las guerras de religión que le precedió o el de los ejércitos nacionales que le siguió, no saqueaba las tierras por las que pasaba, no era por amor al prójimo, sino porque no podía salir de formación sin ser baqueteado, azotado o incluso ahorcado. La caballería, mejor pagada pero igualmente mercenaria, que rodeaba en su avance a las columnas de los grandes generales de peluca rizada estaba allí no tanto para ver dónde estaba el enemigo como para impedir que la tropa desertara, y no era raro el ejército que al final de una batalla perdida, desaparecidos los oficiales y la disciplina, sufría deserciones en masa. La casi ausencia de violencia contra el no combatiente, que a su vez no se hacía guerrillero ni entorpecía a los ejércitos en marcha, y el respeto mutuo entre las clases dirigentes, incluso en tiempos de guerra, se veía equilibrada dentro del ejército por una disciplina severa en que todas las faltas eran castigadas con castigos físicos, y los numerosos delitos, incluso los menores, con la pena de muerte. La principal virtud del soldado regular europeo del siglo XVIII no era el valor, sino la estolidez. Avanzaba en masa al son del pífano y el tambor, por un terreno normalmente descubierto, contra otra masa de soldados. Paraba, a una orden de sus oficiales, en una línea claramente definida frente a la claramente definida línea de su enemigo. Cargaba su arma con los treinta y tantos gestos prescritos por un reglamento que le había sido metido en la cabeza a fuerza de darle baquetazos en las costillas. Disparaba a bulto contra el bando contrario, su entrenamiento le permitía disparar en masa pero no apuntar, lo que, por lo demás, hubiera sido inútil con su mosquete, un arma ineficaz incluso para la época. Su bala, con otros cientos de balas, daba no en un blanco individual, sino en la masa anónima. Después, la masa anónima respondía a su fuego. Si tenía la suerte de sobrevivir a la descarga enemiga, recargaba su mosquete, avanzaba y disparaba de nuevo. Al cabo de dos o tres descargas, los dos bandos de soldados estaban lo suficientemente cerca como para poder montar bayonetas y matarse mano a mano, en el único momento de la batalla en que el valor personal y la habilidad individual de un soldado contaban. A veces los oficiales de los ejércitos enemigos se conocían y saludaban antes de la batalla. Como no se odiaban y eran caballeros por encima de toda sospecha, podían comunicarse los unos con los otros y ser incluso cordiales, mandarse regalos y notas amables recordando tiempos mejores, que ya volverían, y al llegar el momento del combate tener gentilezas propias de su clase, que los palurdos bajo su mando nunca comprenderían: «Tiren ustedes primero, señores ingleses», fue la invitación del conde Charles d'Auteroche, de los Guardias Franceses, a lord Charles Hay, capitán de la infantería ligera británica, en Fontenoy (1745). Luis XV estaba en el terreno de batalla viéndole y había que ser correcto incluso con el enemigo. Para ser justo con los mandos militares de aquellas guerras, hay que decir que en aquella época no sólo los generales sino incluso los reyes iban a la batalla y que una de aquellas balas tiradas por los señores ingleses podría haber matado al señor conde o incluso al rey.

Al contrario del soldado europeo, el norteamericano de la guerra de Independencia era voluntario. No había sido reclutado con trampas, emborrachado o sacado del cadalso. Al contrario del soldado europeo, el soldado norteamericano no estaba dispuesto a ser enseñado a marchar, cargar y disparar recibiendo baquetazos sobre las costillas; al contrario del soldado europeo, el voluntario norteamericano sabía disparar, prefería hacerlo primero y lo había hecho en fecha reciente y con igual entusiasmo sobre ciervos, zorros, indios y franceses, gente esta última a la que tardó en aceptar como aliada. Cuando disparaba solía hacerlo con un fusil de caza con el que sí podía apuntar, incluso de lejos, y disparaba a matar. El soldado norteamericano tenía un arma que le permitía escoger sus blancos de entre la masa, y carente de solidaridad hacia los oficiales enemigos, en los que veía al mismo tipo de gente por culpa de la que había tenido que irse él, o su padre, de su Inglaterra, Gales o Escocia natales, solía escogerlos como blanco en la batalla. Además, no tenía problemas de conciencia a la hora de disparar desde detrás de una cerca o un árbol, en hacerlo por sorpresa y sin anunciarse con el son de pífanos y tambores. Al conde d'Auteroche no le hubiera gustado mandar a esa tropa de patanes. Algunas cartas del marqués de La Fayette no le muestran muy entusiasmado haciéndolo. Al ser La Fayette un francés, supuestamente católico, la falta de estima era por lo menos mutua. Los aliados franceses eran para muchos norteamericanos de lengua inglesa y fe protestante los enemigos papistas de un ayer aún demasiado cercano, y la fe perdida en las metrópolis seguía viva en las colonias.

En cualquier caso, con o sin presencia de franceses, el soldado norteamericano estaba allí, en aquella guerra, porque quería y se consideraba con derecho a irse cuando se venciera su contrato con las distintas legislaturas que lo habían reclutado, o más simplemente cuando quisiera marcharse, cosa que solía hacer cuando llegaba el invierno, el tiempo de cosecha, una derrota dura, o le daba la gana. Por regla general, el soldado norteamericano, como el europeo, podía ser un patán, pero era, por lo menos, un patán libre que había aprendido a sobrevivir sin necesitar la protección del Estado, aportaba su arma, elegía a menudo sus mandos y esperaba que sus jefes lo respetaran.

Curiosamente, por venir de donde venía, la gran aportación de Von Steuben al espíritu del ejército norteamericano fue el respeto a la tropa por parte del oficial: esa mezcla de familiaridad fuera del combate y obediencia estricta dentro del mismo que no ha existido hasta fecha reciente en ningún otro ejército del mundo.

Muchos de los oficiales del Ejército Continental provenían de la misma clase terrateniente que sus colegas del ejército inglés y trataron de crear una contrapartida de este último. Fue un extranjero sin prejuicios con respecto a la causa a la que servía, en la que probablemente no creía, el primero que comprendió que a los oficiales de un ejército sin fortalezas en que encerrar a los indisciplinados, tradición de respeto hacia el mando o la autoridad derivada de un Estado constituido, perdidos en medio de una naturaleza que permitía al hombre vivir al margen de la ley y el Estado, les sería imposible mantener la disciplina de un ejército europeo con los medios de un ejército clásico. El látigo, el potro, la carrera de baquetas y el patíbulo no servían en el Nuevo Mundo. No, al menos, en aquella guerra. El patíbulo, e incluso brevemente el látigo —antes de la guerra civil—, aparecerían con el tiempo, pero la mayor parte de los otros castigos físicos mencionados nunca entrarían en la tradición norteamericana.

Von Steuben alteró la relación oficial-soldado en el Ejército Continental, animando a los oficiales a sentarse a comer con su tropa, a aprender los nombres de los soldados bajo su mando, y obligando a los oficiales a entrenar en persona a sus soldados en vez de confiar esa misión a sus suboficiales. El soldado norteamericano no sólo fue el primer soldado que fue ciudadano en vez de súbdito, sino que además fue el primero que fue tratado con respeto por sus oficiales, obtuvo una satisfacción de tipo personal derivada de sus victorias y frente al que tuvieron que responder sus oficiales. Von Steuben enseñó a los oficiales del Ejército Continental a responder a las preguntas de sus subordinados confiando en que, si las respuestas eran correctas, la tropa no desertaría, sino que lucharía mejor: y acertó.

Un ejército que ha crecido pese a sí mismo

Incluso fijadas las bases de un ejército regular, las fuerzas armadas norteamericanas desde los primeros años de República y hasta el siglo xx estuvieron compuestas básicamente de voluntarios. El reclutamiento forzoso fue reservado en muy raras ocasiones en la historia, y en éstas normalmente mal recibido. La primera leva forzosa general de la historia de América, la hecha por Lincoln en la guerra civil, fue acogida con protestas que en ciudades de predominio demócrata, como Nueva York, duraron días y alcanzaron la categoría de revueltas populares. La guerra de Vietnam vio entre sus filas una cantidad récord de prófugos y desertores. En medio de estas dos campañas estuvo la Segunda Guerra Mundial, en la que todo el mundo fue voluntario porque el primer golpe lo había lanzado el otro, y el otro, además, era un hombre de raza distinta.

Los norteamericanos libraron su revolución con milicias coloniales voluntarias, y a menudo esos voluntarios lucharon, o trataron de luchar, sólo dentro de su propia colonia. Aceptaron a regañadientes formar un ejército sólo para ganar la guerra, y apenas los ingleses se fueron de Nueva York lo disolvieron a toda prisa. El mismo Washington al final de la guerra limitó el ejército de la nueva República a un regimiento de infantería y un batallón de artillería, un total de seiscientos hombres, dedicados a proteger arsenales y puntos fuertes como West Point. Sería el comienzo de una larga tradición que sólo se rompió al final de la Segunda Guerra Mundial.

Durante la presidencia de Jefferson se permitió el aumento del ejército nacional hasta algo menos de 4.000 efectivos, y durante la presidencia de Madison el ejército llegó a tener cerca de 26.000 hombres, debido a las tensiones que llevaron a la guerra con Inglaterra. Firmada en 1815 la paz, esa fuerza se redujo a 10.000 hombres.

El ejército norteamericano que fue a la guerra con México en 1848 era un ejército de algo menos de 13.000 soldados y oficiales. México en aquellos días era el doble de Estados Unidos en extensión, estaba más poblado y al comienzo del conflicto tenía unas fuerzas armadas más numerosas que las norteamericanas. Durante la guerra mexicano-americana se autorizó el reclutamiento de hasta 50.000 hombres, por el plazo máximo de un año. Al final de la guerra Estados Unidos volvió a tener algo menos de 10.000 soldados.

El ejército norteamericano tuvo tan pocos efectivos que una simple secta recién aparecida, los mormones, pudo tener en el período de su conflicto con el poder central —entre 1850 y 1858— una milicia, la Legión Nauvoo, que equivalía en número a una cuarta parte de todo el ejército norteamericano. El conflicto con los mormones se redujo a algunas escaramuzas de la legión retrasando el ejército federal, mientras el profeta líder de los mormones, que hasta entonces había actuado como gobernador de lo que después sería Utah, era sustituido por otro, Alfred Cumming, nombrado por el gobierno central. Con escasas bajas militares, esa guerra vería sin embargo una de las mayores matanzas de civiles de la historia militar de América, la llamada masacre de Mountain Meadows, en la que ciento veinte colonos que iban a California fueron asesinados a traición por un grupo armado mormón.

En 1860, poco antes de empezar la guerra civil, el ejército norteamericano tenía 1.080 oficiales, casi todos norteamericanos, y 14.926 soldados, muchos de ellos de origen extranjero, recién emigrados. A finales de 1861, los dos bandos habían colocado sobre el terreno cerca de un millón de hombres. Al final de la guerra, la Unión tuvo 138.154 muertos en el terreno de combate, 221.374 por otras causas, sobre todo disentería y fiebres malignas, y 280.040 heridos. Las bajas de la Confederación no están tan claramente contabilizadas, pero se supone que tuvo, por lo menos, 94.000 muertos en combate, 70.000 por otras causas, y unos 30.000 soldados presos en cárceles del Norte. De los escasos 16.000 soldados del principio de la guerra se pasó al desfile del final de la guerra, en mayo de 1865, en el que las tropas de los generales Meade y Sherman desfilaron en Washington —las tropas tardaron en desfilar por Pennsylvania Avenue, frente a la Casa Blanca, seis horas y media.

Si improvisar un ejército fue duro, todavía más lo fue improvisar un grupo de oficiales. Al final de la guerra, periodistas, tenderos, ingenieros y abogados se habían transformado en coroneles y generales. No sólo en coroneles y generales, sino en los hombres que habían dirigido una de las guerras más brutales y multitudinarias del siglo XIX, superada en número de combatientes sólo por las napoleónicas. La guerra civil norteamericana fue la primera gran guerra desarrollada por una potencia industrializada, la primera en la que fueron usados en combate el ferrocarril, el telégrafo, el globo de observación, la mina marina, la ametralladora, el fusil de repetición, el buque acorazado, el torpedo —nombre que en aquella época recibía la mina marina— y el submarino. Y la primera en la que la batalla de la producción fue tan importante como la superioridad militar: durante esa guerra, de una sola fábrica, la de Christian Sharps, salieron 80.512 carabinas y 9.141 rifles. No fue sin embargo dicha producción lo que la convirtió en una de las primeras guerras modernas, sino la adopción de formas de destrucción casi industrial por parte de los mandos del ejército del Norte, más en concreto el general Sherman, que siguieron empleándose más de un siglo después. Tanto la destrucción de Dresde, como los bombardeos estratégicos sobre Japón o Vietnam son la aplicación moderna de las tácticas creadas por Sherman para destruir el potencial militar del Sur a través de la destrucción de su infraestructura civil.

De nuevo al acabarse la guerra se redujo el tamaño del ejército. El primero de mayo de 1865 había un total de 1.034.064 voluntarios en filas. El 15 de noviembre habían sido licenciados 800.963. Un año más tarde sólo quedaban 11.043 voluntarios. En 1867, estando en guerra con los indios de las llanuras y con parte del ejército acampado como ocupante en los antiguos estados del Sur, éste había sido reducido a sólo 57.000 hombres, lo que ayuda a comprender por qué la derrota de Custer, que perdió 263 soldados en una batalla sin importancia para el desarrollo posterior de una guerra que no importaba a nadie, excepto a unos indios condenados a la derrota antes incluso del primer combate, pudo causar tanto impacto en el imaginario de una generación que había visto morir a más de 48.000 hombres en los tres días que duró Gettysburg. A modo de comparación para contemplar la brutalidad de la batalla de Gettysburg, hay que considerar que el total de norteamericanos muertos durante toda la guerra de Vietnam fue de 58.202, repartidos a lo largo de once años.

En 1876, acabada la Reconstrucción del Sur, sin enemigos internos o externos, el ejército norteamericano quedó reducido a 28.000 hombres. La cifra permanecería estable hasta la guerra de Cuba.

La guerra de Cuba sería la última librada sobre todo por unidades de las milicias estatales y unidades voluntarias, como la comandada por Theodore Roosevelt. Después de esa guerra el ejército norteamericano reformó sus departamentos de sanidad, su equipo y estructuras de reclutamiento. El secretario de Guerra Elihu Root cambió todo el sistema de voluntarios, y mientras, por un lado, salvaguardó la existencia de la Guardia Nacional, por otra parte, a través de la Militia Act de 1903, estandarizó su entrenamiento, equipo y reclutamiento. La nueva ley reemplazó la Uniform Militia Act de 1792 y sometió a las distintas milicias estatales al control del Estado federal.

En 1916, con todo el mundo en guerra, Estados Unidos tenía sólo 175.000 soldados. Dos años más tarde, Estados Unidos tenía varios millones de soldados y sobre el campo de batalla francés hasta 1.250.000. Como de costumbre, la movilización no duró más que lo preciso. En los nueve meses que siguieron al final de la guerra, el ejército desmovilizó un total de 3.250.000 soldados y oficiales, 650.000 en el primer mes. El 28 de febrero de 1919, el Congreso autorizó un ejército de 19.000 oficiales y 205.000 soldados.

La Segunda Guerra Mundial cogió tal vez a Estados Unidos por sorpresa —la polémica sobre si Pearl Harbor fue o no una sorpresa para el gobierno norteamericano perduraría durante años—, pero la administración de Roosevelt la había deseado durante tanto tiempo y con tanta intensidad que fue la primera vez que Estados Unidos no tuvo que improvisar un ejército sobre la marcha. En 1941, antes del ataque a Pearl Harbor, Estados Unidos tenía ya 1.643.477 hombres en filas y, lo que es más importante, una industria, tanto pesada como ligera, que estaba intacta y dispuesta a ser movilizada de forma inmediata, así como los planes para esa movilización. Ford fabricó camiones y tanques, lo que es bastante normal, pero empresas como Rock-Ola —los fabricantes de *jukeboxes*— abandonaron su especialidad para pasar a fabricar fusiles de asalto. Miles de pequeñas empresas fueron movilizadas, desapareció el paro, se dio entrada masiva a las mujeres en las fábricas y antes incluso de que el primer soldado norteamericano llegase a Europa, Estados Unidos ya fabricaba más material de guerra que el resto de los países del mundo juntos. Al final de la contienda, a pesar de que la inmensa mayoría de los voluntarios se desmovilizó, el ejército, y la industria, permanecieron listos para un próximo conflicto que se supuso inmediato y tan masivo como el anterior. Inmediatamente después de la Segunda Guerra Mundial, Estados Unidos decidió que fuera quien fuese su próximo enemigo estaría en condiciones de combatirlo en dos frentes al mismo tiempo y tendría todo el material necesario para hacerlo antes incluso de que se disparase el primer tiro.

Sólo después de la Segunda Guerra Mundial, Estados Unidos creó un ejército y un Departamento de Defensa en el sentido europeo del término. Incluso entonces mantuvo con entusiasmo la primacía del control civil sobre el ejército. Un buen ejemplo de ese control civil lo ofrece la guerra de Corea, en la que un presidente impopular como Harry Truman despidió a Douglas MacArthur, el general más popular de América, en medio de una discusión en la que éste tildó al presidente de «el inquilino temporal de la Casa Blanca», y en la que Truman, famoso entre otras cosas por su lenguaje directo, fue incluso bastante menos amable en su explicación de la controversia —«No estoy despidiendo a ese hijo de puta porque sea un hijo de puta, sino porque está equivocado»—. A su regreso a casa, los norteamericanos recibieron a MacArthur como a un héroe, pero apoyaron a Truman en su decisión.

Una fuerte opinión antimilitarista y el predominio del gobierno civil marcan así toda la historia militar norteamericana. Incluso durante su única guerra civil, la más sangrienta de su historia, nada impidió el desarrollo de elecciones a todos los niveles, que la prensa criticase a Lincoln y que el presidente tuviera dentro del Congreso una oposición a menudo claramente hostil. Nunca nadie, durante esa guerra, pensó en sustituir la primacía del gobierno civil sobre el militar, y Lincoln destituyó a numerosos comandantes del ejército sin problemas.

A pesar de los excesos de la Patriot Act aprobada después de los ataques del 11 de septiembre, nunca ha habido una dictadura militar en Estados Unidos, ni amenaza de la misma, aunque hubo algunos rumores de golpe de Estado en 1933 —sofocados desde todos los bandos— durante el primer período presidencial de Franklin D. Roosevelt. Entre los supuestos golpistas de aquel entonces, se encontraba Prescott Bush, padre y abuelo de los presidentes Bush, junto a directores de las compañías U.S. Steel, General Motors, Standard Oil, el Chase National Bank y la Goodyear Tire and Rubber Company. El golpe hubiera dado el poder nominal al general de marines, retirado, Smedley Butler, que era en aquellos momentos el oficial más condecorado de la historia de Estados Unidos. Por desgracia para los conspiradores, a pesar de todas sus medallas, Butler no sólo era pacifista, sino que además era el más improbable de los dictadores, lo que demostró al ser el primero, y prácticamente el único, que denunció el complot empresarial que debiera haberle puesto al frente del país en cuanto se lo propusieron.

Los gastos militares han sido impopulares hasta bien entrado el siglo XX, especialmente en épocas de paz y de prosperidad. Por eso los militares norteamericanos han tratado siempre de probar que son sólo una profesión más. A veces, al ver los anuncios televisivos del ejército norteamericano, es difícil recordar que están reclutando gente para matar otra gente, porque otros ejércitos, el español por ejemplo, pueden ser sólo ONG uniformadas, movilizables por la ONU, pero el ejército norteamericano sigue siendo una máquina de matar que está a disposición sólo de su gobierno.

En pocos ejércitos se ha promovido con más facilidad a miembros de la tropa al rango de oficial, al menos en tiempo de guerra; en pocos ejércitos se ha cuidado más la relación entre oficial y tropa. Incluso los excesos disciplinarios, brutales, de las unidades especiales —boinas verdes, rangers o marines— sirven para hacer más evidente que el resto del ejército hace todo lo posible para ser un conjunto de ciudadanos en armas, a duras penas una milicia un poco mejor organizada que otras de la historia norteamericana, uno o dos grados por encima de la Guardia Nacional de los distintos estados, en la que no es posible elegir mandos, pero en la que, salvo en tiempos de guerra, es fácil el proceso de colgar el uniforme e irse a casa cuando el soldado quiere.

Sin embargo, con todo lo civil que puede ser un soldado norteamericano, sigue siendo parte de una institución armada, que es, además, uno de los más grandes estamentos públicos en un país al que no le gustan la burocracia o las instituciones jerárquicas, que siempre se ha resistido a la creación de un Estado fuerte, y acusa la intervención de la administración pública, incluso cuando es realmente necesario, en las decisiones personales. No deja de ser una paradoja, otra más de las que hemos visto en la historia norteamericana, que en un país en el que han desaparecido muchas otras formas de ayuda y promoción sociales, el ejército continúe siendo uno de los raros empleadores que da seguridad social y asistencia médica completa a todos sus empleados —un derecho antaño común en las grandes empresas industriales, que ahora prefieren instalarse en el extranjero—, e incluso paga por los estudios de sus miembros más dotados. Esa particular forma de socialismo militar parece ser el único tipo de socialismo popular en un país de individualistas.

Cuando me fui de Estados Unidos, la guerra afgana aún estaba en marcha y había banderas en muchas puertas de Miami. La segunda parte de la guerra del Golfo estaba en preparación y era evidente que llegaría pasara lo que pasase. Recuerdo una caricatura en la prensa. Estados Unidos había pedido una nueva inspección de armas y Sadam la había concedido, pero pese a ello seguían amenazando con la guerra. En la viñeta podía verse a Sadam, con expresión de sorpresa y un fax en las manos, diciendo «Pero ¿qué parte del SÍ son incapaces de comprender?».

He dicho que había estado antes en Estados Unidos en tiempo de guerra. Ésta iba a ser una guerra distinta. Pocas veces Estados Unidos había ido a la guerra con mayor desprecio de la opinión pública ajena, o incluso la propia. Pocas veces había estado peor informada la opinión pública norteamericana. Pocas veces he estado más contento de no haber pagado impuestos durante dieciocho años y de que no hubiera ni un centavo mío en las bombas que cayeron sobre Irak.

No debería presumir de ser poco cívico, pero ¿qué pueden hacerme a estas alturas? ¿Auditarme? ¿Deportarme?

3

Las dos Norteaméricas: donde hablo, entre otras
cosas, de una nación sin Estado, del linchamiento
como expresión de la voluntad popular
y de lo fácil que es conseguir armas

Oh, why does a vigilante man,
Why does a vigilante man
Carry that sawed-off shot-gun in his hand?
Would he shoot his brother and sister down?
I rambled 'round from town to town,
I rambled 'round from town to town,
And they herded us around like a wild herd of cattle.

WOODY GUTHRIE, «Vigilante Man» (1940)

A Manny Pardo, a quien por suerte
no conozco, que transformó sus
sueños más oscuros en pesadillas
ajenas y ahora está en Death Row,
el corredor de la muerte de Florida.

¿Y si Norteamérica no fuera un país tan moderno como creemos?

Estaba ya en España cuando vi en el televisor cómo las aguas arrasaban Nueva Orleans. No todo Nueva Orleans sin embargo. La parte vieja fue construida, como es normal, por encima del nivel del mar y se salvó. Cuando comencé a escribir estas líneas, se habían empezado a discutir los criterios con que será reconstruida la ciudad y los políticos estaban intercambiando acusaciones y negando responsabilidades. Estados Unidos es el país más rico del mundo, ¿qué le ha pasado para que suceda algo así? Puede colocar un hombre en la Luna —aunque sería más correcto decir que podía hacerlo treinta años atrás—, y mandar doscientos mil soldados a defender sus campos petrolíferos al otro extremo del mundo... —sabemos que no son suyos, pero puede mandar doscientos mil soldados y nadie se lo impedirá—. Y con todo ese poder, se deja sorprender por un huracán —el huracán es un asesino lento que avisa con días de antelación—, es incapaz de socorrer a sus ciudadanos, parece ser incapaz de impedir el saqueo de sus ciudades y la decadencia de sus infraestructuras más vitales. Después del huracán, envió las tropas a sus propias ciudades. Y algunas de esas tropas no eran ni siquiera soldados regulares sino mercenarios de Blackwater. Es el país más rico del mundo, pero ¿es un país moderno? ¿Por qué cedió el dique que separaba a Nueva Orleans del caos?

Sólo un Estado moderno podía coordinar todas las acciones necesarias para colocar un hombre en la Luna, vencer en la Segunda Guerra Mundial, y salir de la gran crisis de 1929. Estados Unidos parecía un país moderno hasta no hace tanto tiempo. Hasta hace tan poco tiempo que durante los últimos veinte años el Estados Unidos de la revolución conservadora de Reagan y los dos Bush (a la que debemos añadir a Clinton) ha podido vivir de los réditos de aquel otro Estados Unidos que existió entre las presidencias de Roosevelt y Nixon y pagaba impuestos altos. La California que llegó por sí misma a ser la séptima potencia económica del mundo era una California que tenía también algunos de los impuestos personales más altos de Estados Unidos, y también, como contrapartida, un magnífico sistema de educación pública y una red vial digna de envidia sin las cuales su economía nunca hubiera crecido como creció.

Desde Franklin D. Roosevelt hasta Richard Nixon, todos los presidentes norteamericanos estuvieron dispuestos a conceder su espacio al Estado, al gobierno, incluso a la burocracia, en la creación y administración de la economía y bienestar públicos. Por eso hubo un dique frente a Nueva Orleans, como hay una gran presa en el valle de Tennessee, un hombre en la Luna y luz eléctrica en la última aldea perdida de Virginia Occidental. ¿Por qué cedió ese dique?

Cuando empecé a escribir estas líneas, Estados Unidos estaba buscando culpables. Sea quien sea el acusado, sé que los cargos serán ciertos. Una catástrofe así no puede tener sólo dos, cinco, diez o cien responsables, pero en realidad han sido millones los que con sus votos o su inacción han destruido el trabajo realizado durante las presidencias de Roosevelt y sus continuadores, y han hecho que el país más rico del mundo tenga infraestructuras que avergonzarían a países tercermundistas, y a ésos nadie los juzgará. Estarán ahí en la próxima elección, satisfechos y dispuestos a votar por el que ofrezca los impuestos más bajos.

Ahora hay que reconstruir el dique. ¿Quién lo hará? Roosevelt está muerto. Peor aún, está muerto y sin sucesores, aunque la Casa Blanca no haya estado nunca vacía. Bush prometió que Nueva Orleans sería reconstruido. Prometió, además, que lo haría sin subir impuestos, planificando mejor los gastos, lo que significa que para reconstruir Nueva Orleans otras partes de Estados Unidos están viendo descuidados sus diques. Los ciudadanos de Estados Unidos no creen en un Estado fuerte, incluso cuando éste ha demostrado ser necesario como en las inundaciones de Nueva Orleans.

Estados Unidos no es una sociedad moderna en el sentido que Europa da a ese término. La modernidad en Europa, y desde la Revolución francesa, se ha traducido por la creación de sociedades tecnológicamente avanzadas, urbanas, laicas, en las que un Estado que aspira a ser omnipresente asume gran parte de los papeles de control que en Europa tuvieron la Iglesia, la aristocracia y el rey. Al haber sido criados en sociedades en las que el Estado ha crecido hasta asumir todas esas atribuciones, no podemos comprender cómo el país más rico del mundo puede tener un aparato burocrático a veces inconexo, realmente mínimo en relación con el tamaño de la sociedad que articula, y ser una nación en la que el mismo papel del Estado es siempre cuestionado por un grupo u otro, y a veces incluso desde el mismo gobierno.

Estados Unidos es una nación que no se ha consolidado sino durante muy breves períodos de tiempo a través de la acción del Estado, y eso se refleja en la descentralización de numerosas actividades administrativas que en otros países estarían ligadas entre sí, en la ausencia de instituciones que en el resto del mundo se consideran necesarias. La falta de un sistema nacional de salud, de un documento nacional de identidad —lo más parecido es el número de la seguridad social, sobre el que ya volveré más adelante—, de leyes estándar en la aplicación de la justicia, o la misma negativa al control de armas por amplios sectores de la sociedad descansan sobre una forma provinciana de entender la política, en la que las libertades individuales y las necesidades tanto personales como de la comunidad son aceptadas, pero el papel del Estado es algo lejano que muchos ciudadanos no acaban de comprender.

Mientras que las revoluciones de la modernidad —la francesa, las de la independencia sudamericana, las del XIX europeo, la rusa y la mexicana del siglo XX— dieron lugar a la urbanización de los países en que acontecieron, o al menos al predominio en la política de ideas nacidas en la ciudad, Estados Unidos es un país en el que el campo sigue determinando la dirección de la nación, como se vio en las elecciones presidenciales de 2000 y 2004.

Estados Unidos fue considerado desde su nacimiento, primero desde fuera y después por los mismos norteamericanos, como un ejemplo de modernidad y progreso. Y fue realmente un gran experimento de libertad. Nunca antes una colonia se había separado de la metrópoli, nunca antes el poder había dependido de la voluntad expresa de todos los gobernados, sin importar lo vulgares o comunes que éstos pudieran ser. Sin embargo, aunque en el siglo XVIII, en el momento de su creación, Estados Unidos fuera el país más progresista del mundo y su ruptura con el poder real una revolución, el concepto de ruptura social no formaba parte del proyecto inicial de la nación norteamericana. Fue una revolución de propietarios que igualaban la propiedad privada a la libertad personal, y la libertad personal a la única forma de libertad posible. La revolución norteamericana, al contrario de la francesa no tuvo por origen la *Enciclopedia*, no trató de subvertir un orden social considerado injusto, sino que trató de reafirmar ese mismo orden, excluyendo del mismo sólo aquellas partes que se consideraron innecesarias: la corona, demasiado lejana; la aristocracia hereditaria, nunca pasada a América, y la Iglesia ligada a la corona, conservando todo lo demás. Supongo que es por eso, y no por mero eurocentrismo, que la historia de la Edad Contemporánea no empieza con la revolución norteamericana sino con la francesa.

Norteamérica fue fundada por gente que entendía que la libertad era equivalente a no ser importunado por el gobierno, no importa cuál. A las colonias norteamericanas fueron los separatistas religiosos del *Mayflower* que huían de la Iglesia anglicana, pero también los católicos perseguidos en Inglaterra, que tuvieron su propio estado, Maryland. A Pensilvania huyeron desde Massachusetts los cuáqueros perseguidos por los mismos puritanos que habían huido de la persecución de la corona inglesa. A pesar de tener numerosos elementos comunes —en su mayoría eran protestantes y hablaban inglés—, las colonias anteriores a la independencia no fueron realmente una nación hasta poco antes de la misma, y uno de los primeros elementos políticos que contribuyó a su unificación, el que hizo que colonias de tradición casi aristocrática como Virginia se unieran con otras de origen puritano y orgullosamente plebeyas como Massachusetts, fue el rechazo al nuevo poder central que el rey trataba de imponer.

Hasta la independencia, Nueva York era un territorio feudal, propiedad del duque de York; Maryland era propiedad de los Calvert, condes de Baltimore; Pensilvania era propiedad de la familia Penn. Algunas colonias dependían directamente del rey, mientras que otras, como las dos Carolinas, habían sido creadas como propiedad de compañías privadas y dirigidas por una junta de directores. Al contrario que la española en Hispanoamérica, la conquista inglesa de Norteamérica no tuvo unas directrices centrales y éstas carecieron de una legislación estandarizada. Sólo cuando el rey de Inglaterra, al final de la guerra de los Siete Años, se decidió a dar un conjunto de leyes a todas sus colonias, igualar sus impuestos, regular su tráfico y participar más directamente del gobierno de las mismas, las colonias se sublevaron. El rey Jorge no era un tirano, y comparado con los reyes de España o Francia, por no hablar de los pequeños monarcas centroeuropeos, sus poderes estaban lejos de ser absolutos. Sus reformas eran mínimas y, a la larga, necesarias, pero el poco tacto con que trató de imponerlas provocaron como reacción la independencia norteamericana.

Desde la independencia, declarada en 1776 y lograda finalmente en 1781, hasta la aprobación de su Constitución en 1789, los trece estados originales formaron una vaga confederación en la que las partes no siempre respetaban las decisiones tomadas por la única rama del gobierno entonces existente, un Congreso unicameral que en principio ostentaba los poderes legislativo y ejecutivo y representaba al todo. En realidad, aquel Congreso carecía del poder necesario para imponer impuestos y leyes, y, ante la falta de un poder ejecutivo, dependía de la buena voluntad de las autoridades estatales para conseguir aplicar sus decretos. El poder del gobierno central de Estados Unidos durante los primeros años de independencia era tan mínimo que numerosos estados a menudo no se molestaban en mandar a sus delegados al Congreso Continental o acatar sus decretos. Pese a su oposición a crear un aparato estatal fuerte que pudiera recortar las libertades de los ciudadanos, o los derechos de los estados, a la larga Estados Unidos acabó creando un aparato central, un Estado, e incluso construyendo una capital —Washington— lejana de los centros originales de poder —Boston, Filadelfia, Nueva York—. No fue fácil lograr que todo el mundo lo aceptase.

La necesidad de crear un Estado no era evidente cuando los norteamericanos acabaron su revolución. Sin enemigos cercanos —excepto los indios—, con un ancho mar defendiendo la que era aún su única costa, sin apenas fronteras comunes con ningún Estado europeo que pudiera agredirles, con un inmenso continente por explorar y conquistar, la necesidad de un Estado, un ejército, una marina de guerra y una gran administración, no fue evidente hasta que los piratas norteafricanos comenzaron a saquear a sus mercantes en el Mediterráneo.

Sin embargo, en 1776 lo único evidente para aquellos primeros norteamericanos es que con su independencia obtenían un continente en que todos tenían derecho a ser libres, no importaba lo vulgares que fueran o lo inferiores que considerasen otros países sus orígenes.

Estudiando los primeros años de la historia independiente de Estados Unidos, me topé con el hombre al que se puede achacar en gran parte el hecho de que un Estado creado por *gentlemen farmers* fuera pronto dirigido por gente que en cualquier parte de Europa sería considerada como común, e incluso como vulgar. Se trata de William Findley, partidario de Thomas Jefferson, que en un debate en la Asamblea de Pensilvania hizo la defensa argumentada de lo que ha llegado a ser la moderna democracia.

Findley argumentó que, dado que en una República todo el mundo tenía intereses igualmente legítimos que defender, los hombres corrientes que se habían hecho a sí mismos, a pesar de carecer de linaje o grandes propiedades, tenían tanto derecho como los miembros de las clases patricias, que gracias a su origen privilegiado sí tenían estudios. A partir de aquella declaración inicial, decía, además, que era igualmente legítimo que los candidatos a cargos públicos hiciesen campaña para ser elegidos en defensa de los mismos. La igualdad a la hora de optar por un cargo y el derecho a hacer campañas políticas eran dos conceptos igualmente nuevos incluso para un país basado en nuevos principios.

Findley era, por lo demás, realmente modesto al considerarse como un hombre común y desde luego nunca fue un hombre vulgar: autodidacta, escribió varios libros —*Review of the Funding System* (1794), *The History of the Insurrection of the Four Western Counties of Pennsylvania* (1796)— y numerosos panfletos; ascendido desde la humilde condición de granjero pobre a la de próspero líder de su comunidad, fue elegido once veces al Congreso y llegó a ser el congresista más anciano del mismo —donde fue conocido como el venerable Findley—. Tenía, sin embargo, razón al considerar que nada de lo que hizo hubiera sido posible en otra nación. En su Ulster natal, Findley, pese a todo su talento natural, capacidad para el trabajo, honradez, decencia y sentido común, probablemente hubiera estado condenado a vivir y morir como un patán sin importancia.

Si en sus inicios a los norteamericanos no les gustaban los estados fuertes, a la larga tuvieron necesidad de los mismos. A lo largo de su historia, Estados Unidos sólo ha pasado por dos períodos en los que el poder del gobierno ha sido bien aceptado. Uno de ellos fue obviamente el New Deal, que siguió al crack de la bolsa de 1929. El otro fue el de la guerra civil y la Reconstrucción, el período que siguió a la guerra civil. Ambos períodos han sido fuertemente criticados: el New Deal se considera hoy día como un experimento casi socialista, y la Reconstrucción se consideró en su momento como un período de gran corrupción. Corrupta y todo, la Reconstrucción extendió el ferrocarril, las comunicaciones y el sistema de educación pública a una región de Estados Unidos en la que estas medidas apenas habían entrado. Es también el período en que las leyes federales acabaron con las diferencias aún existentes entre sus ciudadanos. El New Deal salvó a Estados Unidos del caos y, quizá, de la dictadura.

Sin embargo, pese a esos antecedentes, desde la década de 1980 la historia de Norteamérica es también la historia de cómo la derecha ha minado el Estado, de cómo se han endurecido las leyes, empeorado las cárceles, hospitales y asilos públicos, disminuido el gasto público y la asistencia a los pobres y se han dejado de cuidar estructuras imprescindibles. Estados Unidos es un país en que el Estado ha desertado de sus funciones y lo ha hecho con la bendición de la minoría votante, aunque a menudo en perjuicio del resto de los ciudadanos. ¿Por qué renovar un dique que sólo muestra su utilidad cada treinta años? Si ni siquiera se renuevan los hospitales de veteranos que son de uso diario.

Los años ochenta y noventa vieron un sistemático ataque contra la burocracia, las leyes federales, el gasto público, y ese ataque estuvo conducido por gran parte del mismo gobierno. El resultado de todas esas reducciones de impuestos, de todos esos recortes, de esa voluntaria destrucción del aparato de un Estado que a duras penas estaba consolidándose, pudo verse con veinticinco años de diferencia cuando se rompieron los diques de Nueva Orleans, pero también en el estado de los aeropuertos, los hospitales y la educación pública.

¿Cómo llegaron los republicanos a ser la mayoría durante casi veinte años? La historia del ascenso de la derecha norteamericana es también en menor medida la historia de la decadencia y ruina de los liberales norteamericanos. De cómo el Partido Demócrata perdió en sólo una generación el voto de los blancos, a menudo trabajadores y pobres, del Sur y del Oeste. De cómo incluso ahora está perdiendo progresivamente el de comunidades inmigrantes, que a medida que se integran en el sueño norteamericano ven diluirse su solidaridad como grupo y se sienten cada vez más representadas por el Partido Republicano. Es la historia de cómo el Partido Demócrata no se ha sabido adaptar a un país que ha cambiado en estas dos últimas generaciones de forma que ellos no podían prever, de cómo los demócratas han sido incapaces de competir con los republicanos en terrenos importantes para los norteamericanos y han permitido que éstos hayan logrado monopolizar algunos de los grandes temas: la religión desde luego, pero también algo tan abstracto como son los valores, la defensa de la ley y el orden, la lucha contra el crimen, el terrorismo, a favor de la seguridad personal y nacional.

Es la historia de cómo los conservadores han pugnado contra el Estado y, de victoria en victoria, han logrado que la política norteamericana llegase a ser en las elecciones de 2004 una competición entre un candidato de centro-derecha, al que buena parte de los votantes consideran casi de extrema izquierda, y uno de extrema derecha; y de cómo la Norteamérica rural ha logrado dominar la política del país. En las elecciones de 2004, el candidato John Kerry se vistió de camuflaje, interrumpió su campaña electoral para ir a cazar patos y demostrar su amor a las armas, se declaró a favor de la pena de muerte para los terroristas, y apoyó la invasión de Irak, y la prensa europea lo llamó «el candidato progresista».

Esto puede cambiar desde luego en las elecciones de 2008. A pesar de unas comparaciones que se basan más en su edad que en sus antecedentes en el momento de entrar en la contienda presidencial, McCain no será Reagan. Será un candidato republicano, y tal vez un presidente republicano como los de antes. Ésa es su fuerza, el retorno a los valores que construyeron el Grand Old Party, abandonando la deriva populista y religiosa de este partido desde hace dos décadas. Ésa es también su debilidad. Aquel viejo Partido Republicano tenía el encanto de un club de contables: no despertaba entusiasmos, aunque contaba con los votos de la gente sensata. Por su parte y dentro del Partido Demócrata, en el momento de entregar este libro a mi editor, aún no se sabe si su oponente será una posfeminista de mediana edad, con un programa electoral que nos devuelve a los mejores momentos del Partido Demócrata, aquellos en que no temían intervenir en la vida pública y proponer leyes que exigirían más impuestos, o un afroamericano carismático pero sin alternativas claras. En cualquier caso, los tres candidatos, parecen dispuestos a llevar el debate electoral a ese amplio centro que fue hasta no hace mucho el terreno natural de las elecciones norteamericanas.

Las elecciones de 2000 y 2004, ahora comienza a intuirse, pudieron ser el gran final de la política religiosa en Estados Unidos.

«Durante mi vida y durante más de medio siglo, hemos visto una decadencia sin precedentes en nuestra cultura norteamericana, una decadencia que ha erosionado la base de nuestros valores comunes y normas morales de conducta. Nuestro sentido de la responsabilidad personal ha declinado drásticamente. Los cambios culturales han diluido el claro contraste entre lo correcto y lo incorrecto y creado una nueva pauta de conducta: "Si es placentero, hazlo", "Si tienes un problema, culpa a otra persona", "Los individuos no son responsables por sus acciones", "Todos somos víctimas de fuerzas fuera de nuestro control", dice la nueva cultura. Hemos pasado de una cultura de sacrificio y ahorro a una cultura obsesionada por acaparar todo el placer. Pasamos de aceptar responsabilidades a asignar culpas. A medida que el gobierno ha hecho más y más, a los individuos se les ha pedido hacer menos y menos. La nueva cultura dijo: si la gente es pobre, el gobierno debe alimentarla. Si alguien no tiene casa, el gobierno debe proveerla. Si los criminales no son responsables por sus actos, las respuestas no son prisiones sino programas sociales...», palabras de George W. Bush, cuando era gobernador de Texas y candidato a la presidencia de Estados Unidos.

Bush no sólo procedía de la Norteamérica rural, sino de la excepcionalidad, dentro de un país ya de por sí excepcional, del estado de Texas, enemigo de cualquier tipo de control, gobernado por una legislatura mal pagada y débil y un gobernador que, a su vez, depende de esa legislatura, sin apenas leyes que controlen la iniciativa privada y un sistema judicial durísimo, pero contra el que, primero el hijo y después el nieto del senador Prescott Bush, lucharon por integrarse.

Cuando George Bush padre llegó a Texas, éste era aún en gran parte un territorio por civilizar, además de demócrata. Cuando George W. Bush aspiró al cargo de gobernador del estado ganó fácilmente en un territorio que era ya republicano y de allí pasó a la Casa Blanca.

Con Bush llegó a la Casa Blanca en 2000 un presidente que compartía los valores de una Norteamérica profunda que normalmente no aparece en la televisión o el cine.

Como he dicho antes al hablar de Miami, Bush salió electo en mi barrio. No es falso, pero tampoco completamente cierto. Es cierto que de ahí salieron varios miles de votos necesarios para su elección, que ahí votó hasta el último votante —que además arrastró consigo a las urnas a su madre y a su abuela—, que ahí se logró su victoria en Florida, pero el hecho de que ganara en una zona urbana no debe hacernos olvidar que su voto salió sobre todo del campo. A última hora de la noche, cuando varias radios daban la victoria en Florida de Al Gore, el candidato demócrata, pude ver a un peluquero de señoras de mi barrio animando a las votantes: «Aquí cuenta hasta el último voto… aquí vota todo el mundo aunque digan que los otros han ganado… yo voy a votar por Eliancito…». Era el último de los argumentos esgrimido por el más improbable de los votantes republicanos, un votante que no se ajustaba al perfil socioeconómico del buscado por la propaganda del Partido Republicano: blanco, económicamente independiente, arraigado a la tierra y los valores tradicionales, y —¿me atreveré a decirlo sin pasar por homófobo?— heterosexual. Había, sin embargo, algo que unía a ese peluquero con otros muchos votantes republicanos: su desconfianza hacia el gobierno federal, representado para él por la fiscal general Janet Reno y los agentes que habían mandado de vuelta a Cuba al niño balsero Elián González. También es cierto que no fueron sólo los votos de las abuelitas y sus peluqueros en Little Havana los que decidieron la elección. Si quiere hablarse del fracaso demócrata en un intento de conectar con el electorado en un momento, el 2000, tras ocho años de paz y buena economía, más que de Florida hay que hablar de Arkansas y Tennessee, estados del presidente saliente y del aspirante demócrata, en los que los demócratas perdieron de forma humillante frente a los republicanos, demostrando que en Norteamérica no siempre se vota con la cartera. Aunque tener una buena cartera es importante si quieres ser votado.

El hecho de que las elecciones presidenciales de 2004 se dieran entre dos candidatos procedentes de una misma fraternidad semisecreta —tanto el senador John Kerry como el presidente George Bush pertenecen a la sociedad Skull and Bones desde sus años de estudiantes de Yale y comparten un mismo juramento de secreto y apoyo mutuos— sirvió, entre otras cosas, para que la gente olvidase otras comparaciones entre ellos que deberían haber sido más evidentes: los dos son millonarios, los dos son millonarios que han heredado su dinero en vez de ganarlo. Cuando Jefferson, Adams y los demás autores de la Declaración de Independencia y de la Constitución diseñaron un sistema que permitiera a los mejores llegar a ser presidentes, estaban pensando en un sistema que sustituyera al monárquico aristocrático, no en uno que sustituyera una minoría por otra; y pese a ser hombres de fortuna, cuando pensaban en el mejor hombre para el cargo no pensaban necesariamente en el hombre más rico para el cargo. Estoy seguro de que por lo menos William Findley estaba en contra de esa idea.

Todas las tesis conspirativas formuladas durante la campaña electoral de 2004, a las que tan aficionados son, por otra parte, los norteamericanos, impidieron que se viera lo que, por lo demás, estaba bien a la vista: la presidencia norteamericana, como también el Senado, son puestos a los que sólo se suele acceder desde una situación previa de riqueza. Con partidos débiles, con políticos electos que no pueden ascender desde el aparato de esos débiles partidos, con campañas electorales cada vez más caras que dependen en buena parte de la propia fortuna del candidato o del dinero que éste pueda reunir, existe una clara tendencia a que cuanto más alto es el cargo que aspira a ocupar un candidato, más rico sea el mismo.

Estados Unidos sigue siendo una República independiente en la que toda institución, por poderosa que sea, está sometida al control de por lo menos otra institución y el poder absoluto es imposible; sigue siendo un país de leyes en el que incluso las impopulares se aplican; sigue siendo una democracia en la que todos los adultos que no han sido condenados por un crimen de tipo felón tienen derecho a votar con sólo registrarse para ello; pero si sigue siendo una democracia en lo que respecta a los electores, cada vez más comienza a parecerse a una plutocracia en lo que respecta a los electos. Truman, que de joven había tenido numerosas deudas, y Nixon, que procedía de una familia de clase media baja, han sido probablemente los dos últimos hombres de clase media baja que han alcanzado la presidencia desde mediados del siglo XX. Roosevelt, el gran reformador, procedía de una familia de la vieja aristocracia de Nueva Inglaterra. Lo mismo puede decirse de los dos Bush, multimillonarios petroleros, procedentes de una dinastía de banqueros. Carter procedía de una familia de terratenientes del Sur. Clinton y Reagan podían ser unos arribistas con fortunas recientes, pero habían hecho sus fortunas, como abogado y actor respectivamente, antes de acceder al cargo de gobernador que les sirvió como ensayo y paso previo a la presidencia.

Dentro del actual sistema electoral de partidos, es perfectamente posible para alguien de clase media y media baja acceder a la alcaldía de una población media o pequeña, incluso ser representante estatal; pero es necesaria una modesta fortuna para acceder a la Cámara de Representantes federal y es preciso ser rico para llegar al Senado. Richard Nixon, alguien poco sospechoso de ser partidario de la lucha de clases, ya se opuso a ello, en televisión, en una de sus más famosas lecturas políticas —«The Checkers Speech», una charla que toma su nombre de Checkers, el perro de sus hijas—, siendo candidato a la vicepresidencia: «El señor Mitchell, presidente del Comité Nacional Demócrata, ha declarado que si un hombre no puede permitirse estar en el Senado de Estados Unidos no debe presentarse como candidato al mismo. Y deseo dejar clara mi posición al respecto. No estoy de acuerdo con el señor Mitchell cuando dice que sólo un hombre de fortuna puede servir a su gobierno en el Senado y el Congreso de Estados Unidos». Desde luego el Partido Republicano ha cambiado mucho desde Nixon a nuestros días. En otro tiempo el Partido Republicano era el partido del control fiscal y las cuentas equilibradas, y en fecha más reciente se ha convertido en el partido de la derecha cristiana, pero también en el de los millonarios a los que no les gusta pagar impuestos, mientras que el Senado ha acabado por ser realmente un club de millonarios.

Los ataques contra el gran Estado, la demanda de menos administración, se han traducido también en un ataque contra los políticos de carrera. Muchos han perdido sus cargos electos frente a industriales, comerciantes, ejecutivos, a los que el electorado atribuía una mayor capacidad de trabajo. No ha sido así. La llegada de los ejecutivos de las grandes corporaciones al poder ha coincidido con una de las administraciones que peor ha sabido enfrentarse tanto a los problemas económicos como a los políticos.

En Estados Unidos, veinte años de retórica conservadora, afirmando que el gobierno no funciona, es inepto y a menudo corrupto, acabaron siendo una realidad precisamente con un gobierno conservador. En Norteamérica la incompetencia pasó a ser premiada, el mérito castigado, las reformas fiscales pasaron a favorecer al sector más rico de la sociedad mientras castigaban a los más pobres. Gracias a sus aportaciones económicas a los fondos electorales, las grandes corporaciones pasaron a escribir gran parte de la legislación que las afectaba directamente y a autorregularse en muchos terrenos.

Los índices de crecimiento económico de Estados Unidos pueden aumentar año tras año, pero también los de pobreza, y ha aparecido por primera vez desde los tiempos de la Gran Depresión una clase de pobres que incluso, a pesar de tener un empleo fijo a tiempo completo, no puede alimentarse y alojarse al mismo tiempo. Por primera vez desde hace tres generaciones, los norteamericanos que nazcan ahora no podrán estar seguros de vivir mejor que sus padres.

Y lo que es aún peor, la alianza entre el gran capital y el gobierno norteamericano ha contribuido a destruir, junto al Estado, la esencia del capitalismo, su eficacia y su capacidad de competir. La supuesta eficiencia de la empresa privada norteamericana parece haberse perdido en el mismo tiempo en que ésta alcanzaba más y más poder. De la misma forma en que la casi desaparición de las fronteras entre religión y política ha llevado al poder a una generación de líderes dogmáticos como ese país no había conocido con anterioridad, la casi desaparición de la separación entre vida corporativa y vida pública ha traído consigo algunos de los peores casos de corrupción de la historia de Estados Unidos, desde Enron a Hallyburton.

Como contrapartida, incluso en sus peores momentos, cualquier ciudadano de Estados Unidos puede hablar con sus representantes. El ciudadano norteamericano suele tener un acceso inmediato a sus congresistas del que carece el ciudadano de las naciones europeas. «He llamado a mi congresista…», «He hablado con mi congresista…», «Me ha escrito mi senador…», son expresiones habituales en América, donde la gente vota a un candidato concreto para un cargo concreto y no a la lista cerrada presentada por un partido. El teléfono de los congresistas, al menos el oficial, está en la guía telefónica, al principio, junto a los demás teléfonos de oficinas gubernamentales, de forma que cualquiera de sus votantes pueda llamarlo. Los grandes staff que senadores y congresistas pueden llegar a tener, aumentando según su antigüedad, posición y funciones en el Congreso o Senado, están en gran parte dedicados a resolver problemas personales de sus electores, a servir de intermediarios entre éstos y las distintas e incómodas burocracias. Los ciudadanos esperan, y consiguen, de ellos cosas que ningún ciudadano europeo espera de sus cargos electos.

Y esa relación supone numerosos problemas cuando los norteamericanos se encuentran con leyes o tratados pactados por políticos y técnicos a los que no conoce, por los que no ha votado, que no tienen que responder ante sus votantes tanto como ante sus instituciones, y de los que desconfía. País creado por inmigrantes de países en los que el Estado no funcionaba, Estados Unidos se ha mostrado contrario a firmar leyes que limiten su propio poder nacional en beneficio de organizaciones y entidades internacionales. Estados Unidos se ha negado a firmar no sólo el Protocolo de Kioto para controlar la contaminación ambiental, sino también a aceptar el Tribunal Internacional de Justicia, se ha retirado de la Conferencia Internacional sobre el Racismo, se ha negado a confirmar la promesa hecha por 123 naciones sobre la prohibición del uso de minas antipersona, no ha firmado la Convención de los Derechos del Niño que le impediría reclutar soldados de diecisiete años —a pesar de que menos de tres mil de su millón trescientos mil soldados tienen esa edad—, se ha opuesto a una propuesta de la ONU contra la proliferación de armas cortas ilícitas, se ha retirado del tratado de 1972 contra los misiles balísticos, se ha negado a aceptar la Convención de 1972 sobre armas biológicas y tóxicas. Y lo ha hecho, tomemos por ejemplo el Tratado de Kioto, no porque no le importe el calentamiento global, sino porque éste no ha sido discutido, personalmente, de forma pública, por sus congresistas. Estados Unidos es un país que sólo acata sus propias leyes, y además, se siente orgulloso de ello y de cómo rechaza las leyes ajenas.

El senador Jesse Helms, cuando era presidente del Comité de Relaciones Exteriores del Senado, lo dejó bastante claro a Naciones Unidas en una intervención ante su Consejo de Seguridad, el 20 de enero de 2000: «Tal y como están las cosas ahora, muchos norteamericanos sienten que Naciones Unidas tiene grandes ambiciones. […] Ven que Naciones Unidas aspira a establecerse por sí misma como autoridad central de un nuevo orden internacional de leyes y gobiernos globales. Es éste un orden internacional que el pueblo norteamericano no soportará…».

Existen muchas Américas incluso dentro de Estados Unidos. El periodista y analista político Joel Garreau, en su libro *The Nine Nations of North America*, llegó a encontrar y definir hasta nueve, no limitándose a Estados Unidos, sino incluyendo también a Canadá y México, o al menos partes de México, lo cual no creo que guste en este último país. La última vez que un grupo de norteamericanos, los ideólogos del Destino Manifiesto, incluyeron áreas de México en un hipotético mapa de Estados Unidos, el ejército de ese país las incluyó después en el mapa real. Claro que Garreau no es ni el nuevo teórico de la expansión hacia el Oeste ni un imperialista, es sólo un periodista, con sentido de la observación y capacidad de análisis, cuyo libro debería haber escrito un sociólogo.

Las tesis de Garreau me sedujeron en su día. Tal vez porque fue uno de los primeros libros que leí cuando ya comprendía el inglés, y el primero que me descubrió, bajo la capa de uniformidad norteamericana, la existencia de diferencias regionales que iban más allá de la caricatura hecha en Hollywood o Nueva York de la gente del interior. Sin embargo, a medida que aumentaba mi conocimiento del inglés, y de la historia de América, disminuyó mi confianza en sus tesis. A pesar de sus dotes de observador y de la lógica de sus argumentos, yo también acabé por estar en desacuerdo con su libro. La lógica rara vez ha hecho historia, y hará falta mucho más que un desacuerdo sobre leyes de protección ambiental para separar California de Montana. Incluso Dixie —los estados que habían formado parte de la Confederación en el siglo XIX—, la región que más claramente mantiene un carácter propio dentro de Estados Unidos, no es ya la unidad cultural cerrada y opuesta al Norte que fue hasta bien entrados los años cincuenta y sesenta. Si algunas partes de Dixie siguen teniendo un carácter propio, incluso ese carácter se pierde cuando se llega a las ciudades. Excepto en Nueva Orleans, que lo acentuaba.

Eso no impide que la parte vieja de Nueva Orleans fuese en el momento de su desaparición más un parque de atracciones para adultos, en algunas partes incluso para adultos perversos, que buscaban la famosa locura y extravagancia sureñas, que una ciudad real. Baste pensar que la música cajún y zydeco —esa de acordeón con letras francesas— que se asoció con Nueva Orleans no era natural de aquella ciudad, sino que había sido llevada hasta allí, ya en época de La Fayette, sólo para complacer a los turistas.

Las grandes cadenas de televisión han homogeneizado el habla del país, las grandes cadenas de tiendas sus gustos y formas de vestir y vivir, los centros comerciales son intercambiables y los viejos caballeros del Sur ya no visten chaquetas de rayadillo o toman julepe de menta. Ya en el Sur todo el mundo desayuna *hash browns*, una fritura de patatas rayadas, en vez de los tradicionales *grits*, sémola de maíz con mantequilla, que antes, con su simple presencia en el menú, indicaban que habías entrado en Dixie.

Todos los estados modernos son fruto de pactos entre la historia, la geografía y la voluntad de sus ciudadanos. Eso es particularmente cierto en el caso de Estados Unidos. Existe una cultura norteamericana que, a pesar de las diferencias económicas y sociales existentes entre las distintas regiones, asegura la integridad de un país que nació y creció como acto de voluntad de sus ciudadanos.

Lo que nadie se ha atrevido a criticarle a Garreau es la exclusión de las regiones naturales, o culturales, de dos ciudades que Garreau percibe como anormales dentro de su nación: Washington D.C. y Nueva York. Dos ciudades que serían imposibles fuera de Estados Unidos, pero que encajan difícilmente en la vida del resto de la nación.

Washington es una ciudad artificial construida encima de un pantano insalubre, un lugar lleno de burócratas que viven a expensas del trabajo de los buenos ciudadanos.

Nueva York, después de los ataques del 11 de septiembre, todos los norteamericanos amaron Nueva York, y a su alcalde Giuliani. Las opiniones anteriores al ataque eran bastante más divididas. Hasta el 11 de septiembre, Rudy Giuliani era visto como un autócrata con grandes dotes administrativas que había limpiado una de las ciudades con mayor tasa de criminalidad de Estados Unidos, saneado una economía municipal en quiebra y devuelto las calles a los ciudadanos, pero también como un hombre sin sensibilidad para las minorías, con tendencia al autoritarismo; un censor implacable que cerró el museo de arte municipal a obras consideradas como grandes por la crítica, pero obscenas para su sensibilidad de católico practicante y moralista. Sólo después del 11 de septiembre se transformó en Saint Rudy The Healer, «san Rodolfo sanador», curador de todos los males, el mejor líder en caso de desgracia, el hombre incansable que supo mantener unida y trabajando a su ciudad en el peor de los momentos de su historia. Ambas versiones son ciertas. Se puede ser poco menos que santo y ser al mismo tiempo insoportable. En cuanto a Nueva York, es la ciudad más grande de Estados Unidos, el sitio en que todo se encuentra, la sociedad más abierta del mundo y por eso precisamente la ciudad a la que a muchos norteamericanos no les gusta ir. Las historias de Nueva York contadas por los no neoyorquinos pueden ser a veces historias de triunfo, pero más a menudo suelen ser historias de corrupción en las que una joven, o un joven, de las cándidas e inocentes llanuras del Medio Oeste se corrompe en una jungla llena de pervertidos, minorías, homosexuales, drogadictos y demás gente de aspecto poco norteamericano. Los no neoyorquinos piensan en *Cowboy de medianoche*, con su chico del Medio Oeste forzado a convertirse en puta masculina, piensan en el apagón de 1977, en los saqueos que siguieron a aquel apagón, y en el caos urbano anterior a la llegada de Giuliani. Después del 11 de septiembre, esa percepción cambió. Nueva York se transformó en el hogar de heroicos bomberos y policías. Aquel día lo fueron.

Me di cuenta del cambio de actitud con respecto a Nueva York en el último *gun show* al que asistí en Estados Unidos. Era en el Sur, los *gun shows* suelen ser en el Sur o en el Oeste, muy rara vez en el Este o el Norte, nunca he sabido de *gun shows* en Vermont o Connecticut, que son sin embargo estados en gran parte rurales, en los que no faltan los cazadores. Allí, en el *show*, en medio de las mesas cubiertas de armas, vendían también material de supervivencia, bisutería barata, armas blancas, chalecos antibalas, material para unidades de SWAT y *bumper stickers*, esos adhesivos largos y aparatosos que adornan tantos guardabarros americanos. El *bumper sticker* con la bandera confederada y las palabras «Nuke New York», de innecesaria traducción y uno de los más populares hasta entonces, había desaparecido de la selección. Como el resto seguía siendo igualmente ofensivo para sensibilidades liberales —sólo en el Sur de Estados Unidos, acompañada por la bandera confederada, una frase como «Yankee go home» puede ser considerada como derechista—, tengo que suponer que el vendedor era solidario de verdad con los malditos yanquis neoyorquinos a pesar de su camiseta con la Cruz del Sur. En lugar del desaparecido «Nuke New York», ahora podía verse uno con la cara —caricatura basta y casi pornográfica—, de Osama bin Laden sujeto a un cepo, un paleto malcarado bajándose la cremallera de sus pantalones y la nada gentil promesa de «Get ready... We'll fuck you up», que, de nuevo, tiene la ventaja de no necesitar traducción.

Existen muchas Américas. Existió incluso una Norteamérica moderna

Incluso sin coincidir necesariamente con el libro de Garreau, existen muchas Américas dentro de Estados Unidos. A lo largo de su historia han existido ya antes divisiones en Estados Unidos. Hubo diferencias entre Este y Oeste, entre los viejos estados fundacionales y la frontera en la época del Destino Manifiesto y el avance hasta California. Las hubo entre Norte y Sur hasta la guerra civil y la Reconstrucción. Y ésa fue una diferencia que se mantuvo en el tiempo, todavía clara en los años cincuenta, sesenta e incluso setenta.

La línea Mason-Dixon fue una frontera más real que las trazadas por Garreau. En 1763, poco antes del fin de la colonia, Charles Mason y Jeremiah Dixon, dos cartógrafos ingleses, fueron contratados para establecer una frontera entre las tierras de Cecil Calvert —segundo lord de Baltimore, de la familia Calvert propietaria del territorio de Maryland— y las de Thomas Penn —de los Penn propietarios de Pensilvania—. Trece años más tarde empezó la guerra de Independencia y, al finalizar ésta, tanto los Penn como los Calvert perdieron sus propiedades. Tanto Cecil Calvert como Thomas Penn tuvieron la buena fortuna de morir en 1775, junto a su mundo, un año antes de que éste comenzara a desaparecer para siempre. Pueden verse aún las piedras que dejaron los cartógrafos cada 8 kilómetros, para marcar los límites entre los dos territorios. Son piedras altas y blancas que tienen tallado de un lado el escudo de la familia Calvert, hoy bandera y sello de Maryland, y del otro el de la familia Penn, olvidado incluso hoy en Pensilvania. La línea Mason-Dixon tenía que separar sólo Pensilvania de Maryland, pero con los años, y hasta poco antes de la guerra civil, continuó alargándose hacia el Oeste, a medida que crecía la nueva República, hasta ser la frontera entre dos formas de vida. La línea Mason-Dixon debería haber acabado con ochenta años de disputas entre dos familias, así como Maryland de Pensilvania, pero acabó separando al Norte del Sur, las tierras libres de los territorios esclavos. Hay que tener cuidado al trazar una frontera, incluso si es imaginaria, porque tarde o temprano alguien se la tomará lo suficientemente en serio como para disparar sobre los que la cruzan.

En las elecciones de 2000, y las de 2004 confirmaron esa impresión, pudieron verse de nuevo dos Américas claramente diferenciadas, la del campo y la de la ciudad, con diferencias entre ellas dignas de los tiempos que precedieron a la guerra civil.

Las primeras elecciones presidenciales del siglo XXI confirmaron en el poder ideas que ya eran conservadoras en el siglo XIX. Y, sin embargo, no puede decirse que el experimento de Estados Unidos con la modernidad hubiera sido necesariamente negativo. Una parte reciente e importante de la historia de América, la que transcurre entre la llegada del New Deal con Franklin D. Roosevelt y la salida de Richard Nixon, es la de un país dominado por las ciudades, si no necesariamente por su voto o por gente salida en ellas sí por lo menos por valores nacidos en ellas y salidos de universidades liberales. Desde Roosevelt hasta Nixon, todos los políticos, lo mismo demócratas que republicanos, incluso Nixon, y las políticas que siguieron, fueron keynesianos. Un gobierno tras otro legisló nuevos aumentos en la seguridad social, nuevos impuestos.

Tras el crack bursátil de 1929, sólo el Estado pudo relanzar la economía norteamericana, y lo hizo con métodos que fueron acusados por la derecha de ser casi comunistas —no faltaron algunos socialistas fabianos entre los consejeros de Roosevelt— y por la izquierda de casi fascistas: grandes obras públicas, creación de numerosas agencias destinadas a movilizar lo mismo a veteranos que a parados.

Todo ello acompañado por primera vez en Estados Unidos de un arte oficial: carteles, propaganda, canciones populares, murales en las oficinas públicas inspirados por los muralistas mexicanos y, tal vez incluso, por el realismo socialista, con sus obreros posando en actitud heroica, subsidiados por el Project One del Federal Writers Project.

Un país creado por inmigrantes que odiaban el poder del Estado, porque venían de países donde éste sólo era eficaz en la represión, creó durante los cuatro mandatos de Roosevelt un Estado moderno sin apenas darse cuenta, que la generación posterior desmontó con la misma facilidad. Sin embargo, no importa la desconfianza que con anterioridad existiera en Norteamérica frente al Estado, el pueblo respondió positivamente a todas sus propuestas y siguió a su gobierno durante casi dos generaciones. El Estado aumentó su papel hasta niveles nunca vistos con anterioridad, todo el mundo lo aprobó y Roosevelt resultó elegido cuatro veces como prueba de la popularidad de sus políticas. Roosevelt es el tercer padre de Estados Unidos de América, después de Washington, que ganó su independencia, y Lincoln, que garantizó su unidad, y el creador del país tal y como lo conocemos hoy día, electrificado, industrializado, con carreteras de costa a costa, un ejército poderoso y agencias federales omnipresentes. La Agricultural Adjustment Administration, la National Recovery Administration, y la Public Works Administration, el Civilian Conservation Corps, que dio trabajo a 25 millones de desempleados jóvenes en trabajos de reforestación, el Federal Emergency Relief Administration y el Civil Works Administration, la Home Owners Loan Corporation, que ayudó a decenas de miles de pequeños propietarios a conservar sus casas a través de préstamos, la Works Progress Administration, que ayudó a construir 2.500 hospitales, 5.900 edificios escolares y 13.000 campos de juego, la National Youth Administration, del WPA, que dio asistencia económica a dos millones de estudiantes y llegó a emplear a más de tres millones de personas en los años cuarenta, y desde luego el FBI.

El FBI como organismo oficial existía desde antes de Roosevelt y el New Deal, pero casi todas sus atribuciones actuales vienen de aquel período. Como demuestran leyes como la Posse Comitatus Act, que prohíbe el uso del ejército en cuestiones de orden público, los votantes siempre habían desconfiado de los militares como encargados de la paz doméstica, y sin embargo era necesaria una institución que pasara por encima de unas fronteras estatales que a menudo obstaculizaban la aplicación de las leyes. Esa desconfianza, y esa necesidad, fueron usadas por un joven burócrata ambicioso, J. Edgar Hoover, para crear una fuerza nacional de policía: el FBI. Nunca antes se le habían concedido tantas atribuciones a una organización policial norteamericana, nunca a una agencia policial que superponía su jurisdicción a la de los estados, pero Roosevelt no tuvo problemas en conseguirlo. Hasta 1932 los agentes del FBI ni siquiera podían ir armados. Pocos años después, eran la organización policial más grande de Estados Unidos y una de las más eficaces del mundo, pese a tener la desventaja de trabajar en un país en el que no existía la obligación de estar documentado. Era su momento, era el momento de Franklin D. Roosevelt y, por extensión, el de los grandes burócratas como Edgar J. Hoover.

Roosevelt firmó, entre otras cosas, la Social Security Act de 1935, junto a la que apareció la tarjeta de la seguridad social, hasta hoy el único documento obligatorio existente en Estados Unidos. De forma típicamente norteamericana ese documento carece de foto, no indica ningún dato personal sobre el aspecto de su propietario y no prueba siquiera que el portador del mismo sea ciudadano del país. De hecho, la tarjeta de la seguridad social, un cartón que cualquiera puede falsificar con una simple imprenta de oficina, no sirve como identificación a la hora de solicitar un pasaporte estadounidense, un carnet de conducir, una licencia de armas, o absolutamente nada. La tarjeta de la seguridad social es sólo una identificación fiscal gracias a la cual puedes pagar tus impuestos, el documento imprescindible para cualquier empleo y, junto a otros documentos, para abrir una cuenta bancaria. En principio, y para conseguir ese documento, sin el cual el trabajo legal es imposible en Estados Unidos, es necesario probar la identidad con documentos que indiquen la edad, la fecha de nacimiento, la nacionalidad y en, caso de que ésta no sea la estadounidense, el estatus legal dentro del país. O eso, o pagar trescientos dólares a un intermediario.

Yo los pagué. Decidí invertir dos semanas de propinas en el restaurante donde por aquel entonces lavaba platos y servía mesas. Carente de estatus legal dentro de Estados Unidos, pagar era mi camino natural. Supongo que los hay en todos los enclaves étnicos, y dentro de éstos por lo menos uno para cada nacionalidad, pero el intermediario con el que yo hablé era un compatriota bastante simpático —la gente que vive al margen de la ley tiene que serlo para sobrevivir—, que me advirtió contra los malos falsificadores que imprimen sus propias tarjetas y contra esa «gente que te dice que te la va a entregar en mano». Él no iba a hacer eso. Esas tarjetas no servían. Yo le pagaba por adelantado, rellenábamos juntos la solicitud del número de la seguridad social, dejábamos por completar la parte en que se pedían las pruebas de mi identidad, daba una dirección postal real a la que me pudiera llegar el correo, pero no la del negocio en que trabajaba porque eso atraería sospechas, y un mes más tarde, semana más, semana menos, según el trabajo que tuviera la oficina que las emitía, recibía mi tarjeta de la seguridad social en un sobre de la Social Security Administration.

Rellenamos el impreso en el aparcamiento de un restaurante en el que bastantes de los empleados y prácticamente todos los de la cocina habían arreglado sus papeles de la misma manera. El intermediario contó los billetes de cinco, diez y veinte dólares con los que le pagué, me indicó con lápiz qué espacios rellenar y qué espacios dejar en blanco. Me recomendó que en cuantao recibiera mi tarjeta la plastificara, fotocopiara y guardara en un lugar seguro, ya que reponerla sería difícil y tendría que comprar una nueva. Me explicó también cómo usarla sin meter la pata. Por ejemplo, nada de decirle al que me iba a contratar «Tengo seguridad social» antes de que me lo preguntara porque se supone que todo el mundo la tiene, sino simplemente sacar la tarjeta delante de él, no enseñársela a menos que él la pidiera, enseñársela de otra manera sería un gesto de patán que despertaría desconfianza, y rellenar la petición de empleo como si nada. «Y a vivir, chava', que e'te es un país grande.» Mis trescientos dólares, me hizo notar varias veces, no sólo me daban una tarjeta, como a todos los otros demás solicitantes, que sí habían estado esperando seis horas de cola, o más, y tenían sus papeles en regla, sino que además me libraban de tener que pelearme en mi aún inexistente inglés con las funcionarias malhumoradas y sobrecargadas de trabajo de la Social Security Administration que rara vez hablaban español, creole, o ninguno de los otros idiomas hablados por la creciente masa inmigrante que llenaba sus oficinas, de tener que aportar fotocopias, pasaportes, pruebas de identidad o certificados de ningún tipo y de todas las trabas, errores e ineficacias propias de la administración pública norteamericana. Tal y como me lo explicó, trescientos dólares parecían un precio bajo. Le di las gracias, lo invité a un café en el mismo sitio en que yo trabajaba y le prometí que jamás repetiría su nombre a nadie, excepto a otros posibles clientes. Le mandé un par de camareras para que las ayudara y un buen día lo perdí de vista. Me pregunto cuánta gente habrá obtenido su número de la seguridad social por ese método. Fue como ir a un gestor realmente eficaz.

Aun así, supongo que por un sentimiento de decencia, siempre advertí a mis empleadores de que les estaba dando un documento legal pero obtenido de forma fraudulenta. A ninguno de ellos pareció molestarle; es más, uno de ellos lo aprovechó para no pagar impuestos sobre mi trabajo.

Norteamérica salió de la crisis de 1929 no sólo como una nación recuperada, sino además como un pueblo que creía en su gobierno, fuera cual fuese. Las ciudades crecieron, la electricidad llegó a todas

partes, el FBI siempre atrapaba a su hombre, y si alguien no trabajaba —solía tener dónde trabajar—, el gobierno le pasaba un cheque
hasta que pudiera ponerse en pie. En esos años la población tendió
a irse del campo a la ciudad, desapareció la práctica de la pena de
muerte, la sociedad se hizo más laica, se implementaron programas
sociales y las minorías alcanzaron más poder que nunca antes en la
historia de América. El moderadamente liberal Truman hizo entrar
las minorías por la puerta grande del ejército. El no menos moderadamente conservador Eisenhower mandó tropas a Little Rock, Arkansas, para escoltar a un grupo de estudiantes negros que querían
acudir a una escuela blanca. Lyndon B. Johnson, el veterano *new
dealer*, el último liberal con poder real que ha pisado la Casa Blanca,
abrió el resto de la sociedad a las minorías con una serie de programas que llamó la Gran Sociedad. Las grandes iniciativas revolucionarias de dos generaciones, las mismas que aseguraron el retiro a
los trabajadores, la seguridad social, el seguro médico, la plena integración de los negros en la sociedad, llegaron desde el gobierno
federal, desde arriba, y no desde las masas, aunque éstas se movili-
zaran para apoyar algunas de esas políticas, si bien no necesariamente todas.

En la distancia todas las marchas de los activistas por los derechos civiles en el Sur, acosadas por policías estatales y blancos furi-
bundos, atacadas con mangueras de alta presión por los cuerpos de
bomberos de pequeñas ciudades del Sur, pueden parecer muy revolucionarias —lo fueron en más de un sentido—, pero no subversivas.
Aunque eran una muestra de desafío a los gobiernos de los estados,
eran un desafío que estaba respaldado desde el gobierno federal, que
cuando finalmente mandó el FBI a Mississippi fue para investigar la
muerte de varios activistas por los derechos civiles, no para dete-
nerlos.

Así, en América, desde 1932 hasta 1952, no hubo un presidente
del Partido Republicano en la Casa Blanca, y cuando finalmente llegó —Eisenhower—, éste siguió siendo en la práctica un demócrata
moderado con otra etiqueta, de la misma manera que generación y
media más tarde, llegados los años de predominio republicano, Bill

Clinton, pese a su etiqueta de demócrata, fue un republicano moderado a la hora de gobernar.

Cuando Prescott Bush, padre y abuelo de presidentes, licenciado en Yale, millonario de Nueva Inglaterra y senador republicano por el estado de Connecticut, se retiró del Senado, recibió una medalla por sus aportaciones a la gobernabilidad del país. Era republicano, había sido contrario a muchas de las políticas de los presidentes Roosevelt y Truman y pertenecía a una clase en la que el nombre de Eleanor Roosevelt no se pronunciaba sino con odio y desdén, pero una vez en el Senado jamás había colocado los intereses de su partido por encima de los del Estado y Había colaborado gustoso en ese gran gasto-inversión que supuso el Plan Marshall. Era un hombre de derechas, pero en aquellos tiempos la derecha norteamericana era distinta a la que hoy nos presenta la prensa y la televisión. El Partido Republicano tenía un ala conservadora y un ala progresista, la presidida por Rockefeller, y no cuestionaba la necesidad de un Estado fuerte.

Prescott Bush era un caballero del Este, presbiteriano y conservador. Por el contrario, su nieto —el que ha llegado a presidente de Estados Unidos— ha bajado varios escalones en la escala social, sin perder por ello su estatus de millonario, y se complace en ser un cowboy evangélico de Texas, un estado que incluso dentro de Estados Unidos es percibido como un compendio de todos los excesos. Explicar cómo el partido de los conservadores del Norte y el Este se ha convertido en el partido de las masas religiosas y populares del Oeste y el Sur no es fácil.

Todo cambió en Norteamérica con la generación que había dejado, no ya de creer en el Estado, sino incluso de respetarlo. Esa generación no había ido a la Segunda Guerra Mundial, no había conocido la Gran Depresión, sino que, por el contrario, había tenido que ir a Vietnam y su idea de gobierno no era el New Deal de Roosevelt sino el Watergate. Primero fue la izquierda radical norteamericana la que dijo que el gobierno mentía, y no sólo eso, sino que además mentía siempre, hasta lograr meter esa idea en la cabeza de todo el mundo. Después fue la derecha la que se aprovechó de ese trabajo de zapa. El retorno al campo, la huida de las ciudades, empezó con los hippies, pero concluyó con el retorno de una América que en más de un ámbito es parecida a la anterior al New Deal.

El período más conservador de la historia de un país naturalmente conservador empezó justo cuando parecía que el movimiento contestatario acababa de obtener una victoria. La derrota del conservador Nixon, supuestamente a manos de la prensa y de los manifestantes que pedían su dimisión, pero en realidad a manos de los tribunales de justicia y de los representantes de los partidos tradicionales, fue vista como la derrota del sistema cuando debería haber sido la confirmación de que éste funcionaba tan bien que incluso un presidente podía ser depuesto de su cargo legalmente sin interrumpirse la continuidad de las instituciones. El descrédito del Estado fue a la larga la derrota de las fuerzas progresistas en un país en el que las medidas populares, desde el restablecimiento de la pena de muerte al de los *chain gangs* para los presos, han sido siempre conservadoras y han venido siempre desde abajo, mientras que las medidas reformistas han tenido que ser impuestas desde arriba y a veces por la fuerza. ¿Cuántos agentes federales fueron necesarios para escoltar a través de protestantes y pedradas a los primeros estudiantes negros en Little Rock, Arkansas? ¿Cuántos de ellos fueron heridos? Ésta es hoy una pregunta carente de significado. La pregunta correcta en Estados Unidos hoy es: ¿volverá el gobierno federal a atreverse a forzar una medida de ese tipo, popular o no, contra los derechos de los estados? Sin embargo, no hace tanto tiempo, Eisenhower mandó mil paracaidistas de la 101.ª División Aerotransportada, para que nueve estudiantes negros entraran en la Central High School de Little Rock.

El momento más bajo de la historia de Estados Unidos coincidió con la presidencia de un demócrata, James Earl Carter: colas en las gasolineras, crisis de los rehenes en Irán, sentimiento de culpa por la derrota en Vietnam. La derrota de Carter fue la derrota del Estado moderno en Estados Unidos. Desde entonces todos los presidentes han sido republicanos, con la excepción de Clinton, un demócrata que se ha comportado como un republicano. Ha sido la revancha del campo conservador sobre la ciudad liberal. El regreso simbólico del campo coincidió así con la presidencia de un presidente de formación universitaria y científica, oficial de academia de la marina de guerra, que sirvió a bordo de submarinos nucleares, pero al que todo el mundo relaciona con una parte relativamente breve de su vida, el tiempo en que se hizo cargo del negocio de su padre —los cacahuetes—; un hombre que creía en el Estado construido por Roosevelt y sus sucesores, y no hizo nada para desmantelarlo, pero cuya presidencia coincidió con un momento en que la administración federal, en crisis debido a la guerra de Vietnam y el escándalo Watergate, no se atrevía a hacer nada.

Carter coincidió también en el tiempo con el regreso de Dios al primer plano de la política norteamericana, y lo hizo en un momento en que ese retorno no estaba aún necesariamente ligado a las políticas del Partido Republicano. Dios podría haber sido demócrata, pero acabó siendo republicano y votando por un actor procedente de la decadente Hollywood, el primer divorciado en entrar en la Casa Blanca, frente a alguien que, como James E. Carter, predicaba los domingos en la iglesia de su pueblo.

El campo manda

Dios, en 2000 y 2004, el gran elector del Partido Republicano, podría haber sido un leal demócrata. Fue uno más de los tantos votos tradicionales perdidos por los demócratas en los años sesenta y setenta. Entre ellos, el voto obrero y el voto blanco del Sur. Las grandes manifestaciones contra la gestión republicana de la guerra de Vietnam, en la que algunos políticos demócratas —los menos— aceptaron mezclarse con un ambiente radical al que eran en más de un aspecto ajenos, han seguido pasando factura treinta años después. Con treinta años de diferencia, los demócratas siguen teniendo que demostrar a sus votantes que son patriotas y están a favor de la ley y el orden, aunque eso signifique silenciar a los pacifistas del partido, por ejemplo en las elecciones primarias que precedieron a la nominación presidencial de 2004, o apoyar sin demasiado entusiasmo medidas claramente republicanas como la Patriot Act, defendida y votada por John Kerry en el Senado.

Dios no era todavía republicano en 1975, cuando Tom Wolfe, en el ya citado artículo «The "Me" Decade», adivinó el retorno de la religiosidad a todos los ámbitos de la vida pública norteamericana: «Si hace diez años alguien de riqueza, poder o fama hubiera "dado testimonio de fe por Cristo" públicamente, la gente le hubiera mirado como si se le hubieran comido la nariz los escarabajos. Hoy sucede de forma regular... Harold Hugues dimite del Senado estadounidense para hacerse evangelista... Jim Irwin, el astronauta, se asocia con un bautista en una organización llamada High Flight... cantantes como Pat Boone y Anita Bryant dan testimonio de fe por Jesús...

Charles Colson, el antiguo tipo duro de la administración Nixon, muestra su fe por Jesús… El candidato mejor colocado para la presidencia de Estados Unidos, Jimmy Carter, da testimonio de su fe por Jesús». Carter llegó a presidente; poca gente recuerda en Estados Unidos que Pat Boone o Anita Bryant hayan sido nunca nada más que cantantes religiosos, y poca gente de fuera sabe que existan; Tom Wolfe se ha hecho novelista y Charles Colson, el más duro de los duros en la administración Nixon, se dedica a predicar en las cárceles. Ese retorno a Dios es una de las características de la política norteamericana de la América rural de los estados del interior. La otra es la desconfianza hacia el gobierno federal.

Según una encuesta Gallup hecha a finales del siglo xx, el 40 por ciento de los norteamericanos creía que «el gobierno federal ha crecido tanto y es tan poderoso que es una amenaza inmediata a los derechos y libertades de los ciudadanos». En los años sesenta, los estudiantes de Berkeley protestaban contra los refugios antiatómicos por considerarlos inútiles en caso de guerra —tenían razón—, los Panteras Negras creían que podrían empezar la revolución buscando el enfrentamiento con la policía del suburbio angelino de Burbank —estaban terriblemente equivocados—, y algunos izquierdistas presentaban una película como *Teléfono rojo. ¿Volamos hacia Moscú?* como un reportaje sobre quienes dirigían el país —y eran precursores de su tiempo—. Todos ellos, sin saberlo, estaban preparando el retorno de una América profunda mucho más arraigada y fuerte que ellos, que nunca había confiado del todo en el gobierno federal, que pedía más autogobierno para los estados, menos impuestos. Los Panteras Negras abrieron el paso a la milicia de Montana, los guionistas de *Teléfono rojo* a los de los *Expedientes X*, con todas sus tesis conspirativas y complejos persecutorios que se pueden resumir en que «la verdad está ahí fuera […] pero el gobierno nunca te la contará». El poder para el pueblo y el gobierno como problema acabaron siendo consignas vencedoras en las elecciones de 1980, en las que el candidato que había dicho más alto y claro que el gobierno era el problema ganó de forma aplastante y el pueblo que se molestó en ir a votar era el de las clases medias y medias altas que creían en el capitalismo en sus formas más puras. El candidato fue Ronald Reagan. Al negar su confianza en el gobierno la izquierda dio paso a todas las protestas antigubernamentales que seguirían después desde la derecha. Una vez abierta la puerta por Reagan, Newt Gingrich podría llegar años después a ser presidente de la Cámara Baja años después; Jesse Helms, de Carolina del Norte, estar al frente de la comisión del Senado que supervisa la política internacional. George Wallace, antiguo demócrata del Sur, acabó sus días viendo cómo el muy impopular programa que había defendido como demócrata en los años sesenta acabó siendo un programa muy popular en manos de los republicanos de los años ochenta y noventa, y cómo su partido, el de los dixiécratas o demócratas blancos del Sur, en el que había crecido desde niño, desaparecía hasta transformarse en el partido de las minorías raciales, mientras sus votantes blancos y cristianos se pasaban en masa al Partido Republicano.

Existen muchas Américas en Estados Unidos. En las elecciones de 2000, y las de 2004 lo confirmaron, no fui el único, ni desde luego el primero, que pude ver dos: la América del campo y la de la ciudad. Quien viera los resultados de aquellas elecciones sólo en una tabla estadística no pudo interpretarlos correctamente. Había que verlos sobre un mapa. En un mapa que dividiera Estados Unidos por condados, el observador podría ver una inmensa marea roja, el color escogido tanto por los marines en sus insignias como por los republicanos en su propaganda, rodeando a unos islotes azules. Bush contra Gore fue una pelea que Gore ganó en las ciudades, pero en la que Bush arrasó en las zonas rurales. Al final ganó el campo.

Las áreas en que Al Gore ganó e incluso mejoró los resultados de Bill Clinton incluyeron las zonas más pobladas del país. Los Ángeles, el área de la bahía de San Francisco, algunas ciudades universitarias del Medio Oeste, algunas ciudades del Sur, los condados urbanos del sur de Florida, incluso el Miami-Dade cubano —que, sin embargo, dio a Bush los votos necesarios para ganar el estado—, el estado de Washington, el distrito de Columbia, Pittsburgh, Filadelfia, y los suburbios de Nueva York. Bush ganó en el área del «Gran Texas», que incluye Luisiana y Arkansas, pero no Nuevo México —donde el voto en las reservas indias inclinó el resultado a favor de Gore—, el valle del río Ohio desde Kentucky a Virginia Occidental, los estados de las montañas Rocosas, Missouri, y gran parte del norte de Nueva Inglaterra, un área considerada tradicionalmente como liberal.

Condados ganados por Gore: 677. Condados ganados por Bush: 2.436. Población de los condados ganados por Gore: 127 millones. Población de los condados ganados por Bush: 143 millones. Estados ganados por Gore: 19. Estados ganados por Bush: 29. Votos populares para Gore: 50.996.116. Votos populares para Bush: 50.456.169. Votos electorales para Gore: 266. Votos electorales para Bush: 271. La simple diferencia de votos en Nueva York hubiera bastado para darle la victoria a Gore por un sistema de voto directo. Bush es el segundo presidente en llegar a la Casa Blanca habiendo perdido el voto popular. El primero fue John Quincy Adams, que es además el otro presidente hijo de presidente.

Cuatro años más tarde, y después de una gestión que en Europa hubiera provocado la mayor de las derrotas electorales, George W. Bush ganó de nuevo las elecciones, esta vez de forma aplastante y sin necesidad de explicaciones. Con doce millones más de votantes que en las elecciones anteriores, Bush ganó en los mismos estados que entonces y añadió, además, los de Nuevo México e Iowa, aunque perdió New Hampshire, haciendo así más compacta la división del mapa electoral. El mapa de la victoria republicana de 2004 mostraba una gran franja roja que ocupaba todo el centro y el sur de la nación, flanqueada en la costa del Pacífico por tres estados de mayoría demócrata —California, Oregón y Washington—, y al norte por la franja, más pequeña pero más urbana y densamente poblada, de los estados de Nueva Inglaterra y la región de los Grandes Lagos. Fuera del gran mapa de la Norteamérica continental, Hawai se decantó por el voto demócrata y Alaska por el republicano.

Si Bush ganó sobradamente en 2004, en las elecciones de 2000 perdió el voto popular. Las elecciones de 2000, y el lento proceso de recuento del estado de Florida que duró varias semanas, nos recordaron que en Estados Unidos el voto directo está subordinado al del llamado Colegio Electoral. Ésa es una de las medidas tomadas en los primeros años de independencia para evitar la excesiva preponderancia de un estado o grupo de estados sobre los demás. Al crear una república, una forma política sin antecedentes en ninguna otra parte del mundo, Alexander Hamilton y los otros redactores de la Constitución tenían el temor de ver surgir un nuevo rey, un tirano. Aunque el Colegio Electoral precede en bastante tiempo a la aparición de la primera dictadura populista, tanto las independencias de América del Sur, donde la monarquía española fue sustituida a menudo por el caudillismo, como la llegada de la dictadura bonapartista a Francia, confirmaron los temores a los redactores de la Constitución norteamericana con una generación de retraso.

Para impedir la manipulación de la opinión pública, los constituyentes norteamericanos decidieron crear una institución que sirviera de intermediaria entre electores y electos. La intención original de Hamilton cuando creó el Colegio Electoral era que se votase por alguien en cuyo juicio confiara, y que esa persona a su vez votara por el mejor candidato para la presidencia. De esa manera, el elegido no podría serlo mediante intrigas o en un concurso de popularidad en el que ganara el más demagogo. Todos hemos visto lo bien que ha funcionado el sistema en la práctica.

Apenas el sistema bipartidista se estableció, poco después de la Convención Constitucional, los votantes dejaron de votar por alguien sabio, si alguna vez lo habían hecho, y comenzaron a hacerlo por un partido político. Como la Constitución nunca había establecido cómo serían nombrados los electores, éstos acabaron siendo seleccionados por los partidos, que tuvieron a su vez que escoger a gente fidelísima, puesto que Hamilton, primero, y el Tribunal Supremo, mucho después, en 1952, decidieron que una vez escogido para el Colegio Electoral el elector pasaba a responder sólo ante su propia conciencia. En siete ocasiones a lo largo del siglo XX un elector ha votado en contra de los intereses de su partido. La última vez fue en 1988, cuando un elector de Virginia Occidental votó por Lloyd Bentsen para presidente y Michael Dukakis como vicepresidente, aunque los cargos en la papeleta estaban invertidos.

El Colegio Electoral fue creado para servir de intermediario entre el electorado y los electos, pero también para permitir que los pequeños estados pesaran en las decisiones de la nación. Es un sistema imperfecto que puede hacer posible que el candidato menos votado, pero no mucho menos votado, pueda llegar a la presidencia si representa a más estados, lo que por lo demás sólo ha pasado dos veces. Desde su creación ha habido más de setecientos intentos de reformar, relegislar o abolir el Colegio Electoral, y todos han fracasado. Es un sistema que desagrada a muchos, pero que será imposible cambiar, ya que para hacerlo haría falta que las tres cuartas partes de los estados aceptasen el cambio y es improbable que los estados pequeños acepten perder poder.

El campo siempre gana a la larga en Estados Unidos, un país fundado por campesinos que querían sus propias tierras. Según el censo actual, el 73 por ciento de la población norteamericana vive en zonas urbanas. Es un censo impreciso que avergonzaría a cualquier país europeo y a bastantes del Tercer Mundo, que descansa en el trabajo de miles de voluntarios mal pagados y en la sobrestimada voluntad de no mentir del censado. El problema es que, para llegar a lograr ese resultado de un 73 por ciento de habitantes urbanos, ha habido que considerar como zona urbana toda la población de más de 2.500 habitantes.

El campo gana sobre todo porque la tendencia de abandonarlo para ir a las ciudades de los años cincuenta y sesenta se detuvo en los setenta, una de las décadas más conflictivas y de mayor aumento de la criminalidad urbana en Estados Unidos, para revertirse desde entonces. Con los nuevos sistemas de comunicación, la época en que sólo las grandes ciudades podían ofrecer servicios y sofisticación a sus pobladores ha pasado y muchas pequeñas comunidades pueden hoy dar a sus ciudadanos los mismos servicios que una gran ciudad en un ambiente de confianza y seguridad familiares.

Incluso en las ciudades, sobre todo en las nuevas y allá donde el terreno lo permite, los nuevos barrios tienden cada vez menos a parecerse a barrios tradicionales y más a urbanizaciones residenciales. Después de los intentos de renovación urbanística dirigidos desde arriba en tiempos del New Deal de Roosevelt y de renovación urbana de la Gran Sociedad de Johnson, el trabajador norteamericano, desde el momento en que pudo escoger el tipo de casa y barrio en que iba a vivir, escogió la casa individual y ese tipo de barrio que en América se llama *suburbia*, una extensión de la ciudad que hace todo lo posible para no ser urbana, un barrio que en lo posible trata de no parecerse a los del centro, un mundo de casas individuales rodeadas de patios cercados, y dejó atrás los rascacielos de las viviendas sociales construidos en las grandes ciudades, los llamados *projects*, sobre los que nadie ha escrito aún nada bueno a pesar de que en su día, aún no tan lejano, permitieron a miles de familias escapar de los tugurios que fueron el alojamiento de tantos trabajadores hasta la llegada del New Deal. La elección de ese tipo de casas no es algo neutral. Descendiente de campesinos europeos sin tierra, el norteamericano quiere tener un pedazo de tierra propio, aunque sea sólo del tamaño de un jardín, que pueda llamar suya, y a partir de los años sesenta prácticamente cualquier norteamericano que no viviera en uno de los estados demasiado poblados de la costa logró obtenerlo. El resultado fue los *suburbia* que rodean tantas ciudades norteamericanas, las largas calles de chalecitos o casas semiadosadas con patio, todas iguales, que pueden parecer desesperantes para muchos hoy, pero que en su día fueron motivo de orgullo para sus propietarios.

La gente huye de las ciudades tradicionales. Huyen los blancos que se instalan en los suburbios y huyen los negros que regresan a los pueblos que dejaron sus antepasados escapando del racismo y el desempleo sólo una o dos generaciones atrás. Acabada la segregación en las escuelas y servicios públicos, muchas familias negras prefieren un pueblo pequeño de Georgia o Alabama antes que una gran ciudad, incluso del Norte, para criar a sus hijos. En su huida dejan muchas viejas ciudades tradicionales arruinadas, sin habitantes, y en consecuencia también sin gente que pague impuestos o exija servicios. No todo el mundo está feliz o de acuerdo con esta situación.

Existe en estos momentos un debate en marcha en Estados Unidos, normalmente ignorado en Europa, entre las distintas formas de resolver sus problemas urbanos. Un debate en el que, por un lado, puede hablarse de un bando liberal, representado por un urbanista-showman como Richard Florida, que propone la gentrificación del centro de las ciudades haciéndolas más gays y hips —proponiendo como ejemplos South Beach, en Florida, y el centro de San Francisco, en California—, pero también por críticos urbanísticos más comedidos como Roberta Brandes, que proponen el regreso de los suburbanitas a ciudades más densas de tipo europeo, más parecidas a Praga que a Miami; y por el otro lado el bando conservador de urbanistas que, como Joel Kotkin, continúan defendiendo el modelo, ahora demonizado por muchos científicos sociales, de la casa unifamiliar con patio, considerada como más norteamericana. El tipo de ciudad propuesto por Roberta Brandes puede ser mejor para la conservación de la tierra, pero es el modelo de Kotkin el que parece estar venciendo.

Hay un claro contraste entre las dos Américas. Se ha dicho a menudo que la América rural refleja los valores originales de la América fundadora. El norteamericano del campo no ha necesitado leer *Walden* de Thoreau para creer en la responsabilidad e independencia individuales. Es un norteamericano que no quiere interferencia del gobierno en su vida, incluso si esa interferencia se llama ayuda, quiere un gobierno más pequeño, menos seguridad social, menos regulación. No en vano, lo que prometía la campaña de Bush. La gente de las ciudades se ha acostumbrado a mayor gobierno, mayores regulaciones, más impuestos. Gore trató en vano de conectar, como lo había hecho Clinton en 1993 y 1996, con las ideas de los habitantes del campo norteamericano, pero no lo logró. Arrastraba el peso de ser un hombre crecido dentro del sistema, un político profesional en un país en el que todo el mundo desconfía de ellos y prefiere a los aficionados. Todo en él, hasta sus libros sobre ecología, invitaba a la desconfianza del electorado. Se trataba de un intelectual y, peor aún, de un ideólogo. Ideólogo es una palabra que tiene en el inglés de América un sentido distinto, peyorativo, al de cualquiera de las otras lenguas europeas. Un ideólogo es un hombre poco fiable que prefiere las ideas a las realidades. En Estados Unidos ese tipo de gente, el intelectual, el ideólogo, no es querido. Por el contrario, un hombre que, como Bush, pasa los fines de semana cercando su rancho y conduce una camioneta invita al voto. Cuando Bush va a los estados agrarios, se ve que no está disfrazado, que el Stetson —el sombrero vaquero—, que lleva es suyo desde hace tiempo, le entra sin graves problemas, y no ha tenido que comprárselo dos días antes del primer acto electoral. Años atrás, George Dukakis, el derrotado candidato demócrata, perdió toda su credibilidad, si alguna vez la había tenido, cuando se puso uno y se le hundió hasta las cejas.

Tampoco es casualidad que, a pesar de proceder de una familia patricia de Nueva Inglaterra, dos de los tres últimos presidentes de Estados Unidos hayan entrado en política desde, Texas, estado que es contrario a cualquier tipo de control, y carece de leyes que regulen la iniciativa privada. Cuando George Bush padre se mudó a Texas después de la Segunda Guerra Mundial, aquel estado era en gran parte un territorio aún por civilizar y, además, demócrata. Cuando su hijo George W. Bush optó al cargo de gobernador del estado, ganó fácilmente en un territorio que ya era republicano.

La Norteamérica rural puede ser un país duro. «Chain gangs» y horcas

¿Cómo es la América rural? Nada que ver con las simpáticas comedias televisivas neoyorquinas como *Friends* o *Will and Grace*. Esa América rural se niega a descolgar de los Capitolios de las capitales del Sur la bandera confederada; aprueba leyes contra el matrimonio homosexual, como si algún homosexual en su sano juicio fuera capaz de mudarse a Texas; recorta los impuestos; suprime programas sociales; cree que cada cual tiene que cuidar a su familia y nadie a los vagos; se opone a las leyes contra el control de armas pero endurece las leyes criminales; trata de acabar con las leyes sobre la protección de la naturaleza —muchas de ellas obra de alguien tan poco sospechoso de liberal como Nixon— que le estorban en su explotación de los recursos naturales; vota en referéndum popular a favor de leyes que le permiten encerrar por vida a los reincidentes con más de tres condenas; pide, y obtiene, el restablecimiento de la pena de muerte; recompensa a sus jueces y políticos más duros reeligiéndolos; pide el retorno de los *chain gangs* y, de nuevo, lo obtiene; siente nostalgia por el taciturno cowboy que habla a través de los actos más que con las palabras, y por eso elige para la Casa Blanca a uno que, más que taciturno, es disléxico e incapaz de conectar dos frases si no se las han escrito antes en un teleprompter; y, por último, resucita la doctrina de los derechos de los estados.

Derechos de los estados. He escrito antes esas palabras sin explicarlas. Después de aprobada la Constitución, y para asegurar que todos los derechos no legislados en ella pudieran ser protegidos, se le añadieron diez enmiendas, conocidas como la Declaración de Derechos. Cinco de esas diez enmiendas a la Constitución se refieren a procedimientos legales o incluso a puntos concretos del procedimiento a seguir en casos de derecho criminal. La Cuarta protege casas y personas de registros abusivos; la Quinta exime al individuo a verse obligado a prestar testimonio contra sí mismo; la Sexta le garantiza un juicio rápido y público; la Séptima le concede el derecho a un jurado; la Octava prohíbe los castigos inusuales y crueles; la Décima da autonomía a los estados para crear sus propias leyes: «Los poderes que la Constitución no delega a Estados Unidos ni prohíbe a los estados, quedan reservados a los estados o al pueblo respectivamente». La Décima Enmienda dio lugar a la doctrina de los derechos de los estados, sin la cual no se explica ni la guerra civil del siglo XIX, ni la disparidad en la aplicación de la justicia y la pena de muerte en la América de hoy.

Cada estado y el gobierno federal tienen su propio derecho penal que especifica crímenes y ofensas concretas, y un procedimiento criminal propio que especifica las etapas del proceso criminal desde el arresto a la acusación, las sentencias, el proceso de apelaciones y la aplicación de las penas de prisión. Cada legislatura estatal promulga un derecho penal estatal propio, impuesto por fiscales estatales o del condado, aplicado en tribunales y castigado en prisiones estatales o locales. El Congreso aprueba leyes penales federales, que se imponen, son procesadas y aplicadas por agencias, acusadores y tribunales federales.

Al principio, sólo fueron delitos federales los enumerados en la Sección Primera de la Constitución: falsificar moneda, entrar ilegalmente en Estados Unidos, traición, sedición y violación de derechos constitucionales y federales. Con el tiempo, utilizando sus poderes, el Congreso ha aprobado leyes penales federales que cubren el tráfico de drogas y armas, el rapto, el crimen organizado, el fraude, prácticamente cualquier delito que cruce las fronteras estatales, e incluso aquellos que, siendo cometidos dentro de un estado, lo sean dentro de una carretera interestatal, amén de un largo y no demasiado definido etcétera, lleno de zonas grises en que, para gran irritación de los estados y las administraciones de justicia locales, las competencias se superponen e interfieren.

El gobernador de cada estado tiene el poder de perdonar o conmutar las penas de los delincuentes de su estado. Los gobernadores pueden conmutar la pena de muerte. Y el presidente de Estados Unidos tiene una autoridad semejante para los delincuentes condenados por tribunales federales, y suele usarlo, pero normalmente poco antes de irse de la Casa Blanca, porque sabe que perdonar delincuentes no es un acto popular en América; sólo después de salir de la Casa Blanca, al término definitivo de su carrera, puede un político norteamericano permitirse ser impopular.

Oponerse a la pena de muerte, o al endurecimiento de las leyes, tiene un precio en Estados Unidos. Michael Dukakis, candidato demócrata a la presidencia en las elecciones de 1988, lo pagó cuando no sólo se vio que había sido débil con el crimen, sino que además se adivinó que lo sería en el futuro. Su respuesta, durante una entrevista, cuando se le preguntó que si seguiría oponiéndose a la pena de muerte en el caso de que su esposa, Kitty, fuera víctima de un criminal, fue considerada como suicida desde el punto de vista político. ¿Cómo confiarle la seguridad del país a quien no es capaz de vengar ni a su propia esposa? Por el contrario, mantener una postura dura a la hora de castigar al criminal se recompensa en las urnas.

Lección aprendida, o al menos intuida, por los candidatos. Cuando era candidato a la presidencia norteamericana, Clinton abandonó las primarias de su partido para regresar a su estado y presidir la ejecución de un retrasado mental; por su parte, Bush continuó la rutina —en Texas es una rutina— de firmar penas de muerte durante toda su campaña presidencial. La juez Ellen Morphonios estaba orgullosa de ser apodada la Máquina del Tiempo, por la longitud de sus condenas, y el sheriff Nick Navarro apareció en televisión semana tras semana en uno de los programas más populares de la cadena Fox, *Cops*. Todos ellos fueron populares y reelegidos en sus cargos.

Cops significa «polis», o incluso «maderos», y es un show de la Fox, la misma cadena televisiva en la que nacieron los moderadamente contestatarios *Simpsons*. Se trataba de un *reality show* en el que podía verse al sheriff Nick Navarro trabajando día a día en las calles del condado de Broward, un área semiurbana del sur de Florida. En el show, Navarro y sus agentes, una semana sí y otra también, detenían a pequeños delincuentes y traficantes ante las cámaras, usando una dureza que haría palidecer de envidia a muchos policías tercermundistas. He visto a los detectives de la Policía Técnica guatemalteca detener delincuentes comunes en la calle, durante la presidencia de Romeo Lucas García, y tenían mucho que aprender de la policía del condado de Broward antes de poder alcanzar su nivel de brutal eficacia. *Cops* era, es, un programa apreciado por el gran público y convirtió a Nick Navarro, un inmigrante de primera generación que, a pesar de los años pasados en Norteamérica y de hablar fluidamente el inglés, no ha logrado perder unas vocales decididamente hispanas, en uno de los policías más populares de Estados Unidos. No dejemos que el término sheriff, asociado normalmente con un Gary Cooper solo ante el peligro, nos engañe. La oficina del sheriff de Broward maneja un presupuesto de doscientos millones de dólares al año y tiene tres mil personas en nómina, entre policías y empleados. Lo único en común entre este sheriff y los del Viejo Oeste es que se trata de un cargo electo.

Los jueces también pueden ser cargos electos en Estados Unidos. Ellen Morphonios tenía un coeficiente intelectual muy superior a la media y llegó a ser miembro de MENSA, la asociación de los superdotados americanos. Morphonios, nacida en una cabaña de un solo cuarto, autodidacta, llegó a los más altos cargos de la judicatura de Florida. De familia pobre, trabajó como modelo, fue reina de la belleza, modelo de glamour, secretaria de juzgado, aprobó el ingreso en la Facultad de Derecho sin haber pasado por el instituto, tuvo un programa de radio —era lady Ellen y daba consejos del corazón— y llegó a ser primera fiscal y después una de las pocas jueces de Estados Unidos a la que todo el mundo conocía tanto por su nombre como por su apodo. La llamaban Time Machine, la Máquina del Tiempo, porque cuando los condenados salían de la cárcel, después de ser sentenciados por ella, lo hacían un siglo más tarde, y Maximun Morphonios, por su afición a poner la sentencia máxima. Los violadores, los traficantes de drogas y aquellos cuyos crímenes hubieran tenido por víctima a un menor tenían derecho a sentencias particularmente duras. Un corruptor de menores o un violador que pasase por su tribunal podía olvidar la luz del día por el resto de su vida. En uno de sus juicios, cuando testificaba una mujer que había disparado contra su violador, y le había alcanzado, se volvió a ella y comentó: «Nice shot» («Buen tiro»). Como fiscal, Morphonios consiguió la condena de Jim Morrison, el legendario cantante de The Doors, por exhibirse impúdicamente en uno de sus conciertos en Miami, y como juez, sus sentencias son tan recordadas como las anécdotas que las acompañan. En una ocasión un condenado se meó en su sala al escuchar su condena, no se sabe bien si como desafío o por miedo: ella le obligó a abandonar el tribunal sin pantalones y con su condena, 1.197 años de cárcel, entera. En otra ocasión, en el proceso de sentenciar a un delincuente, la madre de éste, presente en la sala, se desmayó al escuchar la sentencia. Morphonios continuó presidiendo sobre el resto de los casos mientras la sacaban: «El siguiente acusado. Adelante. Pase por encima del cuerpo». Popular hasta niveles increíbles entre la gente que representaba, no tanto entre la que juzgaba, Morphonios tenía en su despacho, decorado en tonos lavanda, una reproducción en miniatura de Old Sparky, la silla eléctrica del estado de Florida, y a veces una pistola debajo de su toga judicial, porque no todo el mundo la apreciaba. Durante veinte años permaneció en los tribunales hasta ser una leyenda. Cuando murió, ya retirada, los artículos en su memoria en la prensa local fueron desde muy favorables a francamente hagiográficos. Seamos honestos, eran más los que se sentían protegidos que los que se sentían amenazados por aquel tribunal.

Los *chain gangs*, para el no familiarizado con el sistema penal norteamericano, son esos grupos de presos encadenados por los tobillos que pueden verse en muchas películas ambientadas en el Sur de Estados Unidos, e incluso, con bastante más dificultad, en las carreteras muy secundarias de algunos estados agrarios. Desde 1995, los presos de la cárcel del condado de Columbia, en la parte central de Florida, han vuelto a trabajar con trajes a rayas, en la mejor tradición de los años treinta. Llevan escrita en la espalda las palabras «Sheriff's chain gang». Trabajan por parejas, y al contrario que los miembros de los *chain gangs* de otros estados, por ejemplo de Alabama, no están encadenados los unos a los otros, sino que llevan los tobillos atados por cadenas lo suficientemente largas como para permitirles andar pero no correr. Florida, siguiendo los ejemplos de Alabama y Arizona, se transformaba así en el tercer estado en reinstaurar un castigo abolido largo tiempo atrás por considerarse cruel, inusual y envilecedor. No sería, sin embargo, el último en hacerlo, pues hoy ya se practica en media docena de estados más. En el momento de reaparecer en Florida, los *chain gangs* llevaban fuera de servicio cerca de treinta años. Al poco tiempo existían en seis prisiones estatales y por lo menos en una prisión de condado. El sheriff a cargo de esa prisión adoptó el retorno del *chain gang* porque consideraba que sus presos estaban demasiado cómodos. Me sorprendería que estuviera en lo cierto, porque en Estados Unidos los presos no suelen estar cómodos.

Por su parte, algunos legisladores de Florida se han quejado de la forma en que los presos van encadenados. Según descripción oficial del Departamento de Prisiones del estado de Florida, las cadenas van unidas al tobillo y miden algo más de sesenta centímetros de largo, los presos van encadenados de forma individual y no al resto del equipo. El motivo de la queja de los legisladores es que la práctica de encadenar individualmente a los presos podría favorecer las huidas y hacer el castigo menos duro. Hasta ahora no se recuerda ninguna fuga de los nuevos *chain gangs*, y ya en los viejos solían ser más comunes en los filmes que en la realidad. Aunque Paul Muni lograse escapar en *I Am a Fugitive from a Chain Gang* y George Clooney en *O Brother, Where Art Thou?*, poca gente logró escapar en el mundo real. De las fugas ya se ocuparán los guardias, que vuelven a ser, nunca dejaron de serlo, los *rednecks* con escopeta, perros de caza orejones y gafas de espejo que popularizaron tantas películas. Esos guardias están autorizados a disparar sobre los presos que traten de escapar, pero sólo tras hacer un disparo de aviso, y es que el retorno a las viejas costumbres no ha sido total. De endurecer los castigos ya se ocuparán los legisladores. Llevan haciéndolo veinte años. Los legisladores norteamericanos están decididos a probar que la prisión es eso, un castigo. Las cárceles norteamericanas están hechas para castigar, no para reeducar. Nos lo recuerda su mismo estado de conservación.

De nuevo una anécdota, y de nuevo macabra. A mí no me sorprendió para nada la caravana de camiones frigoríficos destinados a guardar y trasladar los muertos de Nueva Orleans que vimos en nuestros televisores el verano de 2005, fue un *déjà vu*. En la década de 1980 hubo momentos en que se acumuló tanto trabajo en la morgue de Miami que el jefe del equipo de forenses, Joe Davis, alquiló un camión frigorífico para almacenar el exceso de cadáveres que le llegaban y lo estacionó en el patio del Jackson Memorial Hospital. Cuando la ola de violencia pasó, la compañía que se lo había alquilado lo devolvió a su función original y pasó a servir de almacén de carne para el Departamento Correccional de Dade. Jerry Jones, portavoz de tan necesaria institución, ante las protestas de varias personas que se enteraron, declaró al respecto: «¿Qué es un cadáver sino una pieza de carne?». Después, en un tono más profesional, explicó que el furgón había sido desinfectado y cumplía las normas de higiene. Si eso es cierto, y probablemente lo es, porque en América los controles sanitarios sobre la alimentación suelen ser duros, ese camión es infinitamente más limpio que cualquier otra instalación carcelaria del condado de Miami-Dade.

La Octava Enmienda de la Constitución excluye los castigos inusuales y crueles. Estar en una cárcel del condado de Dade es, pues, en principio inconstitucional. Estar en una cárcel del condado de Dade es un castigo cruel, ya que no inusual. Cuando estaba escribiendo mi primera novela, que trataba sobre la cocaína en los años ochenta, le di un repaso al estado de las cárceles de Miami: The Dade County Stockade, en el 6950 N.W. 41 Street, tenía barracas temporales en sus patios desde hacía tanto tiempo que los presos las creían parte de la estructura original; alambradas separando los antiguos patios de recreo y más presos de los que podía mantener. The Interim Central Detention Center, en el 1145 N.W. 11 Street, la antigua cárcel de Miami, fue reabierta en 1981 de forma temporal debido al exceso de detenidos y seguía abierta dos décadas después. The Woman Detention Center, en el 1401 N.W. 7 Avenue, era la única cárcel del condado que había sido aprobada por la American Correctional Association, pero incluso ésta estaba más llena de lo previsto y las celdas individuales eran compartidas por tres o cuatro presas.

En las cárceles de Dade la gente dormía en el suelo, las cañerías fallaban con frecuencia, la comida era mediocre, la asistencia médica escasa, no había zonas de recreo o centros educacionales y en los pabellones de alta seguridad se ponía el aire acondicionado a niveles de congelación para rebajar la peligrosidad y agresividad de los presos. Eso sí, ya por aquel entonces tenían una emisora de televisión privada, para los presos, de la que los rumores decían, medio en broma, que había sido pagada por uno de sus ex inquilinos más ricos: el narcotraficante Alberto San Pedro, que se había aburrido mucho durante su estancia en prisión, tenía motivos para temer su posible regreso y dinero suficiente para prepararse una estancia algo más cómoda.

Las prisiones del condado de Dade son representativas del sistema penal de Florida. Y el sistema penal de Florida no es el peor de Estados Unidos. Con cárceles así, no es extraño que algunos legisladores parezcan considerar que salir a la carretera, encadenado bajo el sol tropical, a trabajar en compañía de cincuenta o sesenta de tus más próximos compañeros y amigos no sea el peor de los castigos.

Una generación atrás, los *chain gangs* eran vistos bien como una forma de obtener mano de obra barata para trabajos comunales, bien como un sustituto a la desaparecida esclavitud, probablemente porque la mayor parte de los estados en que el clima permite el trabajo de los *chain gangs* durante todo el año estaban en el antiguo Sur y la mayor parte de los presos encadenados en ellos resultaban ser negros. Hoy las cosas han cambiado y hay *chain gangs* en dos de los antiguos estados de la Confederación, Alabama y Florida, pero también en Arizona, Iowa, Indiana, Illinois, Wisconsin, Montana y Oklahoma, estados de tradición esclavista nula. Arizona e Indiana tienen ya incluso *chain gangs* para mujeres, como en algunas de las peores películas *softcore* de los años setenta. Perdida la excusa de los grandes trabajos públicos, los *chain gangs* siguen siendo útiles para ganar votos en año de elecciones, probando a la opinión pública que se es duro con los criminales.

Los *chain gangs* han vuelto, como ha vuelto la pena de muerte, para quedarse. Los que se sorprenden del retorno de los *chain gangs* hoy son los mismos que se han acostumbrado a ver con normalidad la pena de muerte. En unos cuantos años más, nadie hablará de los *chain gangs*, excepto desde un punto de vista técnico, y en una década más nadie recordará que su uso estuvo interrumpido durante casi una generación. Sé que será así sin necesidad de ser futurólogo por lo sucedido con la pena de muerte, que ha llegado a ser tan común en Estados Unidos que es difícil recordar que hubo un momento, no tan lejano, en que estuvo prácticamente abolida.

La pena de muerte

Un sábado por la noche, viendo *Saturday Night Life*, uno de los programas de comedia más antiguos de América, pude ver a John Lowitz, uno de los comediantes, en un *sketch* que trataba de ridículas las promesas de los políticos, pero en realidad probaba la popularidad de la pena de muerte. Lowitz interpretaba a un candidato a gobernador desesperado por obtener el voto de sus ciudadanos. A lo largo del *sketch* iba aumentando cada vez más el tono de sus promesas. «Otros candidatos prometen la pena de muerte, pero ¿os prometen acaso ejecutar personalmente? Yo lo haré…» —me pregunto si Lowitz conocía el caso del presidente Grover Cleveland—, hasta que el candidato acababa prometiendo que, de ser electo, la tasa de ejecuciones de su estado estaría a la altura de la de Texas y otros estados como por ejemplo «Texas. Texas o incluso Texas». Era un chiste, pero sólo tenía gracia, relativa, porque Texas ejecuta más presos que cualquier otro estado y ningún otro estado puede siquiera aspirar a compararse con Texas, ni siquiera Florida, aunque Oklahoma intentó en algunos momentos competir por el título, a pesar de ser un estado mucho menos poblado.

No es casual que el 90 por ciento de las ejecuciones tengan lugar en los antiguos estados de la Confederación, y más de la mitad en dos estados que combinan a un tiempo la tradición confederada y la de la frontera como son Texas y Florida. Esos estados, los del Sur y los de la frontera, siempre han sido los más reacios a aceptar el poder central, y la fallida abolición de la pena de muerte llegó desde Nueva Inglaterra, desde Washington, desde el gobierno federal, esos enemigos ancestrales tanto del Sur como de los derechos de los estados.

El regreso de la pena de muerte tiene mucho que ver con el retorno del centro de poder al campo, de la misma manera que su casi abolición tuvo que ver con el reforzamiento del poder central en los años que van del New Deal de Roosevelt a la Gran Sociedad de Johnson. Cuando de 1968 a 1980 el gobierno federal interrumpió las ejecuciones, esa acción fue percibida como otra interferencia contra la doctrina de los derechos de los estados. El desafío legal a la pena de muerte culminó en la decisión del Tribunal Supremo de *Furman versus Georgia* en 1972, que acabó, por poco tiempo, con las leyes que permitían a los estados una amplia discreción en el uso de la pena de muerte. Caracterizando esas leyes como arbitrarias y caprichosas, la mayoría del tribunal declaró que constituían un castigo cruel e inusual y violaban la Octava Enmienda a la Constitución —«No se exigirán fianzas excesivas, ni se impondrán multas excesivas, ni se infligirán penas crueles y desusadas»—, así como las garantías de proceso debido previstas en la Decimocuarta Enmienda —«... tampoco podrá estado alguno privar a cualquier persona de la vida, la libertad o la propiedad sin el debido proceso legal; ni negar a cualquier persona que se encuentre dentro de sus límites jurisdiccionales la protección de las leyes, igual para todos»—. Sin embargo, sólo dos de los jueces que participaron en la decisión declararon la máxima pena como inconstitucional en todos los casos. El resto de los jueces se limitaron a protestar la arbitrariedad del uso de la pena capital, incluyendo los prejuicios raciales contra los acusados negros en los estados del Sur. En total, nueve opiniones separadas fueron dadas por los nueve jueces del Tribunal Supremo, explicando sus tesis sobre qué constituía un castigo cruel e inusual, prohibido por la Octava Enmienda, para disgusto de los gobernadores de muchos estados, sobre todo del Sur. Si el castigo capital según la legislatura de Georgia era necesario, ¿qué competencia tenía el Tribunal Supremo para decir que era incorrecto? El Tribunal Supremo dejó abierta una puerta. Uno de los jueces escribió que el Supremo tenía un alto respeto por el federalismo, los derechos de los estados, y «la capacidad de una legislatura local para evaluar, en términos de su estado concreto, el consenso moral referente a la pena de muerte y su utilidad social». La pregunta de si la pena de muerte era o no legítima debía dejarse a las legislaturas estatales para ser evaluada «en términos de sus propias condiciones locales y con una flexibilidad de acercamiento que no es disponible para el Tribunal Supremo de justicia». Sin embargo, se dejó de matar.

Desde 1967, y hasta la ejecución de Gary Gilmore, los tribunales estatales del Sur, usando tácticas dilatorias, evitaron seguir los consejos del Tribunal Supremo que favorecían la abolición definitiva de lo que se llamó la maquinaria de la muerte y se negaron a acabar con ella. Con el aumento del crimen violento en los años setenta, la pena de muerte no sólo no había desaparecido legalmente, sino que esperaba fresca, descansada, lista para regresar, y lo suficientemente reformada en su regulación como para que su abolición fuera esta vez más difícil.

La ejecución que permitiría el restablecimiento de la pena de muerte en el resto del país no vino, sin embargo, del Sur sino del Oeste. Gary Gilmore fue el primer ejecutado en muchos años y ése es el único motivo por el que es recordado alguien que, de otra manera, se hubiera limitado a ser sólo un pequeño delincuente. La suya fue una carrera de criminal sin ningún atisbo de grandeza. Nacido en una familia con problemas, hijo de un mitómano, que creía a su vez ser hijo natural de Harry Houdini, y de una mormona, tuvo una infancia difícil; fue encarcelado en reformatorios desde temprana edad por toda clase de delitos menores y siguió siéndolo una vez adulto. No culpemos, sin embargo, al ambiente familiar en que creció. Sus hermanos en todo caso no fueron afectados de la misma manera por el mismo: el hermano menor de Gary llegó a ser uno de los críticos de rock más conocidos de Estados Unidos, y si otro de sus hermanos también fue a la cárcel, lo hizo como objetor de conciencia al negarse a ir a Vietnam.

Autoeducado en prisión, y con una inteligencia superior a la media, Gary Gilmore logró convencer a los jueces de que merecía una oportunidad de vivir en libertad y enderezar su vida y logró salir en libertad provisional cuando estaba condenado a doce años por asalto a mano armada. A los pocos meses de estar en libertad provisional, una de sus primas lo entregó a la policía por dos asesinatos consecutivos, el del dueño de un motel un lunes y el del dependiente de una gasolinera el martes siguiente. Como explicación a sus actos, entregándolo, la prima se limitó a decir: «Asesinó el lunes, asesinó el martes. No esperé a que llegara el miércoles».

Las dos víctimas de Gilmore no fueron asesinadas para ser robadas, sino para llamar la atención de Nicole Baker, su novia. Si ése era el único objetivo de los asesinatos, puede considerarse que fueron un éxito. Nicole trató de matarse al ser Gary condenado a muerte. Éste no trató de disuadirla. Por el contrario, en su última conversación desde prisión, justo antes de ser ejecutado, le pidió que se suicidara después de su muerte. Aparte de ser un asesino, Gilmore no era un caballero.

De pequeño Gary había oído numerosas veces contar a su madre una ejecución por ahorcamiento que había presenciado cuando era niña. Juzgado y condenado a muerte, escogió —en Utah es posible escoger entre varias opciones— ser fusilado. Tal vez la historia materna fuera el motivo o tal vez necesitaba que corriera sangre. Condenado a morir el 15 de noviembre de 1976, el primero de ese mes Gilmore declaró que no apelaría la sentencia como era costumbre. Diversas asociaciones por los derechos civiles lo hicieron en su lugar y lograron retrasar la ejecución varios meses hasta que finalmente se realizó el 17 de enero de 1977. Antes de morir, Gilmore logró hablar por teléfono con Johnny Cash, su cantante country favorito, que le cantó una canción vaquera, y beber un último trago de whisky, entrado de contrabando por su tío Vern. Tuvo así más suerte que los condenados a muerte del resto del país, que no pueden beber alcohol en su última cena. En Texas tampoco se les permite fumar un último cigarrillo o hacerlo en el corredor de la muerte. Es sólo una opinión personal, pero considero cruel que se les prohíba fumar alegando motivos de salud.

Como es costumbre en Estados Unidos, existe una vertiente religiosa que ayuda a explicar la aplicación de esta pena de muerte en concreto, después de tantos años sin ejecuciones. Los dos muertos eran mormones, así como la mayor parte de la familia Gilmore, los jueces, jurados y personal policial implicado en el caso. Según Mikal Gilmore, su hermano menor, la elección del método de ejecución por parte de Gary, así como su negativa a apelar, podría venir de una creencia mormona, de difícil traducción al idioma español o la teología católica, llamada *blood atonement*, la expiación con sangre, introducida por el segundo profeta de la Iglesia mormona, Brigham Young: «Hay pecados que la sangre de un cordero, un becerro, una paloma, no pueden perdonar, sino que tienen que ser expiados por la sangre del hombre». Se trata de una doctrina considerada como herética por la mayor parte de los cristianos que sólo puede ser aplicada en un contexto en el que el derecho civil y el poder religioso se superponen y las dos leyes son administradas por las mismas manos, como en los primeros años del estado de Utah cuando Brigham Young era a un mismo tiempo gobernador y líder religioso. Dada la influencia incluso hoy de los Santos Cristianos de los Últimos Días en Utah, ése es un contexto no del todo imposible en aquel estado.

La actual Iglesia mormona pretende que la expiación por sangre era sobre todo un recurso retórico usado por el profeta Young y otros líderes de los primeros tiempos de su denominación para enseñar el precio del pecado a sus feligreses, pero eso no impide que Utah sea uno de los dos estados de la Unión que permite un método de ejecución que vierte sangre: el fusilamiento.

Las últimas palabras de Gilmore fueron «Lets do it», «Hagámoslo». Se lo hicieron a él, y a partir de él y de 1977 a más de mil condenados a muerte. Si Gilmore hubiera sido presbiteriano, a lo mejor no habrían sido tantos. Norman Mailer dedicó al personaje un libro de mil páginas. Mikal, su hermano, uno más breve a su historia familiar, gracias al cual sabemos que la historia contada por su madre, sobre el linchamiento que había visto de niña, era probablemente apócrifa.

La pena de muerte tiene hasta un 70 por ciento de aprobación, según y como planteen la pregunta los encuestadores, y nunca menos de un 50 por ciento. No es casualidad que la pena de muerte regresara en la misma época en que se hacían populares los primeros filmes de la saga *Death Wish* de Charles Bronson. El público, cansado de la violencia criminal, pedía el retorno de la justicia rápida del Oeste, del vigilante que en muchos casos podía ser incluso un sheriff, como en las no menos populares películas de *Harry el Sucio*, otra saga de filmes de los años setenta.

En una entrevista, Robert Bohm, profesor de criminología de la Universidad de Florida Central, experto en la pena de muerte, se refirió a esa actitud frente a la pena de muerte como la teoría de la bala de plata, una referencia al *Llanero solitario*, una serie de televisión: «Mucha gente de este país teme al crimen y, racionalmente o no, está buscando una bala de plata para resolverlo de forma sencilla». Los defensores de la pena de muerte más sofisticados prefieren la Biblia —el Antiguo Testamento puede ser una fuente inagotable de citas—, y a favor de la pena de muerte estuvo a fin de cuentas gente como santo Tomas de Aquino o Jean-Jacques Rousseau, a quienes suponemos más sutiles que a los guionistas del *Llanero solitario*. Fue, después de todo, Rousseau quien escribió: «Al matar a un criminal, destruimos no tanto a un ciudadano como a un enemigo».

Estuve fuera de la cárcel el día que ejecutaron a Ted Bundy, y puedo decir que aquel día los partidarios de la pena de muerte eran casi un cien por cien de los presentes. A veces el enemigo sin nombre de Rousseau puede existir y no es sólo creación de políticos en campaña electoral o periodistas que quieren vender más ejemplares. Gary Gilmore no era un asesino en serie —aunque con dos muertes más hubiera podido aspirar a serlo, no había matado a suficiente gente para poder aspirar a ese título—. Ted Bundy sí.

Bundy murió en la silla eléctrica de Florida. Antes de su ejecución confesó otros veinte asesinatos de niñas y jóvenes más, incluyendo once en el estado de Washington, entre 1973 y 1978. Trataba con ello de alargar su vida consiguiendo un nuevo juicio en aquel estado. Fracasó. El estado de Florida llevaba años llevándolo hacia la silla —Bundy sí agotó todas sus posibilidades y apelaciones y peleó hasta el final por su vida— y no iba a dejarlo ir para que lo juzgaran en Washington, un estado de ecologistas liberales donde quizá la locura de Bundy le permitiera escapar de la pena de muerte. Bundy estaba en Florida, había sido detenido por un policía de Florida donde otras policías habían fracasado, era suyo y allí se lo quedarían, allí lo freirían, desde allí lo mandarían, frito, al infierno, y en el camino de salida le darían una fiesta de despedida. Bundy agotó hasta el último recurso y fue finalmente ejecutado más de once años después de su último asesinato.

Theodore Robert Bundy creció en Tacoma, y se licenció en la Universidad de Washington. Fue voluntario en varias campañas políticas, republicanas, y atendió los teléfonos de una línea de ayuda a suicidas. Es curioso pensar que el asesino en serie más famoso de Estados Unidos se dedicó por un tiempo a intentar salvar vidas. En los interrogatorios y entrevistas que precedieron a su ejecución, Bundy declaró a sus entrevistadores que comenzó a matar en fecha tan lejana como 1973, influido por la pornografía. Millones de personas ven *Playboy*, o incluso la más rastrera *Hustler*, sin golpear hasta matar, estrangular y violar jovencitas, para después dejar sus cadáveres tirados en terrenos baldíos. En 1974, la policía de Washington comenzó a buscar a un joven llamado Ted, al volante de un Volkswagen, al que habían visto cerca de algunas de las víctimas justo antes de su desaparición. A finales de 1974, Bundy pasó a matar en Colorado y Utah. Una de las primeras personas a las que atacó en ese estado logró escapar después de que Bundy intentara violarla en su Volkswagen. Su descripción condujo a la detención de Bundy a manos de la policía en agosto del 1975, no sin antes secuestrar y asesinar a varias mujeres. Bundy fue acusado y condenado por secuestro agravado en Utah y condenado a quince años de cárcel. Después fue acusado por dos asesinatos en Colorado y, trasladado allí para el juicio, logró escaparse de la cárcel de Aspen en junio de 1977. Pronto lo volvieron a capturar, pero siete meses después escapó de nuevo.

Tras fugarse por segunda vez, Bundy robó un coche y una tarjeta de crédito, tomó una identidad falsa y cometió el error de viajar hacia el Sur, a la soleada Florida. En enero de 1978, Bundy estranguló y violó a dos miembros de una fraternidad femenina de la Universidad del estado de Florida, en Tallahassee. Cuatro semanas más tarde raptó y asesinó a una colegiala de doce años en Lake City. Poco después fue detenido por última vez. En esa ocasión le tocó un policía de carreteras del Sur y un juez del Sur, del que ignoro si tenía o no una miniatura de la silla eléctrica en su despacho.

En 1978, Bundy fue condenado por los tres asesinatos de Florida a ser electrocutado hasta morir. Actuó como su propio abogado durante el juicio, negó todos los hechos y hasta pocos días antes de su ejecución se proclamó inocente. Después, cercana ya su muerte, confesó y detalló otros veinte asesinatos más. Aunque no admitió ningún asesinato anterior a 1973, la policía sospechaba de él en crímenes que se remontaban a antes de esa fecha, cuando sólo tenía quince años de edad.

No se conocen sino algunas de sus víctimas: Kathleen Merry Devine, de quince años, desaparecida cuando hacía autoestop en Oregón el 15 de noviembre de 1973; Joni Lenz, que sobrevivió, golpeada brutalmente en su cama el 4 de enero de 1974; Lynda Ann Healy, de veintiún años, desaparecida de su cuarto en la universidad el 1 de febrero de 1974; Donna Gail Manson, de diecinueve años, desaparecida del campus de Evergreen State College el 12 de marzo de 1974; Susan Elaine Rancourt, de dieciocho años, desaparecida del campus de la Universidad Central del estado de Washington, en Ellensburg, el 17 de abril de 1974; Roberta Kathleen Parks, de veintidós años, desaparecida del campus de la Universidad del estado de Oregón el 6 de mayo de1974; Brenda Carol Ball, de veintidós años, vista por última vez en un bar de Burien el 1 de junio de 1974; Georgeann Hawkins, de dieciocho años, desaparecida detrás de su fraternidad en la Universidad de Washington el 11 de junio de 1974; Janice Ott, de veintitrés años, y Denise Naslund, de diecinue-

ve años, desaparecidas las dos de Lake Samammish State Park el 14
de julio de 1974; Carol Valenzuela, de veinte años, desaparecida cerca de Vancouver, Washington, el 2 de agosto de 1974; Laura Aime,
de diecisiete años, desaparecida en Lehi, Utah, el 30 de octubre de
1974; Nancy Wilcox, de dieciséis años, desaparecida en Utah en octubre de 1974; Melissa Smith, de diecisiete años, desaparecida en
Midvale, Utah, el 18 de octubre de 1974; Carol LaRonch, de dieciocho años, logró escapar cuando Bundy trató de raptarla en Salt
Lake City, Utah, el 8 de noviembre de 1974; Debby Kent, de diecisiete años, desaparecida de una pista de patinaje sobre hielo en
Bountiful, Utah, el 8 de noviembre de 1975; Denise Oliverson, de
veinticinco años, ama de casa, desaparecida de Grand Junction, Colorado, el 6 de abril de 1975; Melanie Cooley, de dieciocho años, desaparecida de Nederland, Colorado, el 15 de abril de 1975; Shelly
Robertson, de veinticuatro años, desaparecida de Golden, Colorado,
el 1 de julio de 1975; Nancy Baird, de veintitrés años, desaparecida
de la gasolinera en que trabajaba en Layton, Utah, en julio de 1975;
Julie Cunningham, de veintiséis años, desaparecida de Vail, Colorado,
el 15 de marzo de 1975; Caryn Campbell, de veintitrés años, enfer-
mera, desaparecida del aparcamiento de su hotel en Utah, el 12 de
enero de 1975; Margaret Bowman, de veintiún años, y Lisa Levy,
de veinte años, miembros de una fraternidad de la Universidad del
estado de Florida, apaleadas y estranguladas el 14 de enero de 1978;
Karen Chandler, de veintiún años, Kathy Kleiner, de veinte años, y
Cheryl Thomas fueron también atacadas aquella noche pero sobrevivieron. Kimberly Diane Leach, de doce años, desaparecida de su
colegio en Lake City, Florida, el 9 de febrero de 1978.

Es difícil, sin embargo, saber con absoluta certeza cuántas mató.
Se sospecha de su participación en decenas de asesinatos y desapari-
ciones más. Además, confesó crímenes sobre los que no había datos.
Probablemente trataba de obtener nuevos juicios en otros estados y
alargar su vida, y varios estados trataron de obtener su extradición.
En Florida les importaba lo mismo ejecutarlo por tres que por veinte. Con una sola víctima, de doce años, les bastaba para hacerlo. Ya
había sido condenado allí, y de allí se iría al infierno.

La ejecución de Bundy dio lugar a una gran fiesta fuera de la cárcel en que se celebró. No se trató de una ejecución anónima más que sólo atrajera al limitado grupo de habituales. Las ejecuciones suelen ser tristes: medio centenar, o menos, de contrarios a la pena de muerte, muchos de ellos de fuera del estado, distinguibles por sus ropas demasiado gruesas para el clima húmedo y cálido de Florida; y un grupo igualmente pequeño de partidarios de la misma, separados los unos de los otros por un mínimo cordón policial, todos llevando carteles de cartulina con citas bíblicas a favor y en contra de la pena de muerte con inscripciones como «No matarás» u «Ojo por ojo». A veces un miembro de la familia de alguna de las víctimas del ejecutado está presente y muestra su satisfacción por la ejecución. En un momento dado las luces de la penitenciaría parpadean unos instantes antes de volver a su intensidad normal. Eso es todo. Al final suele haber un grupo de oración.

La ejecución de Bundy no fue así. Todas las fraternidades universitarias de Florida, los llamados griegos por los nombres de sus fraternidades (Delta-delta-delta, Alfa-kappa-lambda), estaban allí para celebrar la muerte del que había asaltado a cinco de sus hermanas. También habían acudido policías francos de servicio, vecinos y público en general, llegado a veces de muy lejos. La franquicia local de una de las grandes cadenas de *fast food* ofreció *free fries if he fryes* («[patatas] fritas gratis si lo fríen»). Hubo botellas de cerveza helada en grandes barriles de hielo, gente preparando barbacoas desde la parte de atrás de sus *pickups* frente a la cárcel, sogas de ahorcado simbólicas colgando de las antenas de los coches y camionetas aparcadas, y gritos de júbilo, un tanto ebrios a decir verdad, cuando el parpadeo de las luces de la prisión indicó que Old Sparky había matado a uno de los peores asesinos en serie de la historia de Estados Unidos. Fue un poco como las fiestas que rodean a un juego de fútbol escolar en los estados agrarios del Medio Oeste.

Cuando empecé a escribir este libro, el gobernador Jesse «the Body» Ventura, de Minnesota, un antiguo profesional de la lucha libre que

216

había actuado en numerosos filmes de serie B, estaba discutiendo el restablecimiento de la pena de muerte en un estado en que ésta había desaparecido desde 1911, y Texas acababa de ejecutar a otra persona. Cuando acabé de revisar este libro por primera vez, el gobernador de Minnesota había decidido que la pena de muerte era una mala idea, al margen de lo que dijeran las encuestas y, demostrando mayor sensibilidad y valor que muchos políticos profesionales, se había negado a reinstaurarla antes de dejar el cargo, pero Texas seguía ejecutando. En aquel momento, y desde la reinstauración de la pena de muerte, Texas había ejecutado 348 de las 981 personas condenadas en Estados Unidos. Con toda probabilidad serán bastantes más cuando este libro salga por fin publicado.

Durante el mes de septiembre de 2005, cuando acabé la segunda o tercera versión de este libro, estaban programadas las ejecuciones de Frances Newton, el 14, en Texas; Michael Riley el 22, en Texas; Daniel M. Saranchak, el 22, en Pensilvania; John W. Peoples, Jr., también el 22, pero en Alabama; Herman Ashworth, el 27, en Ohio; Alan Matheney, el 28, en Indiana. Al acabar de repasar este libro, sé que a Frances la ejecutaron, y espero que el lector me perdonará que no revise el resto de los casos ni actualice la información a pesar de lo mucho que podría ganar con ello el libro.

En cualquier caso, las ejecuciones programadas para octubre de 2005 eran las de Ronald Ray Howard, el día 10, en Texas; Luis Ramírez, el 20, en Texas; William Williams, Jr., el 25, en Ohio; Pedro Sosa, también el 25, pero, mira qué raro, en Texas. Noviembre de 2005 tenía que ser también un mes cargado de trabajo. El 2 estaba programada la ejecución de Jamie Elizalde, en Texas; el 3, de Melvin White, en Texas; el 8, Marion Dudley, en Texas; el 11, Charles Thacker, en Texas; el 11, John Spirko, en Ohio; el 15, Robert Rowell, en Texas; el 16, Shannon Thomas, en —¿necesitaba acaso precisarlo?— Texas.

El problema con la pena de muerte es que normalmente las cosas no son tan claras como con Ted Bundy. Bundy era un monstruo, educado, simpático e inteligente, contra el que sobraban pruebas y cuyos actos eran difícilmente disculpables. Frances Newton, por el contrario, tuvo como abogado defensor al peor abogado de oficio del sistema penal texano. Y esta afirmación no es una exageración, cuando se considera que su abogado, Ronald Mock, no aportó testigos para la defensa, y aparentemente ni se molestó en buscarlos. Mock tiene, o ha tenido, otros dieciséis antiguos clientes en el corredor de la muerte, y es tan torpe que el estado de Texas le ha impedido, de hecho, aceptar nuevos casos que puedan comportar la pena de muerte a su defendido.

De Daniel M. Saranchak, sé que mató a su abuela mientras ésta dormía, así que supongo que hay poco que objetar a su ejecución, pero Michael Riley, que estaba condenado a morir el 22 de septiembre de 2005, es (probablemente era) retrasado mental. Muchos de los condenados de las prisiones norteamericanas son enfermos mentales. Un informe reciente demuestra que hay tres veces más enfermos mentales en las cárceles norteamericanas que en los hospitales psiquiátricos públicos de ese país. Al margen de eso, creo que casi todos los condenados son realmente culpables de los delitos por los que fueron condenados.

Existen disparidades geográficas en la aplicación de la pena de muerte. Que el reo de un crimen castigado con la pena capital sea o no condenado a ella, depende en gran medida del estado o incluso del condado en el que esa persona ha sido juzgada. En algunos estados la pena de muerte es muy rara, como ocurre en Connecticut, que sólo tiene a cinco presos esperando a ser ejecutados. Texas tiene 443, de los cuales 158 son del mismo condado, Harris, al que ya pertenecían en vida algo más de la cuarta parte de todos los ejecutados en Texas desde el restablecimiento de la pena de muerte. Estas disparidades entre estados existen no sólo porque haya más asesinatos en el condado de Harris que en todo Connecticut —aunque las estadísticas confirman ese dato—, sino también por las prácticas dispares que regulan la pena de muerte de estado a estado y porque algunos fiscales son mucho más entusiastas que otros buscando la pena de muerte, especialmente en campaña electoral. Por el contrario, un estudio reciente del *National Law Journal* comprobó que más de la mitad de los condenados a muerte de seis estados del Sur habían sido representados por abogados que no tenían experiencia previa defendiendo ese tipo de casos.

Por lo demás, existen muchas leyes pero poca coherencia a la hora de aplicar la pena de muerte: en algunos estados, los reos pueden ser ejecutados por los crímenes cometidos a los dieciséis años y en otros sólo por los cometidos a partir de los dieciocho años; algunos estados prohíben la ejecución de retrasados mentales, y otros no; algunos estados incluyen entre los crímenes punibles con la pena de muerte el homicidio sin premeditación cometido durante la ejecución de otro delito, y otros no; algunos estados tienen cadena perpetua sin libertad bajo palabra, y otros no; no en todos los estados que incluyen en sus leyes la cadena perpetua sin libertad condicional puede o tiene el juez que advertir de esa opción a los jurados, factor este último significativo, porque según demuestran diversos estudios cuando se da a elegir entre pena de muerte y cadena perpetua, la mayor parte de los jurados escogen la cadena perpetua.

Existen disparidades humanas en la aplicación de la pena de muerte. Los que viven en condados en los que el fiscal es partidario de la pena de muerte es más probable que reciban una sentencia de muerte que aquellos que lo hacen en condados en los que el fiscal es menos entusiasta.

Existen también disparidades económicas. De las 3.704 personas que ahora mismo esperan a ser ejecutadas, un 43 por ciento son negras, un 45 por ciento blancas, un 9 por ciento hispanas y un 2 por ciento asiáticas o nativas americanas y eso es importante, pero lo es aún más que la inmensa mayoría de los condenados, no importa cuál sea su raza, es pobre y ha sido defendida por abogados de oficio poco familiarizados con su caso, que suelen ser menos agresivos que los de las grandes firmas a la hora de contradecir a jueces y fiscales. Los asesinos que tienen dinero para contratar sus propios abogados, psiquiatras y expertos forenses, casi nunca son condenados a muerte. La American Bar Association y numerosos especialistas forenses han concluido que no son tanto los hechos o la publicidad que rodean a un caso, como la calidad de la defensa, los que deciden si una condena por asesinato acaba o no con la pena de muerte. La mayor parte de la gente que está esperando la pena de muerte era ya pobre en el momento de ser arrestada y, debido al coste de los abogados, no le queda nada en el momento en que el proceso llega a la fase de apelación. En California, otro de los estados con mayor número de presos esperando la pena de muerte (513), menos del 2 por ciento de los condenados han tenido un abogado experto. En muchos estados que mantienen la pena de muerte, los acusados pobres son defendidos por abogados de oficio que cobran sólo de 20 a 40 dólares por hora. Bastantes estados limitan la compensación que puede recibir un abogado de oficio a cantidades tan bajas como 2.000 dólares por caso. Una cantidad ridículamente baja cuando uno considera el tiempo necesario para preparar un juicio criminal. Para preparar una defensa adecuada en un juicio criminal que pueda acarrear la pena de muerte, son necesarias 600 horas de trabajo antes del comienzo del juicio, otras 600 horas de juicio y 700 horas más preparando apelaciones. No es el tipo de juicios que nos presentan los filmes o las series televisivas populares. Al contrario que en el cine o la televisión, un juicio real puede, suele, ser largo y aburrido.

Mucho más modestamente que Bundy, porque Ted Bundy es el Texas de los asesinos en serie, el predador sexual y caníbal Jeffrey Dahmer violó, o al menos tuvo sexo, mató y se comió, espero que en ese mismo orden, a por lo menos trece muchachos, uno de ellos poco después de cumplir catorce años. Lo sabemos porque aparecieron restos de trece víctimas diferentes en su frigorífico. Dahmer fue juzgado en un estado en el que no existía la pena de muerte, pero eso no le salvó. Tuvo mala suerte. Dahmer, que había declarado en el juicio ser un enviado del diablo, y existía una cierta lógica en esa afirmación, se encontró en la cárcel con Christopher Scarver, un asesino esquizofrénico que cuando no se medicaba creía ser Jesucristo. Fue un choque escatológico entre dos maneras de ver el mundo —blanco y negro, malo y peor, psicópata asesino en serie contra esquizofrénico asesino múltiple— que concluyó con Dahmer apaleado hasta morir y empalado a través de un ojo en un palo de escoba.

Fue también un choque escatológico en la segunda acepción del término. Como tantos otros presos, Dahmer acabó muerto en los baños de la cárcel. Ni siquiera el estado de Arkansas hubiera podido mejorar esa ejecución. Toda vez que el ejecutor de Dahmer había entrado en la cárcel por asesinato y había matado en ella a otro preso justo antes de matarlo a él, es improbable que esa nueva muerte empeorara su situación. Tal y como son las cárceles norteamericanas, lo normal es que, después del castigo inicial, su estatus social dentro de la población penitenciaria haya mejorado. Sabemos que por lo menos la madre de una de las víctimas de Dahmer le mandó una tarjeta de agradecimiento.

La muerte extrajudicial de Dahmer, el caníbal, fue acogida con chistes y bromas en la prensa y la televisión. Un comentarista nocturno dijo que Scarver había actuado en defensa propia cuando Dahmer le había dicho que «le gustaría tenerlo para cenar», una frase que en inglés puede significar lo mismo tenerlo como invitado que como cena.

Vigilantes, regulators y linchamientos

La ejecución extrajudicial, aunque normalmente no a manos de otro criminal, tiene una larga tradición en América. El lento retorno de América a sus tradiciones rurales ha dado al mundo la larga serie de filmes, cada vez peores, cada vez más increíbles, de la saga *Death Wish* con Charles Bronson, y a los Guardian Angels, esas patrullas de adolescentes vestidos con una camiseta blanca y una boina roja que patrullan los metros de numerosas ciudades buscando y deteniendo actividades criminales. En ese mismo espíritu, Florida es el estado que nos ha dado a Manny Pardo, el policía que mató a nueve narcotraficantes porque los tribunales eran demasiado lentos a la hora de condenarlos.

El período de la expansión al Oeste vio, si no la aparición, sí la popularización de dos tradiciones que nunca han llegado a abandonar la vida norteamericana, aunque no sean ya practicadas con el mismo empeño que en tiempos pasados: la ejecución extrajudicial que gracias a un norteamericano, Charles Lynch, es conocida como linchamiento, y el grupo de personas que llevan a cabo esa ejecución extrajudicial de forma repetida y sistemática, conocidos por muchos nombres, *regulators*, *moderators*, pero sobre todo por una palabra española, vigilantes, que siguen desde su aparición en California a mediados del siglo XIX.

Owen Wister fue el primer gran autor de novelas del Oeste. Se trataba de un abogado licenciado en Harvard, amigo del pintor Frederic Remington y del futuro presidente Theodore Roosevelt. A Roosevelt le fue dedicada su novela *El Virginiano*. Roosevelt empleando a los cowboys como reclutas voluntarios en la guerra de Cuba, Remington pintando los paisajes sin límites del Oeste, pero sobre todo Owen Wister con su novela, redefinieron la épica de la conquista de las llanuras norteamericanas en los años del Destino Manifiesto y la expansión hacia el Oeste y la figura del cowboy. De los tres, Owen Wister es el menos recordado, a pesar, o tal vez a causa, de las múltiples adaptaciones de su novela al teatro, al cine y a la televisión. Siendo como es objeto de la nostalgia de toda una nación, es interesante indicar que el alto y silencioso cowboy que habla únicamente a través de sus actos, figura central a la vez épica y romántica de todo un género, es creación de un escritor. Es gracias a Wister que han llegado a existir los westerns, Gary Cooper, John Wayne, Clint Eastwood y todos los demás mitos del cine de *matinée* doble.

La inspiración original del personaje vino de una partida de póquer que Wister presenció en Medicine Bow, la misma localidad donde después situaría la novela. En medio del juego uno de los apostadores llamó a otro, un ayudante del sheriff, «hijo de puta». El ayudante del sheriff, sin perder la calma o la sonrisa, respondió: «La próxima vez que me llames hijo de puta será mejor que lo digas con una sonrisa». La frase quedó en el libro como las primeras palabras pronunciadas por su personaje principal, pero debido a los códigos de censura de la época no pasó a los filmes.

Se han hecho cinco películas sobre el Virginiano, interpretadas por Dustin Farnum, que ya había interpretado el papel en el teatro (1914), Kenneth Harlan (1923), Gary Cooper (1929), Joel McCrea (1946) y Bill Pullman (2000), pero el libro es recordado en España, también en Estados Unidos, por la serie televisiva, lejanamente inspirada en el mismo, que se produjo en los años sesenta, con James Drury en el papel central. Los que conozcan ese clásico olvidado sólo a través de la serie de televisión se llevarán una desagradable sorpresa: en la novela Trampas no es un alocado muchacho de corazón de oro, sino un cuatrero camorrista que hace trampas jugando al póquer, de ahí su apodo, y roba caballos. En la novela, el Virginiano, que había sido en tiempos su amigo, ayuda a ahorcarlo cuando comprueba que es un ladrón de reses. El ahorcamiento, por lo demás, no sigue a un juicio ni es supervisado por un tribunal de justicia o un sheriff, sino que es llevado a cabo por ciudadanos normales, organizados en *posse*.

El Virginiano y sus compañeros de *posse* eran vigilantes ocasionales, representaban, o creían representar, la voluntad del condado, la ley natural, y el orden de la sociedad honrada frente al criminal, el asesino y el ladrón de caballos y, en casos extremos, incluso frente al borracho, el blasfemo, al adúltero, o el vagabundo inoportuno, a menudo espantado del pueblo a tiros o latigazos.

El Virginiano no es la única visión que existe del fenómeno en la literatura norteamericana. Una visión menos favorable de los vigilantes aparece en otra obra de la literatura norteamericana, un libro dedicado a la inoportunidad de ser pobre y estar sin trabajo en medio del crack del 29, bastante más traducido aunque mucho menos adaptado al cine que la obra de Wister, *Las uvas de la ira*, de John Steinbeck: «Y la hostilidad los cambió, los soldó, los unió —la hostilidad hizo a los pequeños pueblos agruparse y armarse como para repeler a un invasor, escuadras con mangos de pico, dependientes y tenderos con escopetas, guardando el mundo contra su propia gente. En el Oeste había pánico cuando los inmigrantes se multiplicaron en las carreteras». Una visión compartida en sus canciones por Woodie Guthrie: «¿Oh, por qué lleva el vigilante / esa escopeta recortada en su mano?/ ¿Disparará contra su propio hermano o hermana?».

El primer linchado del que queda recuerdo en América fue John Billington, ahorcado por un grupo de furiosos conciudadanos suyos en 1630. En América se ha linchado desde la llegada de los peregrinos del *Mayflower* hasta fechas recientes. El último linchamiento se registró en Mississippi, el 24 de abril de 1959, con la muerte extrajudicial de Mack Charles Parker. Estados Unidos no es el único país en el que se ha linchado, ni siquiera el último en el que se ha linchado, pero el concepto aparece unido a América incluso por su nombre.

El capitán Charles Lynch fue un plantador y patriota, casualmente virginiano, del período de la guerra de Independencia que creó su propio tribunal de justicia itinerante para castigar durante esa guerra a saqueadores, ladrones y *tories* contrarios a la independencia. Por lo demás, en la época colonial, al menos en las colonias inglesas, el pueblo no estaba dispuesto a conceder al Estado el monopolio sobre la violencia legítima y algunos de los primeros actos políticos de los colonos, en su protesta contra la corona, adoptaron formas bastante parecidas al linchamiento. El ataque a los soldados ingleses que provocó la matanza de Boston, la destrucción del té inglés para protestar por el impuesto sobre dicha bebida, fueron cometidos por grupos de revoltosos muy parecidos a las turbas linchadoras del siglo siguiente.

Por horrible que hoy parezca, durante el siglo XIX, en muchas partes de América, el linchamiento fue visto como una manifestación de la voluntad popular que disfrutó de popularidad entre el gran público e incluso en buena parte de la prensa, sobre todo en el Sur y el Oeste del país. Para explicar cómo el linchamiento llegó a ser socialmente aceptable en América es necesario saber que, aunque de forma retorcida, la teoría que subyace en el mismo descansa en una tradición anglosajona, vigente en nuestros días, que reconoce más poder al pueblo que al Estado e ignora la legitimidad de los funcionarios del gobierno cuando éstos no saben satisfacer las necesidades populares.

En los últimos años de la colonia y los primeros de independencia, los norteamericanos citaron la ley inglesa en busca de precedentes legales. Uno de esos precedentes era la lealtad básica de los hombres al derecho natural. Los jueces ingleses habían resuelto que el derecho natural era una parte de las leyes inglesas que ni cortes ni reyes podían cambiar. El primer documento oficial de la independencia norteamericana, la Declaración de Independencia escrita por Thomas Jefferson en 1776, que indica como básicos «el derecho a la vida, la libertad y la búsqueda de la felicidad», sigue esa misma tradición. Para los norteamericanos, desde muy temprano, sobre todo en regiones fronterizas, la libertad, y el orden necesario para ejercerla, no dependían tanto del gobierno como de los ciudadanos, y las leyes y los oficiales de justicia eran vistos sólo como instrumentos, no siempre imprescindibles, a la hora de resolver las necesidades de una sociedad soberana. Al no existir una ley y un orden establecidos en numerosos territorios, ni los medios para implantarlos de forma inmediata, los ciudadanos de las zonas fronterizas crearon su propia ley basándose en los antecedentes del derecho natural y el sentido común.

Cómo el sueño de la democracia directa se tradujo en el lazo al cuello de un ladrón de caballos, nos lleva a recordar las múltiples diferencias existentes entre la teoría y la práctica. Las necesidades prácticas forzaron compromisos y atajos en los procedimientos legales, y así la idea de justicia que se desarrolló en los nuevos territorios de la frontera fue a menudo una justicia popular que prescindía de funcionarios como los jueces o los abogados defensores. Una justicia popular que contó con más defensores cultos que los que cabría esperar.

La prensa norteamericana estuvo a lo largo del siglo xix, en algunos estados incluso buena parte del xx, del lado de los ahorcadores, con las notables excepciones de *The New York Times*, *The New York Herald* y *The Chicago Tribune*, que siempre se opusieron en sus editoriales a esa práctica. La palabra «presunto» rara vez aparecía junto a los cargos formulados en contra de los linchados y la forma en que se cubría los linchamientos justificaba los actos del grupo linchador y de la justicia vigilante. Mark Gado, policía y escritor neoyorquino, en un artículo sobre el linchamiento, «Lynching in America: Carnival of Death», menciona titulares y textos del tipo: «El negro fue muerto irregular pero justificadamente» (*The Chicago Chronicle*, 19 de junio de 1897), o «No debería prestarse más atención a su muerte que a la de un perro» (*The Indianapolis News*, 19 de junio de 1897), y cita extensamente un artículo sobre un linchamiento que concluye con las palabras: «El linchamiento fue conducido discretamente», lo que ciertamente dice mucho a favor de la buena educación de sus ejecutores».

La palabra linchamiento aparece en *El Virginiano* sin problemas y está claro que para su autor, a pesar de ser abogado, no tenía las connotaciones negativas que arrastró ya en el siglo xx. De hecho, el autor formaba parte de una generación que llegó a ver a los prohombres de algunas ciudades presidir sobre actos bastante peores que el ahorcamiento de un cuatrero como Trampas, como por ejemplo el linchamiento que tuvo lugar el 10 de octubre de 1911, diez años después de la publicación de la novela, en Greenville, Carolina del Sur, en el que los linchadores estuvieron dirigidos por el editor del periódico local. El linchado, William Jackson, que había sido acusado de atacar y molestar sexualmente a un niño, fue colgado boca abajo de un árbol, sobre una hoguera, hasta morir. Owen Wister, en todo caso, nunca parece preocuparse por el linchamiento tanto como su protagonista femenina, Molly Wood, que casi abandona al Virginiano por su participación en el ahorcamiento de Trampas, pero acaba regresando con él al final de la novela, no sin que antes el autor justifique esa actividad por boca de uno de sus personajes.

Incluso hoy día, aunque todo el mundo en Estados Unidos condena el linchamiento como una vergüenza histórica, no es difícil encontrar matices en esa condena. Incluso a veces la condena no se da, sino que se asume el linchamiento como parte del pasado histórico. Los defensas del equipo de fútbol de la Universidad del estado de Kansas son conocidos por sus seguidores con el cariñoso sobrenombre de the Lynch Mob, los Linchadores, o, para ser más fieles al idioma original, la Chusma Linchadora, y existen una decena de clubes de tiro en los estados del Oeste que llevan nombres como Vigilantes o Regulators, los dos nombres más comunes para los grupos que se autodenominan defensores de la ley y el orden a lo largo del siglo XIX.

Aunque Montana es el estado que ofrece los casos más extremos de homenaje a los ahorcadores sin juicio previo del siglo XIX. Las insignias y los coches de los policías de la patrulla de carreteras de Montana llevan desde 1956 los números 3-7-77, cuyo sentido original es desconocido, si bien lo único que se sabe de cierto es que fueron empleados por primera vez en 1879, como advertencia para indeseables. Primero, se pintaban en la puerta de la prostituta, jugador, comprador de material robado, ladrón menor —a los mayores se les mataba directamente— y, después, si la persona aún seguía allí, se la ahorcaba. Fueron colocados en la insignia por el superintendente de policía Alex Stephenson, «para mantener viva la memoria de la primera fuerza de policía popular» del estado. Bastante antes de que Stephenson se decidiese a recordar a los vigilantes, en 1924, A. J. Roberts, director del colegio público de Helena, un pueblo que estuvo en medio de las actividades vigilantes del siglo XIX, organizó la cabalgata del Día del Vigilante a través del centro de la ciudad. En 1931, tanto la Twentieth Century Fox como la Paramount filmaron la cabalgata, que hasta hoy sigue siendo una fiesta popular en la que los distintos colegios de la ciudad preparan carrozas decoradas con motivos históricos.

Hay que decir que Montana tiene una larga tradición en lo que a ejecuciones extrajudiciales se refiere. En 1864, la lista de los ahorcados por los vigilantes incluyó incluso a un sheriff, Henry Plummer, que fue colgado como asesino y jefe de una banda de ladrones de caminos.

En diciembre de 1863, cerca del viejo campo de oro de Virginia City, entonces en el territorio de Idaho y parte del actual estado de Montana, fue robado y asesinado un joven minero alemán, Nicholas Tiebolt. Un *posse* armado dirigido por James Williams, el sheriff local, fue formado para investigar el caso y detuvo a tres sospechosos del asesinato: Long John, George Ives y George Hilderman. Una vez detenidos, fueron juzgados por el tribunal de mineros en Nevada City, a unos kilómetros río abajo de Virginia City, en un juicio con abogados que duró del 19 al 21 de diciembre de 1863. Wilbur Sanders, un letrado recién llegado de la costa Oeste, una de las pocas personas con conocimientos legales del área, hizo las veces de juez. Uno de los acusados, el conocido únicamente como Long John, aceptó servir de testigo de la acusación y testificó acusando a George Ives de asesino. George Ives fue condenado a morir ahorcado. George Hilderman fue sentenciado al destierro y Long John liberado. Aceptando que Yves fuera culpable, y el suyo un juicio imparcial, aquél sería el último caso en mucho tiempo en que una ejecución sería precedida por un juicio justo en aquella parte de Montana. Poco antes de ser ahorcado, Yves continuó afirmando ser inocente, pero no culpó a los otros detenidos, sino a una persona que no había sido molestada en la investigación del caso: «Soy inocente, Alex Carter mató al alemán». Aunque había sido detenido, condenado y colgado por el crimen en un tiempo relativamente breve, un grupo de hombres decidió que la justicia por jurado era demasiado lenta e ineficaz para proteger el territorio. Fue entonces cuando cinco hombres se proclamaron junto al juez Wilbur Sanders como primeros miembros del que sería conocido como Comité de Vigilancia de Montana, copia del ya existente en San Francisco, tierra de la que procedía Sanders. Su primer objetivo fue la captura de Alex Carter. En vez de arrestos ordenados, tribunales, y sentencias, esta vez se pasaría de la captura al ahorcamiento. A finales de febrero de 1864, en sólo dos meses, Alex Carter y otros veintidós hombres del territorio —sólo de uno de ellos no ha quedado el nombre— fueron ahorcados por el Comité de Vigilancia. La víctima más famosa fue Henry Plummer, un nativo de Maine que había vivido diez años en California antes de ir a Montana en septiembre de 1862. Plummer fue elegido sheriff del distrito minero de Bannack en mayo de 1863, se casó en junio del mismo año con una de las pocas solteras blancas del territorio, y fue colgado el 10 de enero de 1864, sin juicio previo, acusado de liderar una banda de asaltantes de caminos, en el centro de Bannack, dando así fin a una de las carreras más cortas y raras dentro de la administración de justicia de Montana. Más de un siglo después se continúan discutiendo los méritos de la acusación.

Hay una extensa literatura sobre los vigilantes de Montana, en su mayor parte basada en dos recuentos tempranos, los de Thomas Dimsdale, en 1866, y Nathaniel Langford, en 1890. *The Vigilantes of Montana*, el libro de Dimsdale, un autor que reconoce «una íntima relación con gente conocedora de los hechos relatados», es el más interesante de los dos, aunque sólo sea por el hecho de que, pese a que continuamente nos recuerda que está relatando las cosas tal y como le fueron contadas, no duda en corregir los recuerdos de los vigilantes, revisar fechas, apuntar detalles y dar un recuento tan vivo sobre algunas de las acciones de éstos que en más de un momento es fácil adivinar al autor debajo del sombrero calado de uno de los ahorcadores. El libro de Nathaniel P. Langford, *Vigilante Days and Ways*, no es menos favorable al Comité de Vigilancia, pero hay algo en su prosa victoriana y su deseo de respetabilidad, tan propios de aquella época, que hace que sea imposible usarla para según qué funciones: relatar un ahorcamiento a medianoche de forma apropiada es una de ellas.

Cuando hablamos de estados en los que se recuerda con nostalgia y sin pena el linchamiento, hablamos siempre de estados del Oeste, de antiguos estados fronterizos. Esa admiración, esa falta de condena, esa mirada nostálgica incluso hacia tiempos más sencillos en que un criminal no tenía derecho a cuatro o más apelaciones desaparecen cuando se pasa del Oeste al Sur. No hay equipos de fútbol en Luisiana que se llamen Caballeros de la Camelia Blanca, uno de los nombres originales del Klan en aquel estado, y por conservadora que sea y racialmente dividida que esté Florida —se tiende mucho a exagerar ambas tendencias—, estaría fuera de lugar —a nadie se le ha ocurrido, bautizar a la defensa del equipo de fútbol de la Universidad de Miami como Los Alegres Linchadores de Rosewood —nombre de una localidad de Florida de mayoría negra desaparecida a consecuencia de un linchamiento masivo—. La tradición legal que dio lugar a las masas de linchadores del Oeste es tal vez la misma que creó las masas de linchadores del Sur, pero la cultura en que se practicó era distinta. La forma en que las ejecuciones extrajudiciales son percibidas hoy en el Oeste, no sin cierta nostalgia, y el Sur, con claro horror, pasa por la presencia de la cuestión racial. La inmensa mayoría de los linchados en el Sur después de la guerra civil fueron negros, mientras que la casi totalidad de los linchadores fueron blancos, mientras que en el Oeste, al menos después de 1875, los linchados fueron blancos en su inmensa mayoría, en su mayor parte por transgresiones contra la propiedad u homicidio.

Las estadísticas de linchamientos en Wyoming entre 1878 y 1918 incluyen a veinticinco blancos, cuatro negros, cuatro indios y un hispano; las de California, entre 1875 y una fecha tan próxima como 1947, incluyen a treinta y cuatro blancos, catorce hispanos, ocho indios, tres chinos y dos negros. En el Oeste los linchadores eran igualmente blancos, por regla general residentes urbanos de la creciente clase mercantil, pero también miembros de la clase obrera nómada y sin raíces, sobre todo mineros y constructores de las líneas de ferrocarril. En los casos de linchamiento por homicidio, éstos respondían sobre todo a los agravados por una circunstancia extraordinaria, por ejemplo, la brutalidad excesiva en la manera del crimen, la indefensión de la víctima, como en el asesinato de una mujer o un niño por un hombre adulto, o el asesinato de un oficial de la ley. Este último tipo de asesinato suponía para los linchadores un fracaso por parte de legisladores, jurados y jueces a la hora de asegurar que la ley funcionara correctamente, que exigía inmediata respuesta en defensa de la sociedad. Si el orden no quedaba restaurado a través del linchamiento, cosas peores podían acontecer.

En el rechazo histórico de los linchamientos ocurridos en el Sur no sólo influye la cuestión racial, sino también el hecho de que los estados del Sur en el siglo XIX no eran fronterizos, algunos de ellos no lo habían sido desde bastante antes de la guerra de Independencia, y disponían de tribunales y autoridades civiles competentes para juzgar cualquier caso legítimo.

La diferencia es clara hasta para los que en el Oeste no se molestan en esconder aquella parte de su historia. El Sunrise Sunset Ranch de Hazen, Nevada, antaño un rancho de verdad, hoy un destino turístico que incluye junto a sus otros atractivos el hecho de ser el lugar donde se produjo el último linchamiento del estado de Nevada (1905), precisa en su información al público: «Los linchamientos del Viejo Oeste eran diferentes de los del Sur, donde negros inocentes fueron asesinados por el Ku Klux Klan y otras bandas organizadas de racistas». A continuación se puede ver el poste telegráfico en el que fue ahorcado William Red Wood, por un grupo políticamente correcto de linchadores, obviamente no racistas, y tomarse allí uno una foto o incluso comprar en el *gift shop* una postal, reproducción de la foto supuestamente tomada el día del linchamiento, en la que se puede ver un poste en forma de T, alzado sobre un paisaje desolado, y a mitad del poste lo que podría ser un pelele bastante rígido o, si creemos a *The Reno Evening Gazette*, «un notorio matón y mala persona bajo cualquier concepto» bastante muerto. Tras examinar la postal, creo que es un pelele ahorcado para poder vender la foto de recuerdo.

Esa diferencia entre los dos tipos de linchamiento ya fue percibida en el siglo XIX, incluso por algunos apologistas del mismo como conducta irregular pero necesaria. Wister escribe en *El Virginiano*: «Sinceramente, no veo ningún parecido entre quemar negros en público en el Sur y ahorcar cuatreros en privado en Wyoming. Considero que la quema es una prueba de que el Sur es semibárbaro, y el ahorcamiento una prueba de que Wyoming está determinado a civilizarse. No torturamos a nuestros criminales cuando los linchamos».

Robert Fisk, uno de los principales periodistas del estado de Montana en el período de la violencia vigilante y los linchamientos, un hombre que no había sido tímido a la hora de pedir aún más ejecuciones irregulares en su propio estado —y en obtenerlas como cuando, gracias a uno de sus editoriales, un tal John Jessrang fue sacado de la cárcel en mitad de la noche y ahorcado en el condado de Dillon en marzo de 1883—, escribió también un editorial contra los linchamientos racistas tras el ahorcamiento de un negro en Salt Lake City, al que calificó de «acto brutal» antes de añadir: «No tenemos mucho que objetar contra un linchamiento decente y ordenado, cuando existe particular atrocidad en el crimen y no puede haber error sobre quién es el criminal. Pero esta paliza, pateo, apaleamiento y arrastrado a través de las calles, tanto antes como después de la muerte, es demasiado brutal para tolerar excusas y es más propio de salvajes canabales [*sic*] que de hombres que pretenden ser civilizados». Para Fisk, como para Wister, la violencia de la muchedumbre era una cosa terrible, pero ¿quién puede, en buena conciencia, objetar un linchamiento decente y ordenado? Sobre todo si el crimen es atroz y el criminal claramente culpable. ¿Qué puede ser más justo que la *rough justice* sobre todo cuando se hace en privado, en un establo lejano, sin atentar a la fina sensibilidad de damas e infantes? Que pudieran escribir sobre este tema como lo hicieron, con seriedad y sin dudas de ningún tipo, podría haberles marcado como tontos o, peor aún, como idiotas morales en otro tiempo y lugar, pero no allí, no entonces.

Por lo demás, Fisk no era un reaccionario. Era, incluso según muchos estándares actuales, un progresista en otros muchos aspectos de su filosofía: fue un hombre que estuvo a favor del derecho al voto y la educación pública para los esclavos recién liberados, a favor del control de armas, y que apoyó las actividades políticas de su mujer a favor del sufragio femenino y la prohibición del alcohol, en una época en que la mayor parte de los esposos estaban en contra de que las mujeres casadas tuvieran, no ya actividades públicas, sino cualquier tipo de vida fuera del hogar. Su liberalismo subrayaba la incómoda verdad de que en Montana, Wyoming y otras muchas partes de Estados Unidos, ciudadanos respetables, gente razonable, educada y decente, aceptaba la penosa necesidad de que las ejecuciones extrajudiciales, la justicia de los vigilantes y la soga engrasada a medianoche eran instrumentos indispensables y de utilidad pública para la justicia, en espera de que el país acabara de crecer y organizarse de acuerdo con las reglas de una sociedad civilizada. Comparadas con la torpeza de algunas de las ejecuciones legales realizadas más de un siglo después, hay que decir que por lo menos los vigilantes de Montana sabían ser rápidos.

De todas formas, por lo menos la nostalgia por el Viejo Oeste, por la vieja América, aún no ha traído de vuelta a los vigilantes. Los Guardian Angels que patrullan el metro de Nueva York efectúan a lo largo del día numerosos *citizen's arrest* («arrestos ciudadanos»), una forma de comportamiento reconocida como legal por las leyes norteamericanas, que autoriza a cualquier ciudadano que vea la ejecución de un crimen a impedirlo y arrestar al presunto culpable, incluso por la fuerza —en Oklahoma es incluso legal disparar si así se evita un daño mayor—, pero no suelen infligir daños a los arrestados, ni mucho menos ahorcarlos a medianoche en un vagón de metro vacío —ni siquiera en Oklahoma—. Las películas de Charles Bronson siguen vendiéndose bien, a pesar de que cada vez son más disparatadas, pero aunque casi crearon un subgénero no han servido de ejemplo para nadie, o casi nadie, con la posible excepción de Manny Pardo, un ciudadano del condado de Miami-Dade.

Manuel Pardo, Jr.-#111983/P3212S Union Correctional Institution / 7819 NW 228th Street/Raiford, Florida 32026-4430. Manuel Pardo Jr. es técnicamente hablando, por la cantidad de sus víctimas y la periodicidad y métodos de sus crímenes, un asesino en serie, pero sin embargo dudo que nadie lo incluya nunca en la larga lista de los mismos. De niño fue boy scout, después creció; fue marine y lo mandaron a Vietnam, lo condecoraron varias veces; después fue miembro de una unidad de élite de la policía de Sweetwater, una de las numerosas ciudades del condado de Miami-Dade, hasta que un día, tras ver morir a un niño de una sobredosis, comenzó su propia campaña contra el tráfico de cocaína en piedra. Fue detenido nueve muertos más tarde. «The Charles Bronson Defence» fue la forma en que la prensa bautizó la defensa que hizo Pardo de sí mismo y de sus acciones, cuando, para horror de su abogado, pudo por fin hablar en su juicio. Dijo que sí a todas las acusaciones, confesó que había matado a un número indeterminado de vendedores de crack, declaró que los vendedores de drogas estaban mejor muertos que vivos, que eran la escoria de la humanidad, y que no pasaba nada realmente grave si se les mataba: «Acepto la responsabilidad de mis acciones. No me voy a disculpar ni excusar». A pesar de haber sido acusado por hasta nueve muertes, y relacionado con alguna más, sólo fue condenado por dos de ellas. En Wyoming o Montana, un siglo y medio atrás, le hubieran elegido al Congreso. El ex policía está ahora en el corredor de la muerte de Raiford, Florida, esperando. La espera, todo el mundo está de acuerdo, es siempre lo peor.

¿Funciona la pena de muerte?

Albert Camus, en *Réflexions sur la guillotine* (1957), escribió: «Una ejecución no es simplemente una muerte. Es tan diferente de la privación de la vida como un campo de concentración lo es de la prisión. Agrega a la muerte una regla, una premeditación pública conocida por la futura víctima, una organización que es por sí misma una fuente de sufrimientos morales más terribles que la muerte. La pena capital es el más premeditado de los asesinatos, al que ningún acto criminal, no importa cuán calculado, puede ser comparado. Para que haya una equivalencia, la pena de muerte tendría que castigar a un criminal que hubiera advertido a su víctima de la fecha en la cual le infligiría una muerte horrible y a la que, a partir de ese momento, hubiera confinado a su merced por meses. No se encuentra tal monstruo en la vida privada». Camus, por suerte, no intentó algo tan difícil como ser elegido para un cargo público en Estados Unidos. Con esas ideas no lo hubiera logrado.

Para los políticos la pena de muerte tiene solamente efectos administrativos de menor importancia. Los cuatro candidatos presidenciales y vicepresidenciales de las elecciones de 2000 apoyaban la pena de muerte. Estaban a favor de la misma tanto Al Gore como George Bush, que tenía la inmensa ventaja de hacerlo sinceramente y haberlo demostrado con 144 ejecuciones en sus cinco años como gobernador. Cuatro años y una elección más tarde, en la presidenciales de 2004, no hubo tampoco oposición a la pena de muerte en las filas demócratas. El candidato demócrata John Kerry, que a lo largo de su vida política como senador había sido contrario a la misma, calló a lo largo de toda su campaña electoral y evitó opinar sobre el tema, excepto para afirmar que estaba a favor de la pena capital en casos de terrorismo y para los culpables del ataque del 11 de septiembre. Y no espere el lector grandes cambios después de 2008. Barack Obama escribió en su libro de memorias que, aunque piensa que la pena de muerte hace muy poco para impedir nuevos crímenes, apoya la pena capital frente a casos «tan odiosos que van más allá de lo tolerable, hasta el punto de que la comunidad se ve justificada a expresar la plena medida de su indignación igualándolo con la máxima pena». También Hillary Clinton, cuando aspiró a ser electa al Senado, se declaró partidaria de la pena de muerte. Por su parte, el senador John McCain, casi seguro candidato republicano, matiza aún menos su apoyo que Obama, y está a favor de la pena de muerte frente a actos de terrorismo, aunque, probablemente porque pertenece a la rama liberal del Partido Republicano, ha votado en el Senado contra la aplicación de la pena de muerte a menores.

Aunque la criminalidad ha disminuido en los últimos años, América aún no se ha recuperado psicológicamente de la década de 1970 y continúa reaccionando con dureza contra una ola de criminalidad cuyo peor momento, por obra y gracia del envejecimiento de los criminales y de leyes cada vez más severas, ya ha pasado.

Cualquiera que vea el cine o las series de la televisión norteamericanas de hoy, o escuche a sus políticos, pensaría que las cosas siguen como en los años setenta, que los criminales escapan de forma regular a su castigo debido a la acción de leyes permisivas o fallos técnicos; que astutos y malvados abogados —la carrera de derecho es una de las mejor pagadas en Estados Unidos, pero también una de las menos respetadas por la sociedad— permiten que las calles estén llenas de asesinos y criminales; que los delincuentes están ganando la guerra cuando la realidad es que jueces, leyes, policías, cárceles y agencias federales son cada vez más duros en su trato con el criminal y las sentencias se han endurecido para todo tipo de crímenes. En realidad, esos guiones se corresponden más a finales de los setenta que a principios del siglo XXI. Los guionistas andan con una generación de retraso en relación con la realidad. En eso no son distintos de electores y espectadores, dos categorías intercambiables en Estados Unidos.

Desde que me puse a escribir este libro he estado siguiendo con mayor atención las estadísticas sobre la violencia y el crimen en Estados Unidos. En septiembre de 2002, la agencia de noticias AP publicaba un nuevo descenso de los crímenes violentos en Estados Unidos. América estaba en su nivel más bajo desde que en 1973 el gobierno federal había comenzado a llevar estadísticas. El National Crime Victimization Survey de 2001 así lo indicaba. Sus estadísticas estaban basadas en los informes de más de 17.000 agencias locales, estatales y federales. El informe reconocía la influencia de una economía próspera y unas leyes duras en el descenso de los índices de criminalidad. Desde 1993 a 2001, los crímenes violentos bajaron cerca de un 50 por ciento. El informe hablaba de un decrecimiento de un 10 por ciento para los blancos, de un 11,6 por ciento para los negros y de un 3,9 por ciento para los hispanos. La violación había disminuido en un 8 por ciento y las agresiones sexuales un 20 por ciento. Los delitos contra la propiedad bajaron de 2000 a 2001 en un 6,3 por ciento y los robos a casas un 9,7 por ciento. El crimen decreció en todas las áreas geográficas, incluidas las urbanas y las suburbanas. En áreas suburbanas cayó un 14 por ciento, en las urbanas un 5,4 por ciento y en las rurales un 10,6 por ciento. Bajó en todo el país, pero sobre todo en el Medio Oeste, donde lo hizo un 19,7 por ciento. Se trata de una constante fácil de comprobar por los resultados de los años siguientes. Los resultados del informe de 2002 indicaban que el descenso había seguido ese año, con 23 delitos violentos por cada mil personas frente a los 25 de 2001. El crimen violento continuó su descenso un 2,2 por ciento de 2003 a 2004, mientras que los delitos contra la propiedad cayeron también un 2,1 por ciento de 2003 a 2004. En 2006 las estadísticas del Departamento de Justicia de Estados Unidos indicaban que aunque hubo un leve incremento del crimen violento a lo largo de 2005 seguía siendo un 26,3 por ciento menos que en 1996. El citado informe de 2006 indica también que aunque aumentaron en un 2,4 por ciento los delitos contra la propiedad privada, éstos habían bajado un 22,9 por ciento con respecto a 1996.

La muestra más clara del descenso de la criminalidad en Estados Unidos pudo verse, más allá de la estadística, en agosto de 2003, cuando durante dos días de apagón general en Nueva York apenas hubo incidentes, saqueos graves o incendios intencionados, en comparación con el de 1977, que había acabado con 3.700 detenciones, 1.000 incendios provocados, 1.170 falsas alarmas y trescientos millones de dólares en pérdidas, sobre todo en los distritos del Upper West Side, East Harlem y el centro de Brooklyn. Si el último apagón de Nueva York se ha parecido a alguno, ése fue al de 1965, cuyos únicos efectos claros fueron un leve aumento en la población nueve meses más tarde y una comedia, protagonizada por Doris Day, *Anoche cuando se apagó la luz*. Es de suponer que los días que siguieron a la muy distinta reacción de la población local después del huracán Katrina en Nueva Orleans hicieron subir las estadísticas de 2005.

Con ocasión de un informe anterior sobre la criminalidad, de 1996, tanto el presidente Clinton como el portavoz en el Congreso del Partido Republicano se adjudicaron el mérito. Clinton lo atribuyó al endurecimiento de las leyes con las nuevas normas aprobadas en 1994 y a los 57.000 nuevos policías que puso en la calle. Los republicanos dijeron que el decrecimiento fue causado por las nuevas cárceles estatales construidas en los estados en los que mandaban. En cualquier caso, estos resultados justifican a los políticos que han incluido leyes cada vez más duras en los códigos, pero no tranquiliza a una opinión pública que sigue pidiendo leyes aún más severas. Aunque realmente para endurecerlas hoy día ya sólo faltaría legalizar el castigo físico y la tortura. La presencia de numerosos agentes y ex agentes de distintos departamentos de prisiones, tanto estatales como federales, entre los reservistas supuestamente implicados en torturas dentro del Irak ocupado, no deja lugar a dudas que si algún día ese tipo de leyes son aprobadas ya existe un personal capaz de aplicarlas, y además sin graves problemas de conciencia.

Los responsables del nuevo sistema de prisiones iraquí proceden de sistemas de prisiones norteamericanos, tanto estatales como el federal, ya existentes. Al frente estaban, en el momento del escándalo de la cárcel de Abu Ghraib, John Armstrong, procedente del Departamento Correccional de Connecticut, que abandonó su trabajo envuelto en una serie de escándalos que incluían presos muertos, brutalidad y prácticas inconstitucionales, y Lane McCotter, antiguo director del Departamento Correccional de Utah, que fue escogido personalmente por el fiscal general de Estados Unidos, John Ashcroft, menos de tres meses después de ser expedientado por la División de Derechos Civiles del Departamento de Justicia presidido por el mismo Ashcroft. Si no están entre los mejores miembros del sistema carcelario norteamericano, mucho me temo que sí entre los más representativos.

Sin embargo, volviendo a Estados Unidos, a pesar de todas las evidencias, el temor generado a finales de los años sesenta y en los setenta sigue siendo lo suficientemente fuerte como para inspirar innumerables guiones televisivos o para hacer ganar elecciones, incluso las presidenciales.

¿Qué hace falta para llegar a presidente de Estados Unidos? Existió una tendencia, desde Carter hasta el segundo Bush, por parte del votante norteamericano a confiar su país a personas con experiencia en el terreno de la administración pública como gobernadores. Carter fue gobernador de Georgia, Reagan de California, Clinton de Arkansas y el segundo Bush de Texas, antes de ser presidentes. Las de 2008 son las primeras elecciones en una generación en las que ninguno de los candidatos ha sido gobernador de un estado. Para ser presidente también ayuda ser veterano del ejército, porque hay algo en un hombre capaz de poner su vida en la línea de fuego para defender a su comunidad que hace que los norteamericanos confíen en él. Se trata de una, otra, reminiscencia de siglos pasados que se remonta a la frontera y al salvaje Oeste. En ese terreno, McCain sacaría ventaja tanto a una candidatura de Clinton como a una de Obama. Aunque en ese terreno John Kerry parecía llevar ventaja a George Bush en las elecciones de 2004. Pero para ser presidente ayuda también ser capaz de verter sangre ajena junto a la propia a la hora de defender a la comunidad, y es evidente que George Bush ahí tenía una ventaja insalvable sobre Kerry. John Kerry, a pesar de sus discutidas medallas, nunca pudo matar tantos vietcongs o norvietnamitas como Bush texanos, y hoy día un hombre como Grover Cleveland, uno de los raros presidentes norteamericanos del siglo XIX que no luchó en ninguna guerra, sería pese a ello invencible en las urnas. Cuando Grover Cleveland era sheriff del condado de Erie, en Nueva York, ahorcó personalmente a dos criminales. La costumbre de la época exigía que lo hiciera su asistente, pero al ser éste demasiado joven e inexperto, el carácter de Cleveland no le permitió dejar caer esa carga sobre su subordinado y asumió la responsabilidad de abrir la trampilla por la que cayeron los dos condenados. Siempre podemos imaginar lo que hubieran hecho otros candidatos. Carter no lo hubiera hecho. Es uno de los raros gobernadores del Sur que jamás firmó una pena de muerte. ¿Y Clinton? Clinton todo el mundo sabe que fue un presidente liberal... como él mismo dice cada vez que habla de su presidencia, aunque su historial presidencial diga lo contrario.

Clinton fue gobernador de un estado en el que la pena de muerte se ejecuta por inyección letal. Poner una inyección a gente que no se va a poder quejar después no requiere sino la más mínima habilidad manual. A Clinton no le hubiera costado nada seguir el ejemplo de Grover Cleveland y aprender a poner inyecciones a tiempo de participar en la ejecución de Ricky Ray Rector, durante las primarias del Partido Demócrata en New Hampshire. Eso lo hubiera hecho invencible y, no importa lo mal que lo hiciera, no podría haber hecho un peor trabajo que los encargados de la ejecución. A Ricky Ray Rector tardaron cincuenta minutos en encontrarle una vena en su grueso cuerpo. Hubiera sido educativo para el presidente clavar agujas en un asesino retrasado mental cerca de una hora, una auténtica ocasión para hacer realidad aquella frase suya de «I feel your pain» («Siento vuestro dolor»), que todos los votantes recuerdan de su primera campaña presidencial.

Clinton y Bush, como gobernadores, firmaron sendas sentencias de muerte que serán recordadas estando en período electoral. Aclaremos que ninguna de las dos personas ejecutadas era inocente. Los dos eran criminales con antecedentes, condenados por un asesinato que sí habían cometido más allá de toda posible duda. Ahí acaba toda similitud. Hay que decir que Bush lo tuvo mucho más fácil en su caso. Él creía en la pena de muerte y, además, su asesino era a todos los efectos más ejecutable. Bush ejecutó a Gary Graham y fue sólo uno más entre un centenar demasiado extenso de personas. La ejecución de Graham, o mejor dicho, el circo que se montó en el exterior de la cárcel donde se le ejecutó, pudimos verla en directo y en televisión; fue sin embargo distinta a las anteriores.

Esa ejecución la emitieron en CNN, en Fox News e incluso en C-Span, un canal dedicado a las noticias legislativas, donde normalmente podemos aburrirnos viendo las discusiones del Congreso norteamericano. Por una vez no se trató de una vigilia silenciosa. Allí estaban todos. Los Nuevas Panteras Negras, un grupo desautorizado por los Panteras Negras originales, protestando uniformados y armados a cien metros del Klan. Partidarios y contrarios de la pena de muerte chillándose los unos a los otros. El ministro de propaganda de los Nuevas Panteras Negras concediendo una entrevista a la televisión, claramente incómodo embutido en un traje negro que evocaba a Malcolm X más que a Huey Newton, lo que no sería grave si no fuera porque como Pantera Negra (aunque neófito y desautorizado) si debía parecerse a alguien era a Huey Newton. Aunque ninguna de las dos opciones es realmente buena. A Malcolm X lo mató un rival negro, no un enemigo blanco, y a Huey Newton, el ex líder de los Panteras Negras, un vendedor de drogas —su proveedor de droga— en una discusión sobre la relación precio-calidad de la mercancía que le había vendido recientemente.

Gary Graham fue ejecutado por el asesinato de Robert Lambert. A lo largo de su vida había sido ya condenado por otros veintidós delitos, entre ellos la violación de una mujer de cincuenta y siete años, con un total de veintiocho víctimas, afortunadamente no mortales. Graham confesó diez de esos delitos, fue identificado por testigos o relacionado por las pruebas a otros once y condenado finalmente a muerte por el asesinato de Lambert. Aparte de la evidencia forense, una testigo presencial —negra, como él— le identificó como el asesino. No creo que Bush se lo pensara dos veces antes de firmar su pena de muerte. Un jurado compuesto por algunos de los ciudadanos que le habían votado para el cargo había decidido ejecutar a Graham, y él se limitó a colocar su sello sobre esa decisión. Como Bush se había mostrado siempre partidario de la pena de muerte, su firma pudo ser cualquier cosa menos una sorpresa. Lo único sorprendente fue el despliegue de cámaras para una actividad que en Texas no deja de ser rutinaria. Bush no era querido por las grandes cadenas televisivas, o al menos no tanto como Al Gore, su rival en aquellas elecciones, y trataron de humillarlo. Bush no dio un paso atrás y al final la opinión pública se dijo que estaba frente a un hombre de convicciones firmes cuando en realidad es posible que estuviera, simplemente, frente a un hombre que no lee estadísticas. O tal vez era la gente de los medios de comunicación de masas la que no leía las mismas estadísticas que el resto de los norteamericanos y se había olvidado de los índices de aprobación de la pena de muerte entre la ciudadanía.

ABC, CBS, NBC y CNN pasaron un total de treinta historias o segmentos informativos relacionados con el caso entre el día anterior y el día de la ejecución, en contraste con las dos menciones a que había tenido derecho la ejecución de Rector ocho años atrás.

A Clinton no le hicieron tanta propaganda. Sin embargo, Clinton no queda bien parado en la comparación. Clinton hizo ejecutar a Ricky Ray Rector sin ataques o quejas de nadie, en el momento en que era todavía la gran esperanza liberal de América. Ricky Ray también era culpable del delito por el que se le mandó ejecutar.

Ha sido probado en un tribunal de justicia legalmente consti-tuido que Ricky Ray Rector, ciudadano del condado de Conway, Arkansas, mató al portero de un salón de baile a lo largo de una dis-cusión sobre un cambio de dos dólares. Cuando la policía fue a verlo para indagar sobre el caso, Rector mató también a uno de los poli-cías que había ido a interrogarlo. Después, tal vez presa de remordi-mientos, tal vez consciente de que matar a un policía es uno de los actos más estúpidos que puede hacer un negro pobre en un estado del Sur, se disparó en la cabeza con tan mala fortuna que no logró matarse. Rector sobrevivió pero con una tercera parte menos de su cerebro. A todos los efectos se autolobotomizó.

En enero de 1992, Clinton abandonó las primarias del Partido Demócrata de New Hampshire para regresar a su estado y supervisar la ejecución de Rector. Como firmar una sentencia de muerte siem-pre fue para Clinton un momento duro, aprovechó la ocasión para hacerse acompañar de un equipo de televisión que pudiera recoger sus dudas y problemas de conciencia en primer plano. Rector era ne-gro, uno de los grupos de votantes tradicionalmente buscados por el Partido Demócrata y parte de su clientela política habitual desde los años sesenta, pero ningún líder de la comunidad negra intervino. Por primera vez en bastantes años, un demócrata tenía la posibilidad de ser elegido a la Casa Blanca y no había que poner obstáculos adicio-nales en su camino. Rector no pudo comprender su juicio, o los cargos en él presentados, ni pudo asistir activamente en su propia defensa, como lo exigen las leyes de Arkansas. El momento de su ejecución, tras años de espera en el corredor de la muerte, coincidió con la se-mana en que Clinton había perdido doce puntos de intención de voto, debido al descubrimiento de su *affaire* con Jennifer Flowers. Años más tarde, en medio del escándalo con Monica Lewinsky, Clin-ton distraería a la opinión pública bombardeando Bagdad y matando algunas decenas de civiles, pero como gobernador de un estado del Sur no tenía suficientes recursos para recuperar su prestigio por ese medio. Las dos cifras, el número de años que llevaba Rector esperan-do a ser ejecutado y los puntos perdidos por Clinton, se cruzaron en algún punto de la historia y mataron a Rector.

Parte de la campaña que había impedido el triunfo de Michael Dukakis en las presidenciales de 1988 había tenido que ver con un violador y asesino llamado Willie Horton. Horton había cometido un doble asesinato cuando estaba fuera de la cárcel, con un permiso de fin de semana concedido por un programa de reinserción social promovido por el gobernador Dukakis. La misma semana de las revelaciones en torno a Jennifer Flowers, la revista *Time* se preguntaba: «Supongamos que Clinton obtiene la nominación a mediados de marzo y los republicanos descubren un Willie Horton en su pasado». El problema para Clinton es que sí tenía un Willie Horton en su pasado como gobernador, una falta que tenía que borrar.

Como podemos ver, Clinton tenía que ejecutar a Ricky Ray Rector, fue obligado a ello por Willie Horton, la revista *Time* y Michael Dukakis: la culpa no era suya. A lo largo de sus ocho años como presidente, la culpa de lo que pasara, fuera lo que fuese, nunca sería suya. Desde que Truman aceptó cargar con las medidas impopulares de su gobierno —fue menos impopular por lanzar dos bombas atómicas sobre blancos civiles al final de la Segunda Guerra Mundial que por dejar entrar negros en unidades blancas del ejército durante la guerra de Corea—, ningún otro presidente ha vuelto a aceptar ser responsable de nada impopular en Estados Unidos, pero aun así Clinton logró elevar la irresponsabilidad presidencial y pasar las culpas a los demás a la categoría de arte.

La ejecución de Rector, por un método supuestamente humano como la inyección letal, fue un ejemplo de todo lo que puede salir mal en una operación de ese tipo, sobre todo para el ejecutado. El ejecutado pesaba más de ciento cincuenta kilos y los ejecutores tardaron tres cuartos de hora en encontrar una vena en la que insertar la canilla del veneno. Este tipo de ejecuciones tiene que ser llevado a cabo por un equipo de dos hombres, pero llegó a haber ocho personas en la sala de ejecuciones: la gente que tenía que atar al ejecutado tuvo que ayudar y hubo que traer a tres miembros del personal médico desde la enfermería. No había forma de encontrar las venas, y cada vez que se encontraba una ésta se colapsaba. Ricky Ray, que como tantos otros norteamericanos pobres nunca había tenido asistencia médica hasta entrar en la cárcel, creía estar en la enfermería y ayudaba todo lo que podía para localizar una vena. Al final hubo que hacerle un corte quirúrgico para poder colocar el catéter que llevaba el veneno. Los vigilantes de Montana hubieran podido hacer un trabajo mucho mejor, en menos tiempo, de forma más limpia. Incluso Christopher Scarver, el asesino de Jeffrey Dahmer, lo hubiera hecho de forma más limpia. A pesar de su previo y largo apoyo a la pena de muerte, el capellán de la cárcel, Dennis Pigman, dimitió de su cargo después de esa ejecución.

Aunque el tribunal de justicia dijo que Rector era mentalmente competente para ser ejecutado, todas las pruebas demostraban lo contrario. Sus guardias le llamaban Chickman («Hombre pollito»), porque creía que los guardias le tiraban cocodrilos y gallinas dentro de la celda. Cuando eso pasaba, se colgaba de las barras de la misma chillando. La noche de su ejecución, después de tomar su última cena, dejó a un lado un trozo de pastel de nueces para comérselo al día siguiente. Prueba de que no estaba cuerdo son sus declaraciones de que pensaba votar por Clinton en las presidenciales: una persona en su sano juicio hubiera recordado que en numerosos estados, Arkansas entre ellos, los condenados a penas de prisión por delitos considerados como graves, por ejemplo asesinar dos personas, entre ellas un policía, carecen del derecho de voto. Bueno, eso y que las elecciones iban a ser el próximo otoño, después de su ejecución. Y, sin embargo, a pesar de carecer del derecho de voto, Rector fue una de las personas que más influyó en la elección de Clinton.

La actitud de Clinton frente a la pena de muerte durante su presidencia fue clara: total apoyo. En 1994, elegido presidente, y pensando en la reelección, Clinton firmó con la mayor de las propagandas un acta que aumentaba el número de delitos federales que podían ser castigados con la pena de muerte. En 1996, año de elecciones, firmó la Antiterrorism and Effective Death Penalty Act, que hace más difícil para los condenados a muerte apelar sus sentencias en un tribunal federal. Después incluyó la firma de ese documento en su programa electoral para la reelección. La nueva ley limita el número de apelaciones de los condenados a la pena de muerte.

Lo curioso de Clinton es que de joven no era partidario de la pena de muerte. En su primer período como gobernador, era tan contrario a poner fecha a las ejecuciones que, a todos los efectos, posponía las sentencias de forma indefinida. Tanto que al final tuvo que firmarse una ley estatal que daba fecha exacta a las ejecuciones. Incluso entonces no fue un ángel exterminador. En su primer período como gobernador amnistió a un total de setenta personas, treinta y ocho de ellas acusadas de asesinato en primer grado. Uno de sus amnistiados, su Willie Horton particular, mató a los pocos meses de salir de prisión y Clinton perdió su reelección como gobernador a manos de un republicano. Cuando Clinton volvió a ser candidato a gobernador, se disculpó por sus pecados de juventud, por liberar a los condenados a muerte y se comprometió a no volver a hacerlo si salía elegido. Cumplió sus promesas. En su segundo período como gobernador, comenzó a apoyar la pena de muerte. «Mucha gente buena cree en las ejecuciones inmorales. No es mi opinión.» Lo curioso de Clinton es que siendo un animal político tardara tanto tiempo en cambiar de opinión sobre un tema que podría permitirle ganar votos.

Abandonada la Casa Blanca, libre del peso de tener que aspirar a un nuevo cargo electo, Clinton cambió de nuevo de posición y se declaró en contra de la pena de muerte. Criticó incluso al que sería su sucesor por su actitud, que nunca había cambiado, sobre la misma. Allá donde esté, Ricky Ray Rector agradecerá sin duda este nuevo cambio de opinión del que fue gobernador de su estado y, gracias precisamente a él, presidente de Estados Unidos.

Una noche solitaria, haciendo zapping me encontré con la CNN, y allí con la CNN World News Quiz. La pregunta de la noche era siniestra: «¿Qué estados siguen ahorcando como medio de ejecución?». Sólo tres: Delaware, Montana y Washington. Después el locutor anunció la próxima ejecución de un asesino en Washington, el estado de la costa del Pacífico que no hay que confundir con la capital de Estados Unidos. Aquel mismo día, ésa ya era una noticia mucho más común, otro preso sería ejecutado en Texas.

Cuando se restableció la pena de muerte, las noticias de ejecuciones eran lo suficientemente raras como para merecer la atención de la prensa y hasta había cuentas atrás en los informativos. «Tres días para la ejecución del asesino múltiple de Texas.» Ahora sólo se comentan los casos raros.

Estados Unidos ejecuta, y en eso no está solo. Un total de ochenta y siete países reconocen y usan la pena de muerte para crímenes comunes. Veintiún países la reconocen, pero rara vez la usan para esos mismos delitos. Doce países prevén la pena de muerte para crímenes cometidos bajo ley marcial o bajo circunstancias especiales. Sólo setenta y cinco países no incluyen la pena de muerte en sus leyes bajo ninguna circunstancia. Aun así, sólo dos, Estados Unidos y Japón, de entre todos los países que son partidarios de la pena de muerte para delitos comunes, pueden considerarse al mismo tiempo democracias representativas y sociedades industriales avanzadas. El resto incluye el eje del mal al completo denunciado por el presidente Bush: China, Irak, Irán, Corea del Norte y Cuba. De acuerdo con las estadísticas, China figura a la cabeza de la lista, con una media de 3.138 ejecuciones al año, seguida de Irán, con 214; Estados Unidos está en tercera posición, con una media de 71 al año. Considerando la dura competencia, se trata de una honrosa medalla de bronce, tanto más cuanto en Estados Unidos no se condena a muerte a adúlteros y homosexuales o por delitos meramente económicos.

Como resultado del federalismo y de los derechos de los estados, Estados Unidos es el país que ejecuta de forma más variada del mundo. Sólo tres estados siguen ejecutando con la horca, toda vez que ese medio es ahora considerado como cruel. En esos tres, la horca es sólo una de las opciones ya que varios estados tienen más de un sistema y ejecutan, por decirlo de alguna manera, a la carta.

Arkansas, California, Colorado, Connectitut, Delaware, Florida, Idaho, Illinois, Indiana, Luisiana, Maryland, Mississippi, Missouri, Montana, Nevada, Nueva Jersey, Nuevo México, Carolina del Norte, Ohio, Oklahoma, Oregón, Pensilvania, Dakota del Sur, Texas,

Utah, Virginia, el estado de Washington, el ejército y el gobierno federal emplean la inyección letal. Este método fue adoptado por Oklahoma y Texas en 1977; en 1986 ya era usado por dieciséis estados, y desde 1995 por veintiséis. Este tipo de ejecución comporta la inyección de una cantidad letal de barbitúricos en combinación con un agente químico paralizante. Las agujas son desinfectadas antes y después de su uso. El método es imperfecto y no funciona bien en diabéticos o drogadictos, cuyas venas son más difíciles de alcanzar. En esos casos es necesaria una pequeña operación quirúrgica previa para cortar las venas e insertar un catéter.

Arizona, California, Maryland, Mississippi y Carolina del Norte usan la cámara de gas. El condenado es colocado en una sala pequeña herméticamente sellada, dotada de ventanas para los testigos, en la que hay un cubo. A una señal del alcaide, se abre una válvula que llena el cubo de ácido hidroclórico. A una segunda señal, ocho onzas de cristales de cianuro de potasio son dejados caer mecánicamente en el ácido produciendo por reacción gas cianhídrico, que destruye la capacidad de generar la hemoglobina de la sangre. Normalmente, si el preso toma una larga bocanada, pierde el sentido en unos segundos y todo acaba rápidamente sin graves problemas, pero pocos lo hacen. Es instintivo tratar de contener la respiración. Después de producirse la muerte, el gas es extraído de la cámara a través de filtros de carbón y el cadáver limpiado con una solución de cloro antes de ser entregado a los sepultureros. Un enterrador no advertido podría, de otra manera, envenenarse y morir manipulando el cadáver.

Delaware, Montana y Washington ahorcan. Antes del ahorcamiento el preso es pesado y se calcula su caída de forma que un total de 572 kilogramos-fuerza se apliquen al cuello del condenado. En Inglaterra, en el siglo XVIII, fueron establecidas tablas de acuerdo con el peso de cada condenado que siguen siendo usándose aún hoy día. La leyenda, cuya veracidad no he podido comprobar, atribuye esas tablas a sir Isaac Newton, que en su condición de oficial de justicia, y encargado de perseguir la falsificación de moneda, habría tenido que presidir sobre una decena de ejecuciones. Hubiera sido una curiosa aplicación de las leyes físicas sobre la gravedad desarrolladas por él. En cualquier caso, el ahorcamiento efectuado según esas reglas asegura una muerte casi instantánea, por dislocación de la tercera o cuarta vértebra cervical. El nudo es colocado a la derecha de la oreja del condenado de forma que el cuello se parta en la caída facilitando la estrangulación.

Idaho y Utah fusilan. No existe un protocolo estandarizado para las ejecuciones por fusilamiento, aunque en Utah no se puede ejecutar en domingo ni fiestas de guardar. Suelen ser obra de cinco ejecutores disparando al unísono a través de una tronera contra el preso, que espera sentado delante de una pared recubierta de sacos terreros, para evitar que las balas reboten. Uno de los ejecutores escogido al azar, nadie sabe quién, tiene una bala de fogueo en su fusil. Desde el restablecimiento de la pena de muerte en Estados Unidos, sólo dos personas, ambas en Utah, han sido fusiladas: Gary Gilmore en 1977 y John Taylor, un pedófilo asesino, en 1996.

Alabama, Florida, Georgia, Kentucky, Nebraska, Ohio, Carolina del Sur, Tennessee y Virginia emplean la electrocución. En Florida, desde la aprobación de la inyección como método alternativo de ejecución, se han visto camisetas con la inscripción «Sólo los mariquitas usan inyecciones» en los circos que se montan fuera de la cárcel con ocasión de la ejecución de gente particularmente odiosa, o al menos particularmente odiada. No es raro que al final de una electrocución, los testigos hablen de un olor a carne chamuscada no muy distinto al de una barbacoa, razón por la cual la silla eléctrica de Florida está pasando lentamente de ser el principal método de ejecución a ser la alternativa.

Algunas sillas eléctricas han llegado a adquirir una personalidad propia y convertirse en parte del folklore de sus estados, como la Old Sparky, que a lo largo de su carrera se ha desembarazado de un magnicida frustrado, Giuseppe Zangara, que casi mató a Franklin D. Roosevelt en Miami, y de uno de los peores asesinos en serie de la historia de Estados Unidos, Bundy. Supongo que dice mucho sobre la particular relación entre la pena de muerte y los estados del Sur que sólo las sillas eléctricas de éstos tengan sobrenombres cariñosos. Old

Sparky en el caso de la silla de Florida. Old Sparky era también el sobrenombre de la retirada silla eléctrica de Texas, mientras que Yellow Moma es el de la retirada silla de Alabama.

La silla eléctrica nació en 1880 fruto de la conjunción involuntaria de dos genios en competencia, Thomas Edison y George Westinghouse. A Westinghouse no le gustaba la idea de usar su electricidad para las ejecuciones, temía la mala publicidad, y se opuso todo lo que pudo a su adopción. Era, sin embargo, imposible detener el progreso humano y la silla eléctrica fue aceptada como un método nuevo y más humano de acabar con la vida de criminales que, de todas maneras, debían morir. La primera persona en ser ejecutada por la silla eléctrica lo fue en Nueva York, se llamaba William Kemmler y en su ejecución se cumplieron las peores predicciones de Westinghouse. La silla funcionó imperfectamente, el condenado sangró por todos los orificios de su cabeza y fue ahumado hasta morir en medio de un horrible olor a carne quemada. Al día siguiente, confirmando las pesadillas de Westinghouse, un periódico, no de los más sensacionalistas, anunció: «Kemmler westinghouseado». Westinghouse, molesto, declararía más tarde: «Se habría hecho un trabajo mejor con un hacha».

Curiosamente, la decapitación, el único método que nunca falla y permite una muerte rápida y, por comparación, poco dolorosa, es también el único que nunca ha sido aceptado en Estados Unidos después de la independencia: demasiado sangriento. A los norteamericanos no les gustan las armas blancas, aunque les encanten las de fuego.

Armas

«Aún puedo recordar el primer día en que, siendo un niño en el campo, coloqué una lata encima de una cerca y le disparé con un 22», en palabras de William Jefferson Clinton, presidente de Estados Unidos. Clinton puede haber sido un presidente liberal, excepto en los impuestos, la política exterior, la pena de muerte y otros temas menores, pero seguía siendo un chico del Sur. Hay muchas partes de América, sobre todo —siempre volvemos a los mismos lugares— el Sur y el Oeste rurales, donde obtener la primera arma es un rito de iniciación y la muestra de que un muchacho ha alcanzado la edad adulta. El primer coche —en algunos estados es posible conducir a los dieciséis años— y la primera arma de caza llegan al mismo tiempo y todo el mundo sabe cómo usarlos con responsabilidad.

A los cuatro meses de estar en Miami, trabajando todavía en el restaurante de la Calle Ocho, compré mi primer revólver en el aparcamiento del mismo. Me lo vendió un peluquero, el mismo que me había vendido con anterioridad un reloj Piaget y un billetero de caballero Louis Vuitton falsos. Era un Taurus brasileño, calibre 38, de cinco tiros y percutor cubierto, ideal para llevar en el bolsillo de unos pantalones sin que se enredase al sacarlo ni llamar demasiado la atención. Me costó cuatro días de propinas y, al contrario que el billetero y el reloj, no tenía una marca falsificada. En defensa del vendedor, tengo que decir que también el reloj funcionó perfectamente, hasta que lo perdí en una mudanza, y que incluso el billetero daba el pego.

251

—¿Esto será legal? —pregunté.

—Galleguito, ésta es un arma comprada legalmente por mí, para mi uso personal… y si yo, ciudadano libre de este país, quiero venderla, puedo hacerlo a quien me salga… ¿Tú tienes un récord criminal?

Tardé un momento en comprender que me preguntaba en correcto spanglés de la Calle Ocho si tenía o no antecedentes policiales y naturalmente le mentí.

—No, claro que no.

—¿Tú estás loco?

Me costó un poco más decidir si me estaba insultando o haciendo una pregunta legítima, antes de concederle el beneficio de la duda.

—No. —Y ahí no estaba yo tan seguro. La gente cuerda no compra sus armas a un peluquero en el aparcamiento de un restaurante típico español, de esos para turistas, de los de taco de tortilla de patatas en el menú y muñeca gitana vestida de faralaes al lado de la caja registradora. Aunque, por otra parte, era allí, en aquel mismo aparcamiento, donde yo había comprado mi tarjeta de la seguridad social y la había recibido, como las de verdad, desde una oficina de la Social Security Administration.

—Esto es legal en Florida, chico. Créeme, que te lo digo yo —seguía insistiendo el vendedor.

Si un barbero de Little Havana no va a saber de leyes, ¿en quién confiar? Además, creo que me estaba diciendo la verdad. Sus ventas anteriores del reloj y el billetero sí estaban contra las leyes estadounidenses que protegen la propiedad intelectual y a los fabricantes legítimos. Le pagué en efectivo, que es como se hacen ese particular tipo de operaciones legales. Me ofreció un recibo, que rechacé, por si quería deducirla de mis impuestos como material laboral. En Miami, y en manos de un contable imaginativo, una pistola podría serlo para un camarero que trabaja hasta las tres de la madrugada en una mala zona. Me guardé el arma en el bolsillo y volví a mis platos sucios.

Así conseguí la primera de mis armas americanas.

Años más tarde, poco antes de irme de Estados Unidos asistí a un último *gun show*. Los *gun shows* no sirven sólo para conseguir armas, se
pueden comprar también libros y parafernalia. Siendo como es la
norteamericana una historia violenta, sirven también de repaso a lo
aprendido en la escuela. Hay vendedores de insignias de todas las
guerras libradas por Estados Unidos. Hay insignias de los enemigos
derrotados, tanto nazis como soviéticos. Estoy seguro de que toda esa
parafernalia comunista procedente del antiguo bloque soviético, vendida a precio de saldo, no es comprada por simpatizantes comunistas.
No veo nadie alrededor mío que parezca serlo. El simple detalle de
que los uniformes germano-orientales sean vendidos como uniformes de la Wehrmacht es revelador. No faltan, sin embargo, las mele-
nas y los *blue jeans* que en este ambiente, acompañados de múltiples
tatuajes, no evocan el clima de contestación que evocarían en otro
lugar, a pesar de que estoy seguro de que en un sitio como éste no
faltan enemigos del sistema. La parafernalia nazi es más cara y está
mejor dispuesta sobre las mesas expositoras. Es normalmente falsa.
Las insignias elaboradas con esmalte al fuego carecen de la pátina
acumulada por medio siglo de antigüedad. Las litografías están hechas en un papel libre de ácido que no existía en los años treinta y
cuarenta. Siguen, sin embargo, vendiéndose como antigüedades para
darles una excusa legítima a los compradores.

Luego está la mesa del veterano de los U-boats naturalizado norteamericano que no se molesta en fingir que lo suyo sean antigüedades. La vendedora de esa mesa lleva una camiseta con una gran cruz de
hierro y una frase en alemán y letra gótica que nadie entiende pero
lleva la firma de Hitler. En su mesa están todos los emblemas del III
Reich en forma de pin y, además, tazas de café, esas grandes tazas de
café que sólo se usan en América, con retratos de Doenitz y Hitler.
Nadie parece estar indignado por ello. La mayor parte de los asistentes
son blancos. Como esto es Miami, no faltan los cubanos, sobre todo de
la generación que llegó muy joven, pasó por la guerra de Vietnam y
está más acostumbrada a la vida en Estados Unidos.

Mucha gente va armada a los *gun shows* pero no habrán incidentes en éste, y rara vez los ha habido en otros. En la entrada varios

policías de uniforme, pero no de servicio, pagados por la feria, se han asegurado de que las armas que entran lo hagan descargadas. El proceso para entrar es fácil. Pagas el tíquet de entrada, se lo das a un niño con gorra de béisbol y cara llena de granos que está en la puerta, que a su vez te marca la mano con un sello de goma, como en las discotecas, por si tienes que salir y deseas regresar después. El policía fuera de servicio que está allí para redondear su paga te pregunta si estás armado. Si lo estás, sacas el arma del bolsillo o de la bolsa y se la enseñas. El policía te pide que la descargues, sin comprobar si tienes o no una licencia, y una vez descargada pone tus balas en una taza de café de policarbonato, como las de los McDonald's, en la que escribes tu nombre, iniciales o apodo, después pasa una tira plástica a través del cañón y la corredera del arma, que procede a sellar, inutilizando así temporalmente el arma, y te invita a entrar en la sala a través de un detector de metales.

Junto a la mesa del veterano de los U–boats, hay una de la compañía Heckler and Koch que vende carabinas de caza que parecen fusiles de asalto y pistolas automáticas. A tres mesas de distancia venden comida para *survivalist*. A cinco mesas de distancia venden munición recargada a mano, por bolsas y al peso. Enfrente de esa mesa hay otra en la que hay fusiles de cerrojo tipo máuser de la Primera Guerra Mundial, restos del ejército norteamericano. Más allá está el *redneck* gordo con los *bumper stickers* de la bandera confederada y los mensajes políticamente incorrectos. La mitad de ellos son sobre el derecho a llevar armas.

Un presidente del siglo XVIII, primero, y un novelista de ciencia ficción del XX, después, pueden resumir bien cuál es la actitud del norteamericano frente a sus armas. George Washington dijo: «Las armas son tan importantes como la misma Constitución. Son los dientes de la libertad de los americanos y la piedra angular de la independencia. Desde que los peregrinos desembarcaron hasta el día de hoy, sucesos, casos y tendencias han demostrado que para mantener la paz, seguridad y felicidad, el rifle y la pistola son igualmente indispensables...

la misma atmósfera de las armas de fuego presentes en todas partes impide la interferencia del mal; merecen un lugar de honor junto a todo lo que es bueno. Un pueblo libre tiene que estar armado». El novelista Robert A. Heinlein añadió dos siglos después: «Una sociedad armada es una sociedad educada. Los modales son buenos cuando hay que respaldar los actos con la vida».

En 1960, sólo el 12 por ciento de las casas tenían un arma. En 1976, el 21 por ciento de los norteamericanos estaban armados. A principios del siglo XXI, hay unos 212 millones de armas en las calles y casas de América, pero ésa es una cifra incierta, las estadísticas no son fiables. En cualquier caso, aún hay un mercado amplio para material nuevo: seis millones de armas son fabricados, o importados, y vendidos anualmente en Estados Unidos.

La población legalmente armada de 1960 confiaba en su gobierno y en su policía, pero hoy esa confianza ha desaparecido, y puesto que las leyes no obligan en muchos estados a registrar las armas, mucha gente no lo hace. A pesar de las limitaciones que trató de introducir el Crime Bill de 1994, existen hoy en Estados Unidos más de 284.000 vendedores autorizados de armas de fuego. Hay más armeros licenciados, aunque no más armerías, que escuelas y bibliotecas juntos. Hay 1.200 compañías en Estados Unidos, que van desde las grandes empresas de fama internacional como la recientemente clausurada Winchester, o las aún florecientes Colt y Smith and Wesson, hasta pequeñas fábricas locales, que mantienen surtido el país. Se calcula que cada diez segundos se fabrica un arma en Estados Unidos; cada nueve segundos, un arma es importada y se añade a las existentes en el país, lo que significa que existe prácticamente una por ciudadano. Estamos hablando de un producto duradero en el que la moda, o incluso la introducción de nuevas tecnologías como el uso de plásticos rígidos, no anula a los productos anteriores que siguen circulando. Hay revólveres hechos en 1899 y pistolas Colt fabricadas en 1911 que siguen matando tan bien como el día que salieron a la venta.

Para encontrar una sociedad tan armada como la de Estados Unidos hay que ir a países en guerra civil o sumidos en el mayor de los caos. Naturalmente, hay muertos, muchos, por obra de esas armas de fuego.

Desde luego, todos los problemas tienen dos caras y no podemos olvidar que las causas de la criminalidad son muchas y variadas —la decadencia de los centros urbanos, la crisis de la familia tradicional, la pérdida de respeto hacia las instituciones, o la simple mala fe humana—, tantas que acusar de ella sólo a las armas es para muchos norteamericanos injusto, sobre todo cuando ciudades con escaso o ningún control sobre las mismas, en que los ciudadanos andan, o pueden andar, armados y están autorizados a llevar armas ocultas con licencia, ofrecen estadísticas de criminalidad más bajas que otras con controles más estrictos, como por ejemplo Washington D.C.

Además, los defensores de las armas de fuego hacen notar que a principios de este siglo los índices de criminalidad son los más bajos en treinta años a pesar de su incremento, y lo comparan al hecho de que en el Reino Unido, o Francia, los crímenes han aumentado en ese mismo período, a pesar de las duras leyes que restringen la posesión de armas en esos países.

De esas tesis y experiencias contrapuestas, y de la amplia autonomía de las autoridades locales, ha surgido un mosaico de experimentos locales en lo que se refiere al control de armas que hace que conductas legales en unos estados sean perseguibles en otros.

En Nueva York y Washington, D.C., las armas cortas están controladas, y sin embargo hubo un momento en que los médicos militares, para adquirir experiencia en traumas y heridas causados por bala, iban a entrenarse a las salas de urgencias del Washington Hospital Center, un hospital civil. En diez estados, entre ellos Nueva York y Nueva Jersey, los propietarios de armas tienen que tener una licencia obligatoria. En veintiséis estados hay un tiempo de demora entre la compra del arma y su entrega para impedir, por ejemplo, que alguien en un momento de mal humor compre un rifle y mate a su familia o compañeros de trabajo. Esto último es algo lo suficientemente común en el servicio de correos como para que se haya acuñado la expresión «Going postal» para referirse a la conducta del empleado que en un momento dado se vuelve loco por presiones de su empleo y mata a tiros a todos sus colegas.

El retraso en la entrega del arma no supone necesariamente una revisión del historial del comprador. Treinta y cinco estados tienen leyes que permiten a los ciudadanos llevar armas ocultas, con las que, solicitando una licencia que cuesta alrededor de doscientos dólares, es posible llevar una pistola en el bolsillo de la chaqueta o tenerla en la guantera del coche. En Oregón, un estado muy tranquilo, unas ochenta mil personas tienen ese tipo de licencia. Esa cantidad, que puede parecer exagerada, representa sin embargo sólo una pequeña parte de los ciudadanos armados de ese estado.

En una de las salas anexas al salón central del *gun show* se celebra una conferencia sobre seguridad y armas que pronuncia un miembro de la NRA. En contra de lo que se cree fuera de Estados Unidos, una vez armado el norteamericano no puede usar sus armas con absoluta libertad. Incluso en Estados Unidos hay normas. Por regla general, que varía siempre de un estado a otro, un arma sólo puede ser sacada, usada y disparada en la casa o el negocio de su propietario. Cuando trabajé de camarero en el restaurante de la Calle Ocho solía salir a las tres de la madrugada con el arma en la mano y acompañar a mi jefe, con la recaudación del día, hasta el aparcamiento y, como el aparcamiento era privado y parte del negocio, para mí era legal estar armado allí. Ser detenido en posesión de un arma en cualquier otro lugar puede ser una falta perseguible, aunque si esa falta no es combinada con otro delito en Florida el arresto suele saldarse con una condena suspendida.

Existen, más o menos, 284.000 vendedores de armas en América. En 1975 eran algo menos de 150.000. No sabemos cuánta gente vende munición, ya que para eso no hace falta una licencia federal. De esos 284.000 vendedores de armas, sólo 20.000, de nuevo una cifra aproximada, tienen una tienda en regla, con armarios blindados para guardar las armas. De esas 20.000 tiendas, menos de la mitad son armerías. Muchos vendedores de armas trabajan en *pawn shops*, casas

de empeño, que lo mismo venden armas de segunda mano, empeña-
das por sus propietarios, que joyas o instrumentos musicales. Una
casa de empeño no es el peor lugar de América para vender armas.
Las casas de empeño norteamericanas suelen tener cajas de seguridad. Las de los barrios malos no sólo cajas de seguridad, sino cristales blindados y rejas entre cliente y propietario. Incluso las de los
mejores barrios, pero es raro ver una casa de empeño en un buen
barrio, tienen sistemas de contabilidad y control sobre sus clientes,
tanto vendedores como compradores, que superan a los de las mejores tiendas por secciones. Hay que decir que las tiendas por secciones no son revisadas por inspectores de impuestos y policías con
el mismo empeño que son revisadas las casas de empeño. Muchos
vendedores de armas licenciados, y sigo hablando de operaciones
perfectamente legales, suelen hacer su trabajo desde la parte trasera
de automóviles, en sus casas, en apartamentos alquilados para la ocasión o habitaciones de motel, en *gun shows* y mercadillos.

Las regulaciones para vender armas varían de un estado a otro,
pero por regla general el cliente de una armería tiene que rellenar
dos impresos, uno para la policía estatal y otro para el BATF, y debe
mostrar dos documentos de identidad —uno suele ser la licencia de
conducir—, aunque no necesariamente uno en el que aparezca su
foto. Desde 1994, la llamada Brady Bill, en honor al ex jefe de prensa de Reagan que hizo campaña para su aprobación, requiere un período de espera de cinco días, pero ese período no es obligatorio en
aquellos estados, como Virginia que ya tenían sus propios reglamentos cuando se aprobó la ley. En Virginia a veces basta una llamada telefónica del vendedor de armas al departamento de policía de la ciudad del comprador para comprobar sus datos. Una vez que la policía
local aprueba la compra, el impreso federal es rellenado. Sólo el hecho de estar fichado y condenado por un delito criminal, *felony* en el
lenguaje legal norteamericano, puede impedir que el cliente consiga
un arma. Haber sido detenido o incluso condenado por una o varias
faltas menores no impide conseguir armas en la mayor parte de los
estados. Antecedentes de inestabilidad mental, estar bajo medicación
—Prozac, no aspirinas—, ser depresivo, esquizofrénico o tener de-

sórdenes de conducta tampoco tiene por qué impedir una venta si esas enfermedades no se han traducido con anterioridad en un comportamiento tipificado por la ley como criminal, y en consecuencia no aparecen en los archivos policiales.

Uno de los vendedores de armas del *gun show* tiene una camiseta con una caricatura de Clinton en el centro de un punto de mira y las palabras: «¿Dónde está John Wilkes Booth cuando realmente lo necesitas?». Clinton ya no es presidente, pero el odio permanece. Dado que todos los presidentes norteamericanos asesinados lo han sido con un arma de fuego, podría pensarse que al menos el gobierno trataría de poner más control sobre las mismas, pero no hay mucho que temer por parte del gobierno federal en ese terreno. Los logros gubernamentales en control de armas son pobres. Se dio desde luego la National Firearms Act de 1934, que obligó a registrar las ametralladoras, fusiles y subfusiles ametralladores en propiedad de particulares, pero en modo alguno supuso su prohibición o confiscación. Otra ley, en 1938, introdujo las licencias para los vendedores de armas. Algunas clases de armas, pocas en realidad, así como las ventas interestatales fueron prohibidas o reguladas en 1968. Desde entonces poco más se ha hecho al respecto. La voluntad de aumentar los controles desde que Clinton, Janet Reno y los liberales están fuera de la Casa Blanca es hoy todavía menor. Incluso con liberales de verdad, y Johnson fue el último que gobernó como tal, no hubo mucha interferencia federal entre los norteamericanos y sus armas. Hoy día sólo los fusiles y pistolas ametralladoras completamente automáticos y los lanzagranadas están prohibidos. Ignoro en qué momento se legisló la tenencia de lanzagranadas, pero tengo que averiguarlo, porque estoy seguro de que detrás de una prohibición de ese tipo tiene que haber una historia realmente fascinante. En 1993 bastó la lejana amenaza de que el gobierno federal iba a cambiar las regulaciones sobre la compraventa de armas para que la venta de las mismas, sobre todo las de aquellas categorías más susceptibles de ser prohibidas o limitadas, subiera de un 10 a un 20 por ciento. Todo el mundo quería estar listo antes de la nunca llegada prohibición. Un gran *bumper sticker* a la venta en el *gun show* nos recuerda que Castro, Stalin y Janet Reno, la fiscal general de Clinton, estaban a favor del control de armas. En una mesa del *gun show* se venden grandes contenedores plásticos que permiten enterrar fusiles y munición en el patio trasero a salvo del óxido. Nadie dice qué utilidad pueden tener esos contenedores en manos de civiles, pero todos sabemos que sirven sobre todo para ocultar armas del gobierno.

La presencia de las armas en la historia de América se remonta a sus propios orígenes. Sin embargo, el culto a las mismas como sinónimo de libertad personal es algo más reciente. La literatura en los primeros años de historia de América atribuyó el éxito norteamericano a otros valores, como la sensibilidad religiosa, la laboriosidad. Aunque es una generalización bastante amplia, lo cierto es que en aquellos tiempos la prosperidad y supervivencia de Estados Unidos estaban ligadas en la imaginación de los ciudadanos a la gracia de Dios, la virtud cívica y la honesta persecución del interés privado. La noción de que una población armada era la base del llamado sueño americano habría parecido ridícula a la mayor parte de los americanos hasta la segunda mitad del siglo XIX, hasta la guerra civil, la cual supuso un punto de inflexión. Aunque lo que cambió con la guerra civil no fue tanto la realidad —buena parte del sueño americano desde la independencia a la expansión al Oeste había dependido de la existencia de armas en manos civiles—, como el reconocimiento explícito que este hecho tuvo de forma súbita, cuando millones de norteamericanos se encontraron frente a frente en el campo de batalla, matando por primera vez a gente con la que podían identificarse.

Aunque el culto a las armas puede ser reciente, sus antecedentes son lejanos. Un historiador norteamericano, Harold Gill, estudiando los inventarios coloniales usados para redactar testamentos, encontró armas en un 80 por ciento de las casas de blancos libres. En tiempos de la colonia, los virginianos pobres que no podían permitirse un mosquete eran armados a coste reducido o incluso a cambio de su trabajo, mientras que una ley de Connecticut exigía que cada casa tuviera, por lo menos, un mosquete, o arma de fuego equivalente, en condiciones de ser usada de inmediato. En Maryland los únicos a los que les estaba prohibido tener armas de fuego era a los cuáqueros, que no las hubieran aceptado, y a los católicos, que desobedecían la ley. En estados fronterizos con territorios indios, no existía esa prohibición. La independencia que hizo de todos los blancos libres hombres iguales en derechos levantó las limitaciones a los católicos. Poco después de la independencia, Alexis de Tocqueville, viajero y observador, describiendo una cabaña típica de Kentucky o Tennessee dijo que solía contener «una cama decente, algunas sillas, una buena arma», mientras que Charles Augustus Murray, un viajero inglés, que recorrió Virginia, el río Missouri y llegó al Oeste en 1830, admiró la hospitalidad de las antiguas colonias hacia alguien que podía ser considerado fácilmente como un enemigo, y escribió, en su *Travels in North America* (1839), que «casi todos los hombres tienen un rifle y pasan su tiempo cazando».

Un hombre de la frontera, en un momento en que casi todo el país era frontera, no era considerado como tal si no tenía cierto conocimiento y habilidad para usar armas de fuego. El rifle era fundamental y los padres enseñaban a los hijos a seguir sus pasos como cazadores en regiones en que la caza suministraba gran parte de las carne consumida en muchos estados. El ciervo, el pavo, incluso el oso, y después el búfalo, precedieron a la vaca, el cerdo y el cordero en la dieta de muchos norteamericanos de tiempos coloniales. La popularización de la caza y el consumo de carne, privilegios en Europa de la aristocracia, era una más de las bondades que las colonias norteamericanas ofrecían a un campesinado europeo, impedido de cazar por los señores feudales, que rara vez comía carne en su país de origen, y era fácilmente ahorcado en su país de origen cuando se daba a la caza furtiva.

El paso del culto a las armas a la pistola es, por el contrario, posterior y nació en la guerra civil. Los revólveres anteriores a la guerra civil, a pesar de sus seis tiros, eran de difícil control, lentos de cargar y pesados. No fue hasta esa guerra que los revólveres se hicieron más rápidos, ligeros y seguros. El salvaje Oeste fue probablemente más

salvaje porque América salía a conquistarlo después de la más mortí-
fera de sus guerras con la más barata de las armas.

Tal vez sin la guerra civil Estados Unidos no sería más violento
que Canadá, pero lo dudo. Las armas sólo son la muestra más evidente de la desconfianza hacia el Estado y la autonomía que todo
norteamericano reclama para sí mismo, no el origen de ésta.

En el *gun show* hay una mesa con banderas. La norteamericana es
omnipresente incluso fuera de ese tipo de shows, pero está allí bien
representada junto a su vieja enemiga, la Cruz del Sur, la tercera bandera de combate de la Confederación, que casi todos fuera del Sur
de Estados Unidos confunden con la bandera nacional confederada.
El vendedor es grueso, ese tipo de gordura excesiva no necesariamente blanda que sólo se da en América, y lleva una camiseta extra-
extra-extra-grande, amarilla, con la bandera de la serpiente, la de las
milicias de la guerra de Independencia, que a punto estuvo de ser la
de Estados Unidos. La bandera es de un amarillo brillante, en medio de la cual se ve una serpiente de cascabel enrollada sobre sí misma, a punto de saltar, con la lengua bífida fuera. A los pies de la serpiente aparecen las palabras «Dont tread on me», «No me pises», a
modo de advertencia. Es una bandera de presencia ubicua y múltiple.
Las milicias actuales la usan, pero fue el origen de la primera bandera
de combate de la marina norteamericana: una serpiente estirada y el
lema «Dont tread on me» sobre un fondo de barras rojiblancas a las
que les falta el cuartel azul estrellado. Es la bandera que se alza desde
el principio de la guerra contra el terrorismo en todos los barcos de
la marina norteamericana por orden del actual secretario de Guerra.

La amarilla era también la bandera de Tim McVeigh, el hombre
que en abril de 1995, en el aniversario de la batalla de Lexington,
voló el edificio federal de Oklahoma City, matando a 168 de sus
conciudadanos, porque se sentía oprimido por el exceso de gobierno. McVeigh era un hombre de 1776, nacido, para su propia desgracia y la de los que lo sufrieron, con dos siglos de retraso. Detenido
poco después del atentado de Oklahoma, se le requisó durante el re-

gistro de su vehículo un sobre que contenía numerosos documentos —prueba 456A en el juicio—, recortes de prensa tomados de revistas históricas, una copia de la Declaración de Independencia, y un artículo sobre la batalla de Lexington, «The American Response to Tyranny». El artículo estaba subrayado con rotulador amarillo. Uno de los fragmentos subrayados se refería a la serpiente de cascabel, la serpiente de la bandera amarilla: «El lema de numerosas milicias americanas era "No me pises", simbolizado por una serpiente de cascabel —un animal que no amenaza a nadie cuando es dejado en paz pero que cuando es pisado golpea brutalmente con tan letal "esforzamiento" [*sic*] como cualquier otra criatura de la tierra». Sin ese error gramatical, podría tratarse de cualquiera de los muchos elogios que le dedicó Benjamin Franklin, que la propuso como animal heráldico norteamericano, en vez del águila calva, ave carroñera y símbolo de una Europa feudal a la que siempre se opuso.

Hay banderas a la venta, no son caras y compro una bandera amarilla para mi cuarto. Lo hago en efectivo a pesar de que el vendedor acepta todas las tarjetas de crédito. A mi alrededor, gente que gasta mucho más que yo prefiere hacerlo en efectivo, por si McVeigh tenía razón y el Big Brother está vigilando.

En Florida cualquier adulto sin historial criminal o psiquiátrico puede obtener un arma de fuego. Antes podía hacerlo incluso en algunos grandes almacenes como Woolworth. En su mejor momento, Woolworth tuvo 1.200 tiendas en Estados Unidos, de costa a costa. En noventa de ellas vendían armas de caza; en dos de esas noventa, ambas en Florida, llegaron a vender subfusiles Uzi. No eran baratos pero tampoco excesivamente caros: salían a 598 dólares la pieza. Por su parte, Service Merchandise anunciaba en los años ochenta escopetas no propiamente recortadas pero sí tan cortas como la ley lo permitía, con la posibilidad adicional de sustituir la culata de madera larga, propia de las armas de caza, por una de plástico tipo pistola que era inútil para cualquier otra cosa que no fuera asaltar un Liquor Store o un Seven-eleven el sábado por la noche, al módico precio de 179 dólares con 96 centavos. Ahora que Woolworth ha desaparecido del mercado, las dos tiendas por departamentos más baratas de América son K-Mart y Wal-Mart, y ambas siguen vendiendo armas, aunque Wal-Mart dejó de vender armas cortas —ahora sólo tiene rifles de caza— y K-Mart dejó de vender munición para pistolas hace ya un par de años.

Muchos de los nuevos compradores, no sólo en Florida, quieren precisamente armas cortas para su protección personal. La mitad de las casas de América están ahora armadas y la mayor parte de ellas tienen más de un arma. Como con los tatuajes o los divorcios, el primer divorcio o la primera arma son las más difíciles. Una vez roto el tabú, el segundo tatuaje, divorcio, revólver o pistola automática de calibre militar que puede disparar balas de punta blindada capaces de atravesar el chaleco antibalas de un policía son más fáciles de conseguir. El promedio de armas en una casa armada es de cuatro armas y media por propietario.

De los 212 millones de armas en circulación, 67 millones son armas cortas. Las tres cuartas partes de las armas cortas producidas en América en la actualidad son pistolas semiautomáticas que pueden llevar de 9 a 18 balas en el cargador. Ésa es una nueva tendencia. El arma corta tradicional en Estados Unidos hasta la década de 1980 fue el revólver, mientras que las armas semiautomáticas eran usadas sólo por las fuerzas armadas. Las armas cortas son usadas en el 60 por ciento de los homicidios cometidos con arma de fuego.

En comparación, los tan criticados rifles semiautomáticos, que parecen militares sin llegar a serlo, son usados en sólo un 1 por ciento de las muertes intencionales por arma de fuego, a pesar de que hay tres millones de ellos en circulación. Los críticos de los rifles semiautomáticos objetan que pueden ser transformados en armas automáticas capaces de disparar en ráfaga, armas expresamente prohibidas por leyes federales que prohíben que los particulares tengan metralletas y fusiles de asalto. En realidad, no es tan difícil transformar un arma de fuego semiautomática en automática, siempre que uno tenga en su casa un buen taller mecánico, un libro de instrucciones detallado, acceso a piezas que es imposible conseguir en una armería normal y una larga experiencia como armero. De entre todas las cosas necesarias para convertir un arma semiautomática legal en un rifle de asalto automático ilegal, la única fácil de conseguir es el manual para hacerlo.

En otra mesa del *gun show*, junto a los manuales de transformación de armas, se venden libros de guerrilla urbana, métodos para fabricar explosivos y el *Poor Man's James Bond*, de Kurt Saxon —tiene que ser un seudónimo porque nadie tiene un nombre tan conveniente—, en el que se explica paso a paso cómo fabricar a partir de elementos inocuos como virutas de aluminio, algodón en rama o jabón en barra, cosas tan terribles como la termita, el fulmicotón o la gelatinita. Junto a ellos puedo ver un ejemplar de los *Diarios de Turner*. El atentado de Oklahoma es ya parte de la historia norteamericana y todo el que sabe leer, e incluso cualquier analfabeto provisto de un televisor, conoce la relación entre ese libro y la bomba de Oklahoma City pocos años atrás, si bien a nadie parece importarle u ofenderle la presencia del mismo.

Se trata del libro de cabecera de Tim McVeigh. Ahí está toda la retórica de la más reciente manifestación del nativismo norteamericano. Junto a los *Diarios de Turner* hay varios catálogos de armas y de material de supervivencia. Uno de ellos ofrece el *kit* State Militia, que incluye un emblema, que representa a un *minuteman* de 1776, con un mosquete al hombro y tricornio, el mismo emblema en negro y verde oliva sobre fondo verde oliva —apto para coserse en un uniforme de camuflaje—, la gorra con el emblema, la camiseta (con el emblema desde luego) y una gran reproducción tamaño póster de la Segunda Enmienda a la Constitución norteamericana sin la cual este tipo de shows no serían posibles. «Siendo una milicia bien regulada necesaria para la seguridad de un Estado libre, no podrá ser infringido el derecho de los ciudadanos de guardar y llevar armas.» Un derecho que los norteamericanos parecen considerar de origen divino.

4

Dios y Estados Unidos.
Una larga, vieja e íntima amistad

Mine eyes have seen the glory of the coming of the Lord:
He is trampling out the vintage where the grapes of wrath are stored;
He hath loosed the fateful lightning of His terrible swift sword:
His truth is marching on.

CHORUS
Glory, glory, hallelujah!
Glory, glory, hallelujah!
Glory, glory, hallelujah!
His truth is marching on.

In the beauty of the lilies Christ was born across the sea,
With a glory in His bosom that transfigures you and me:
As He died to make men holy, let us die to make men free,
While God is marching on.

JULIA WARD HOWE / WILLIAM STEFFE,
Battle Hymn of the Republic (1861)

Al reverendo Tony Ramos, por
lo aprendido en muchas, largas y
buenas conversaciones.

En Norteamérica se pueden salvar todo tipo de almas

Estados Unidos, a falta de tener un Estado moderno, tiene una nación, y esa nación está convencida de su excepcionalidad. Una excepcionalidad que adquiere a veces, de forma periódica, tintes mesiánicos. Son muchos los cristianos norteamericanos que, al margen de su origen étnico o su confesión religiosa, al leer la Biblia se identifican con el Pueblo Elegido. Estados Unidos es, para muchos de sus ciudadanos, a la vez el paraíso terrenal, la tierra prometida de la Biblia, e incluso el instrumento de la voluntad de un Dios que tiene más del Yahveh vengativo del Antiguo Testamento que del Jesús que perdona del Nuevo. Esa, la vieja y casi continua alianza entre Dios y Estados Unidos, en que tantos de sus ciudadanos creen, es una característica de la historia de ese país que aún no he tratado en este libro y que se remonta a algunos de sus primeros pobladores anglosajones, de nuevo los puritanos llegados en el navío *Mayflower*, para llegar al discurso político contemporáneo. Tanto el católico Kennedy, justo antes de tomar posesión del cargo como presidente de Estados Unidos, como el no muy religioso Reagan, en su discurso final antes de abandonar la presidencia, coincidieron en citar un sermón pronunciado por el puritano John Winthrop en 1630, «La ciudad en lo alto de la colina», que habla de la América que los colonos puritanos construiría como una sociedad perfecta, dirigida por Dios, admirada por su rectitud por los pueblos de la tierra, implacable con el pecado.

La religión es un tema del que hay que hablar para poder comprender América. Desde Alexis de Tocqueville hasta nuestros días, los visitantes llegados de otros países se han asombrado ante el papel que tiene Dios en un país que carece de una religión oficialmente establecida. G. K. Chesterton llegó a escribir: «América es una nación con alma de Iglesia».Y a pesar de ser Chesterton un hombre de fe, la frase no parecía ser un elogio.

Si la historia de América ha sido la historia de cómo sus sucesivos emigrantes se han ido convirtiendo en norteamericanos, a ser posible en norteamericanos blancos, es también la historia de cómo las sucesivas religiones llegadas hasta allí se han ido convirtiendo en iglesias protestantes no menos blancas.

Llegaron los alemanes del siglo XIX cantando *La Marsellesa* del pueblo, carteándose con Marx, y en sólo veinte años ya había iglesias católicas con misas en alemán en la mitad de los estados del Norte. Llegaron los italianos, nacidos en los Estados Pontificios, admiradores de Garibaldi, anticlericales y comecuras, y sus hijos construyeron iglesias de mármol más grandes que las que habían dejado atrás. Bastaba que un revolucionario judío, que había roto con su sinagoga en Kíev, se mudara a Nueva York para que su hijo volviera a la fe perdida por el padre y su nieto se hiciera hassidim e insistiera en ponerse, esta vez voluntariamente, la ropa del gueto del que había escapado su abuelo. Incluso los índices de asistencia a las iglesias católicas del Miami cubano son superiores a los que se conservan de la Cuba precastrista, un país en el que ningún político había alardeado de ser particularmente religioso hasta que Fidel bajó de la sierra cargado de escapularios y medallas. Funciona igual en todos los grupos étnicos y culturales. No es obligatorio creer en Dios para ser americano, pero a la hora de hacer carrera pública si no crees en Dios, ayuda mucho que te calles y nadie se entere.

¿Debe importarnos tanto la religiosidad norteamericana como para dedicarle este capítulo? Sí. La política interior norteamericana influye sobre todo el mundo. La forma en que, por ejemplo, los fundamentalistas cristianos apoyan, más incluso que los judíos liberales, todas las políticas radicales israelíes destinadas a devolver a Israel a sus fronteras bíblicas sólo puede ser comprendida desde la escatología cristiana de los grupos milenaristas. Siempre ha existido un milenarismo cristiano, pero desde los primeros siglos, desde que fue evidente que el fin de los tiempos y la segunda llegada de Cristo prevista por algunos de sus primeros seguidores no iba a ser inmediata, ese milenarismo se volvió cada vez más una postura excéntrica, propia de sectas marginales, hasta nuestros días. Esa creencia, común a los primeros cristianos, siempre ha sobrevivido en grupos marginales, pero ahora ha dejado de ser exclusiva de éstos y ha llegado a ser la tesis de sectores cada vez más amplios de evangélicos. Es importante que se recuerde que aunque en modo alguno sean una mayoría, buena parte de los norteamericanos modernos creen que el fin del mundo puede llegar durante su generación. Algunos evangélicos norteamericanos, una de las grandes influencias dentro del gobierno del segundo Bush, no sólo cree que el fin del mundo está cerca, sino que además eso es bueno porque precederá al retorno de Jesucristo.

Paseando un fin de semana por el Downtown de Miami, los vi. Eran negros y estaban vestidos, si no como hebreos de tiempos prerromanos, sí por lo menos como pastorcillos de una obra de teatro navideña de bajo presupuesto. Eran Black Hebrews, Hebreos Negros, tenían una teología propia que decía que los negros de África son las tribus perdidas de Israel. Estos Hebreos Negros estaban predicando en una esquina, pero sólo a los negros. Los blancos, todos los blancos, somos diablos. Los Hebreos Negros son la réplica, sin duda involuntaria, de una denominación protestante blanca, existente sólo dentro de los países anglosajones, llamada British Israelism, que afirma que los anglosajones son los descendientes de las diez tribus perdidas de Israel. Afirmación difícil de probar históricamente, pero que le fue revelada por Dios Padre a John Wilson, fundador de esa corriente religiosa, en 1814.

Los Hebreos Negros no son necesariamente los más raros de entre todos los evangelistas que uno se puede cruzar por las calles de cualquier ciudad norteamericana. En la entrada de la estación del metrorrail del centro de la ciudad, en medio de los vagabundos que se protegen allí, debajo de los altos raíles, del sol o la lluvia, podía ver todos los domingos a dos predicadores centroamericanos con un altavoz colocado en un carrito de los de ir al mercado, leyendo la Biblia a gritos en español. Para gran horror mío, creo que me encontré hace poco en las Ramblas con ellos o con sus hermanos, igualmente chillones, igualmente centroamericanos, blandiendo al aire sus Biblias con el mismo aire amenazador con que otros blanden un arma. En la Calle Flagler —de nuevo en Miami—, una o dos manzanas por debajo de los almacenes Burdines, camino del mar, podía verse todos los domingos por la mañana a un rubicundo pastor anglosajón y a su ayudante, creo que también esposa, negra, siempre bien vestidos —o al menos vestidos con buena ropa—, siempre despeinados y con la vestimenta desordenada por el calor, los gestos y los gritos, preguntando a la gente quién de los presentes había reconocido a Jesús como su salvador personal.

Todos ellos son la versión involuntariamente paródica de un movimiento mucho más serio y amplio. Son la versión más disparatada y extrema de todo un movimiento de lectores literales de la Biblia que creen que Estados Unidos, o al menos parte de sus habitantes, son el nuevo Israel. Algunos son racistas y limitan ese Nuevo Israel a blancos o negros; otros —los más—, incluyen en el mismo a todo aquel que acuda a la llamada de la fe.

El caso más extremo entre los Hebreos Negros fue —sigue siéndolo aunque ahora en prisión— Yahveh ben Yahveh, Dios hijo de Dios, nacido con el más modesto nombre de Hulon Mitchell Jr., que, tras crear un culto milenarista negro, acabó en la cárcel por asociación para delinquir y la participación de miembros de su secta en catorce asesinatos de carácter racista. En estos momentos ya no es nadie, pero en el momento de más poder controlaba un pequeño imperio inmobiliario valorado en varios millones de dólares que incluía sus locales de Miami, el llamado Templo del Amor, y veintidós templos más a lo largo y ancho de Estados Unidos.

Aunque normalmente en manos más responsables que las de Yahveh ben Yahveh, poder y religión nunca han ido demasiado separados en las comunidades negras de Norteamérica. La lista de los líderes políticos negros de Estados Unidos del siglo XX está encabezada por dos reverendos, Ralph Abernathy y Martin Luther King, continuada por otros dos, Al Sharpton y Jessie Jackson, e incluye a dos ministros musulmanes, aunque no ortodoxos, Elijah Muhammad y Louis Farrakam. La lista de los revolucionarios negros coloca tradicionalmente en primer lugar a otro líder religioso: Malcolm X. Personajes todos estos que son el vivo recuerdo de otros tiempos, peores para los que los sufrieron, en que uno de los raros hombres de éxito y prestigio en numerosas comunidades negras era el predicador y la Iglesia era el único club social posible para las comunidades afroamericanas, la sede de su poder electoral y su escuela. No es casualidad que Henry O. Flipper, el primer graduado negro de West Point, procediera de una academia religiosa, la American Missionary Association Schools. Como, en fechas más próximas, no deja de ser curioso que un partido, el republicano, acusado demasiadas veces de insensibilidad hacia las minorías, haya llevado a dos personas de la raza negra a posiciones de poder nunca antes vistas. Dos personas, de entre las cuales Colin Powell puede ofrecer alguna duda sobre su origen —¿inmigrante jamaicano o negro norteamericano?—, pero Condoleezza Rice, asesora presidencial en asuntos internacionales, ninguna.

Rice, pianista clásica que ha acompañado al violoncelista Yo-Yo Ma en concierto, capaz de hablar varios idiomas, entre ellos el ruso, en un país en el que la mayor parte de la gente habla sólo uno, autora o coautora de tres libros sobre el antiguo bloque soviético —*Uncertain Allegiance: The Soviet Union and the Czechoslovak Army: 1948-1983, The Gorbachev Era* y *Germany Unified and Europe Transformed*—, miembro de la Chevron Foundation, pertenece a una auténtica aristocracia de color desconocida por el gran público y nacida alrededor de las iglesias negras. Una aristocracia libre, y a menudo con propiedades desde antes de la guerra civil, republicana en la posguerra civil, demócrata en la época de la lucha por los derechos civiles, que ha evitado estar a la vista del gran público para no suscitar la envidia de los blancos pobres pero quizá también para evitar comparaciones con los negros igualmente pobres, y ha sabido ocupar silenciosamente parcelas cada vez más amplias de poder en la administración civil, sin perder de vista sus orígenes.

Miami tiene todo lo necesario para salvar cualquier tipo de alma. Un par de iglesias tradicionalistas y tridentinas para los católicos tipo Mel Gibson, a los que no les gustan Juan XXIII o Pablo VI, varios templos ortodoxos griegos, numerosas sinagogas, tanto ortodoxas como reformadas, e incluso una comunidad lubavitcher —aunque los Lubavitch prefieren ser llamados hasídicos Habad—, que se toma en serio las Escrituras y espera la llegada del Mesías, viste siguiendo la moda de los guetos de la Europa oriental de hace un siglo y se niega a reconocer la existencia del Estado de Israel, cuya misma existencia constituye un pecado. Tiene también musulmanes negros, aunque no todos los musulmanes norteamericanos son negros, ni siquiera todos los musulmanes de raza negra son necesariamente Musulmanes Negros. En realidad, dentro de la ortodoxia del islam tradicional, los musulmanes negros no entrarían sino de forma anecdótica y son muchas las comunidades ortodoxas tanto sunníes como chiíes que no les aceptan en sus mezquitas. Pero los Musulmanes Negros, la llamada Nación del Islam, existen y son una fuerza política y social en muchos barrios de Estados Unidos y, a pesar de su supuesto potencial subversivo, son también un elemento estabilizador en aquellos barrios en los que se han integrado, como garantes de seguridad, activistas sociales contra las drogas e incluso como empleadores y caseros. Pero ni siquiera los musulmanes negros, a pesar de su número e influencia en las comunidades negras, son representativos de las religiosidad negra, como no lo son de la judía los hasídicos, Yahveh ben Yahveh de las iglesias negras, el evangélico chillón de la Calle Flagler o David Koresh de las blancas, o los dos centroamericanos de debajo del metrorrail de las iglesias hispanas protestantes de la América del Norte.

Las sectas New Age, las iglesias étnicas, el islam, tanto en su versión ortodoxa como en la norteamericana, tanto las religiones de inmigrantes como las de conversos, los grupos budistas, o incluso esa rara iglesia que muchos clérigos cristianos no consideran cristiana pero que todos reconocen como inequívocamente norteamericana, los mormones, tienen un espacio creciente en un mundo que sigue perteneciendo sobre todo al monoteísmo judeocristiano tradicional nacido en Europa occidental. El *establishment* protestante —bautistas, presbiterianos, episcopales, congregacionales, luteranos y metodistas—, más los católicos romanos y los judíos, los ortodoxos un poco menos que los reformados, son las corrientes de lo que se considera hoy día como común y aceptado sin problemas dentro de la religiosidad norteamericana, y es que de la misma manera que un inmigrante que aspira a ser norteamericano, no importa cuál sea su origen o etnia, aspira en realidad a ser un norteamericano blanco y a tener todos los privilegios y derechos que a lo largo de la historia se ha autoconcedido ese grupo, una Iglesia norteamericana, incluso judía o católica, aspira a llegar a tener la respetabilidad y estatus de una Iglesia protestante, o, mejor dicho, la respetabilidad y estatus de los grandes grupos protestantes citados. No hay lista de espera entre las nuevas sectas y denominaciones para acceder al bajo estatus y la falta de poder de amish o shackers, por no hablar del estatus de otras variantes más recientes del cristianismo como los Adventistas del Séptimo Día, los Testigos de Jehová, el Ejército de Salvación, o la Ciencia Cristiana.

Puede verse esa tendencia en las parroquias católicas norteamericanas que mucho tiempo antes del Vaticano II ya habían comenzado a transformarse. La relación amistosa e igualitaria, que viene de antiguo, entre los sacerdotes de fe católica y sus comunidades en América tiene más que ver con la ausencia de jerarquías heredada de los peregrinos del *Mayflower* que con la rigidez de la Iglesia de Roma. Puede verse también en los judíos de las principales ramas del judaísmo norteamericano, a los que nada diferencia en sus costumbres y hábitos diarios, o dietarios, de sus compatriotas gentiles. Los demás grupos religiosos son, al menos por el momento, sólo socios menores en la búsqueda de la verdad *american style*. Estados Unidos es lo suficientemente grande, poderoso y, sobre todo, estable como para permitirse unos pocos rebeldes, algunos locos, e incluso bastantes disidentes sin que pase nada. Los mormones pueden tener un buen porcentaje de los agentes del FBI, pero su director, no el actual sino el inmediatamente anterior, Louis Freeh, era de un grupo, algunos dicen secta, mucho más serio: el Opus Dei.

De todas maneras, si se hace caso a un observador tan importante de la cultura norteamericana como Harold Bloom y a su libro *The American Religion*, la próxima Iglesia que va a entrar en el reducido club del *establishment* religioso norteamericano va a ser precisamente la de los mormones, durante mucho tiempo conocidos como Santos de los Últimos Días y más recientemente como Santos Cristianos de los Últimos Días.

El libro de Bloom se concentra sobre todo en las denominaciones exóticas —mormones, Testigos de Jehová, Ciencia Cristiana, Adventistas del Séptimo Día—, americaniza el origen de los bautistas, que hace remontar al renacer religioso de principios del siglo XIX, y deja a un lado a congregacionales, luteranos, presbiterianos y católicos, pero pese a todo es interesante, tanto por la suma de anécdotas, datos olvidados que recupera e información recogida, como por sus tesis. Por lo demás, la tasa de crecimiento de las distintas religiones en Estados Unidos desde 1970 hasta hoy da la razón en más de un aspecto a Bloom y nos deja saber que la denominación mormona y la bautista son las que más han crecido en la segunda mitad del siglo XX. Los mormones han crecido un 220 por ciento; los bautistas del Sur, un 33 por ciento; los católicos romanos, un 29 por ciento; los judíos, no es raro en una religión que no tiende a hacer proselitismo, sólo un 3 por ciento; por el contrario, los metodistas han perdido un 21 por ciento; los episcopales, un 28 por ciento, y los presbiterianos han caído un 36 por ciento.

Los Santos Cristianos de los Últimos Días

Se les puede ver un poco por todas partes. Van por parejas y en bicicleta. Me los crucé en Miami, como me los había cruzado en San Salvador, y me los cruzo de nuevo en Barcelona. Camisa blanca de manga corta y una corbata barata de Sears correctamente anudada, nunca suelta, al cuello. Son misioneros blancos llevando la palabra de su Iglesia en tierra de indios —algunos barrios de Miami han llegado a serlo—. Todos los mormones tienen que hacer las veces de misionero dos años. Convierten a bastantes, a juzgar por el crecimiento de su Iglesia y su religión, que se ha extendido a los lugares más improbables. Hay miles de mormones en sitios tan lejanos de Salt Lake City como El Salvador, Brasil o República Dominicana.

Diez millones de personas en todo el mundo consideran a Joseph Smith y Brigham Young como profetas y santos —Smith, además, es mártir— y profesan su fe. La Iglesia mormona es la más influyente en el estado de Utah y tiene numerosos seguidores en todo el Oeste. Es propietaria de una de las más grandes concentraciones de capital de la región de las montañas Rocosas, que incluye bienes raíces, periódicos, estaciones de televisión y otros muchos negocios.

Políticamente, los mormones son conservadores, tienen más hijos que el promedio de las familias norteamericanas, se oponen a la homosexualidad, el aborto y los matrimonios de un mismo sexo. Sus miembros rara vez piden o aceptan ayudas monetarias del gobierno y sus líderes están próximos al ala conservadora del Partido Republicano. Numerosos mormones han servido en la administración pública, donde, como grupo, tienen fama de ser incorruptibles, serios y competentes. Debido a esa fama, el millonario Howard Hughes se rodeó de mormones en los últimos años de su vida y los colocó en los puestos de dirección de todas sus empresas. Los mormones han ocupado desde siempre importantes cargos administrativos en el gobierno. Hay mormones en las juntas directivas de las ciento cincuenta empresas más grandes de Estados Unidos.

Después del 11 de septiembre apareció una noticia en la prensa norteamericana. El FBI iba a consultar con informáticos mormones la actualización de su base de datos para renovar el sistema de ordenadores de la agencia. Dentro del esfuerzo para renovar ese sistema, los mormones iban a dar soporte técnico para desarrollar un sistema de reconocimiento de nombres que tuviera en cuenta las diferentes maneras de escribir un apellido, sus variantes locales, sus variantes históricas y las diferentes transcripciones de éste al pasar al alfabeto romano desde un alfabeto no occidental. En el sistema empleado hasta entonces por el FBI, la única manera de encontrar un nombre era escribirlo correctamente, porque de cualquier otra manera el ordenador no lo reconocía.

No es la primera relación entre el FBI y los mormones. A J. Edgar Hoover le gustaba tenerlos en su agencia. Eran callados, limpios, estaban siempre en forma, guardaban bien los secretos y desde aquel penoso incidente de 1850 en que casi se habían sublevado contra el gobierno federal y tratado de crear su propia república teocéntrica en territorios ocupados hoy por Utah, California y Nevada, habían estado entre los más fieles ciudadanos de Estados Unidos. Además, Hoover, que había malinterpretado la doctrina del *blood atonement*, estaba convencido de que sus agentes mormones preferirían suicidarse antes que traicionar un secreto, y Edgar era un hombre de muchos secretos, a juzgar por sus más recientes biografías. Es por todo ello, error incluido, que durante su largo período como director del FBI los mormones fueron el grupo más sobrerrepresentado en la agencia, igualando en algunos ámbitos incluso a los católicos irlandeses que eran, sin embargo, la columna vertebral de las fuerzas de orden público en la América de los años veinte, treinta y cuarenta. Aunque Hoover ya no está al frente, los mormones continúan siendo un número considerable entre los agentes de campo.

¿Por qué los mormones son tan buenos con los ordenadores? No lo son en todos los ámbitos, pero en la genealogía no tienen rival. No la tenían hace un siglo con archivos manuales y no la tienen hoy con ordenadores. Tiene que ver con su religión. Aunque los mormones afirman ser cristianos, y demuestran su afinidad con ese conjunto de religiones repitiendo el mismo mantra que todas las demás iglesias cristianas vienen repitiendo desde hace veinte siglos —«Sólo mi Iglesia tiene la Verdad y salva, todos los demás sois herejes e iréis al infierno»—, lo cierto es que hay una larga serie de detalles doctrinales que separan a los Santos Cristianos de los Últimos Días de las demás denominaciones: los conceptos de salvación, paraíso e infierno, la cuestión de los matrimonios múltiples —por la que casi fueron a la guerra contra el gobierno federal—, su relación con el cuerpo —hay que cuidarlo bien porque el cuerpo de este mundo será el mismo que tendremos al resucitar en el paraíso— y desde luego la familia. Los niños mormones tienen una canción que dice «las familias pueden estar unidas para siempre», que va más allá de un mero deseo. Los mormones tienen una ceremonia que sella para siempre el destino de una familia, por el tiempo y para la eternidad, que incluye no sólo a los parientes vivos, sino también a los muertos hasta tan lejos como éstos puedan ser trazados y reconocidos. De ahí el interés de los mormones por todas las ciencias relacionadas con la genealogía, y las inmensas bases de datos que tienen en ese terreno, que son las más grandes del mundo. Simplificando mucho —siempre es un riesgo simplificar en cuestiones religiosas—, los mormones salvan de forma retroactiva a los antepasados muertos con los nuevos conversos.

Las relaciones entre los mormones y el gobierno no siempre fueron tan buenas como ahora. De 1850 a 1858, la Iglesia estuvo prácticamente en un estado de guerra con Estados Unidos. La milicia mormona, la Legión Nauvoo, creada por Joseph Smith en 1840 para proteger a sus fieles, quemó varios trenes de avituallamiento del ejército, desbandó el ganado con el que tenían que alimentarse las tropas federales y tuvo algunos desencuentros de poca importancia con el ejército antes de llegar a un acuerdo pactado.

Fue en ese período que se produjo el suceso que más ha envenenado las relaciones entre los mormones y sus vecinos gentiles, la masacre de Mountain Meadows (1857), en la que un grupo de mormones vestidos de indios, junto a indios reales, mataron a más de cien colonos procedentes de Missouri, un estado del que los mormones habían sido expulsados pocos años atrás. Los mormones actuaron bajo el mando de John Doyle Lee, que es descrito en la historiografía mormona como un converso reciente, olvidando muy convenientemente que todos lo eran en una religión que no había cumplido treinta años. Lee no fue ejecutado hasta veinte años después, el 23 de marzo de 1877. Le sobrevivieron sus diecinueve esposas y una cincuentena de sus sesenta y cinco hijos. Murió peleado con Brigham Young pero sin decir el nombre de ninguno de sus setenta cómplices: «He guardado fielmente el secreto de su culpabilidad y he permanecido en silencio y fiel al juramento de silencio que tomamos en el campo ensangrentado, por muchos largos y amargos años. Nunca he traicionado a los que actuaron conmigo y participaron en el crimen por el que he sido condenado y por el que he de morir». Incluso sin ese trágico suceso, la historia de los mormones no ha sido ajena a la violencia, aunque normalmente han aparecido como víctimas. Su mismo fundador fue linchado.

Joseph Smith, fundador y primer presidente de la Iglesia, era el hijo de un agricultor de Vermont que en 1820, a los quince años, mientras vivía en Manchester, Nueva York, comenzó a preocuparse por temas religiosos. Procedente de una familia presbiteriana, se sintió inclinado al metodismo, lo que no le impidió practicar algún tiempo ritos masónicos. Sin acabar de decidirse por ninguna Iglesia, pidió orientación espiritual a Dios y declaró haberla recibido en la forma de la aparición de dos seres celestiales que le dijeron que, en vez de unirse a cualquiera de las iglesias existentes, tenía que ayudar a restablecer la auténtica Iglesia de Jesús.

A lo largo de su vida, Joseph Smith declararía haber sido visitado por Dios Padre, Dios Hijo, san Juan Bautista, san Pedro, Santiago, san Juan Evangelista, Moisés, el profeta Elías y los ángeles y arcángeles Miguel, Rafael, Nefi, Moroni y Mormón. Los cristianos que no hayan oído hablar de los tres últimos no tienen por qué preocuparse: son específicos de la Iglesia mormona.

La primera aparición fue el 21 de septiembre de 1823, cuando un mensajero celestial, Moroni, le reveló la existencia de un antiguo libro que contenía la totalidad de las enseñanzas de Jesucristo tal y como fueron enseñadas tras su resurrección a los nefitas, una rama perdida del pueblo de Israel que habitaba el continente norteamericano desde antes de la llegada de Colón. Moroni había sido en vida un profeta nefita, hijo de otro profeta llamado Mormón, que fue el compilador del libro enterrado en la colina situada a 3 kilómetros de Manchester. Joseph Smith recibió el libro en septiembre de 1827. Se trataba, de acuerdo con su descripción, de una serie de placas metálicas, probablemente de oro, extremadamente delgadas que formaban un libro de seis pulgadas de ancho por otras seis de largo, con seis pulgadas de grosor, unidas por anillas.

Los caracteres grabados en las páginas eran lo que Smith, hombre sin formación como arqueólogo o lingüista, reconoció de inmediato como «egipcio reformado» —un idioma cuya existencia ningún arqueólogo o lingüista formado fuera de la fe mormona parece conocer—. Junto al libro encontró a Purim y Thummim, unas piedras traductoras como las usadas por Aarón, el sacerdote hermano de Abraham, a través de las cuales pudo traducir los textos al inglés. El resultado fue el Libro de Mormón publicado en Palmyra, Nueva York, en marzo de 1830. En el prólogo del libro, once testigos, tres de los cuales se retractaron después, afirman haber visto las placas originales. Éstas, después de traducidas, se perdieron. Lo mismo pasó con Purim y Thummim.

El Libro de Mormón es la supuesta versión, abreviada, de la relación entre Dios Padre y dos razas prehistóricas norteamericanas, los jareditas, que llegaron a América desde la torre de Babel, después de la confusión de las lenguas, y los nefitas, que salieron de Israel justo antes del cautiverio en Babilonia (el 600 a.C.). El libro redunda en una idea muy querida en la época y compartida por otros grupos religiosos anglosajones: América es el Nuevo Sión, donde se construirá la Nueva Jerusalén y se reunirán los fieles antes de la segunda llegada del Mesías. Dentro de esa cosmovisión, el trabajo de gente como Colón, los peregrinos del *Mayflower* o los revolucionarios norteamericanos de 1776 había sido parte de un plan divino que llegaba hasta Joseph Smith, que era el continuador de los profetas del Antiguo Testamento.

A lo largo del trabajo de traducción, Smith fue visitado por san Juan Bautista, en forma de ángel, que le confirió el sacerdocio aarónico, antes de ser ordenado en el sacerdocio de Mequisedec por los apóstoles Pedro, Santiago y Juan.

El libro obtenido fue una curiosa mezcla de anacronismos e ignorancia histórica: los nefitas que partieron de Israel el siglo VI a. C. conocen y citan libros hebreos posteriores a su marcha; se emplean términos griegos como alfa y omega procedentes del Nuevo Testamento; se cita a san Pedro con varios siglos de antelación; se confunde la sinagoga de tiempos posteriores a Jesús con el templo de la época salomónica; se sitúa en la América precolombina una industria del metal que incluye el hierro y se habla de caballos, cerdos, trigo y olivas en un continente en donde ninguno de esos animales o cultivos existió hasta la llegada de los conquistadores españoles muchos siglos después.

Tras la publicación del Libro de Mormón, los seguidores del mismo pasaron a ser llamados mormones, un término al que ellos prefirieron la denominación de Santos de los Últimos Días, en oposición a los santos de los primeros días del cristianismo. La Iglesia de los Santos de los Últimos Días fue creada el 6 de abril de 1830 en La Fayette, Nueva York. Joseph Smith fue aceptado como su primer sabio, profeta y líder.

Ser exclusivo, y aún más ser excluyente, suele traer problemas. Los primeros mormones fueron expulsados hacia el Oeste en medio

de graves incidentes que costaron la vida de su primer profeta. Smith
fue acosado durante años desde Missouri a Illinois, y asesinado junto a su hermano, Hyrum, por una turbas de linchadores en la prisión
de una ciudad de nombre clásico: Cartaghe. Las últimas palabras de
Smith cuando lo asaltaron en su celda, «¿Nadie ayudara a este hijo de
la viuda?», fueron una petición de ayuda, pero no a Dios o a sus ángeles y arcángeles, sino a sus más terrenos hermanos masones. No fue
una buena idea: miembros prominentes de la logia de Cartaghe formaban parte del grupo organizador del linchamiento.

La reacción de la prensa local fue la que ya sabemos como habitual en la época frente a un linchamiento. Thomas Coke Sharp, editor, propietario y supongo que analista judicial de *The Warsaw Signal*,
comentó el linchamiento con estas palabras: «La *Saint Louis Gazette*
dice que los hombres que mataron a los Smith eran una jauría de co-
bardes. Nuestro punto de vista es que en vez de cobardía exhibieron
un valor temerario, ya que sabían o creían que podían atraer sobre sí
la venganza de los mormones. Es cierto que el acto de un grupo armado yendo a prisión y matando presos puede parecer a simple vista cobarde [*sic*], pero mirémoslo como si estos hombres fueran ejecutores de la justicia y su acto no es más cobarde que el acto de un
verdugo colgando a un convicto indefenso que es incapaz de resistencia».

En el siguiente éxodo, el nuevo líder, Brigham Young, condujo a su
gente al Oeste. El principal grupo de creyentes cruzó el congelado
río Mississippi y atravesó Iowa, para pasar después el río Missouri.
Otra colonia navegó desde Nueva York, rodeó el cabo de Hornos y
llegó a San Francisco en 1846. Ambas se reunieron y acabaron insta-
lándose en una región desértica, conocida hoy como Salt Lake, por
aquel entonces aún parte de la California mexicana. Los mormones
participaron en la guerra con México de 1848 que cambiaría esa
frontera, con una unidad voluntaria, el Batallón Mormón.

Libres de organizarse en los nuevos territorios, los mormones lo
hicieron siguiendo un modelo que combinaba los poderes religiosos

y civiles en un mismo grupo de líderes eclesiásticos al frente del cual estaba un gobernador territorial, que también su profeta. La emigración de no mormones al territorio y la llegada del gobierno federal en la región acabó con ese estado de cosas, cuyo resultado fue un gobierno civil provisional en espera de que el territorio se declarara un estado. En marzo de 1848, a los trece meses de la firma de la paz con México, los pobladores de Salt Lake proclamaron el gobierno provisional de Deseret, en espera de ser aceptados por la Unión. Deseret es un término procedente del Libro de Mormón que significa «colmena». El nombre fue rechazado y en su lugar se le dio al nuevo territorio el nombre de Utah, tomado de una tribu india local, aunque pese a ello la colmena pasó a formar parte de la bandera del nuevo estado, que lleva también escrito el número 1847, en recuerdo de la fecha en que Young y sus seguidores llegaron al mismo.

Brigham Young fue confirmado como gobernador territorial por dos presidentes demócratas, Millard Fillmore (1850) y Franklin Pierce (1854), con la protesta del recién creado Partido Republicano, que reprochó al presidente Pierce que contribuyera al mantenimiento en Estados Unidos de dos instituciones bárbaras condenadas por la civilización y la historia: la esclavitud y la poligamia. El período entre 1850 y 1858 vio momentos de gran tensión y enfrentamientos menores entre el gobierno federal, los mormones y los colonos no mormones. El presidente Buchanan acabó por mandar tropas federales a Utah en 1858.

Aunque durante la colonia inglesa se persiguió en distintos territorios a los católicos, aunque después de la independencia numerosos grupos nativistas trataron de prohibir la difusión de esa fe, aunque algunos de los Padres Fundadores trataron de impedir la entrada de judíos en Norteamérica, y aunque existen otros grupos religiosos cerrados en Estados Unidos, los amish y shackers entre otros, y a pesar de que tanto estos últimos como los cuáqueros se negaron a participar en la guerra civil, ninguna religión organizada ha sido perseguida por el gobierno federal, hasta el extremo de que éste legislase expresamente contra uno de los principios de su fe, o al menos así fue hasta la aparición de la fe mormona. En varios siglos de historia, sólo los mormones han sido perseguidos por el gobierno norteamericano como grupo religioso organizado. La principal razón de la hostilidad entre la jerarquía mormona y el gobierno federal ha sido menos una cuestión teológica que una cuestión de derecho civil: la doctrina de los matrimonios múltiples, la poligamia.

Una de las numerosas visiones de Joseph Smith le ordenó la reintroducción entre sus fieles de la poligamia bíblica. Si bien no era obligatorio tener más de una mujer, la poligamia fue predicada, y practicada, por los principales líderes de la Iglesia y muchos de sus seguidores. Aunque la Iglesia fue creada en 1830, la poligamia no se introdujo hasta 1843 y no se transformó en política oficial de los mormones hasta 1852. Después del despliegue de tropas de 1858, el Congreso aprobó la Morrill Anti-Bigamy Act en 1862. Fue Lincoln el que firmó la ley con que los republicanos acabaron oficialmente con la última de las dos instituciones bárbaras, contra las que tanto habían protestado cuando aún eran un partido sin posibilidades de poder. Deseosos de comprobar la aplicación real de la nueva ley, el secretario personal de Brigham Young, George Reynolds, aceptó ser llevado a juicio por bigamia. Reynolds fue condenado y su condena confirmada por el Tribunal Supremo en 1879. La sentencia del Supremo dejaba claro que ninguna creencia religiosa podía invalidar la ley civil común al resto de la nación. A pesar de eso, la poligamia continuó. En 1882 se aprobó contra ella la Edmunds Act, que hacía de la poligamia un delito grave y de la cohabitación ilegal una falta, con lo que se perjudicaba también a varios cientos de miles de adúlteros norteamericanos poco o nada imaginativos en temas religiosos. Los mormones comenzaron entonces a cruzar la frontera e irse a México para casarse allí. En 1888, la Edmunds-Tucker Act respondió a las bodas mexicanas con la confiscación de las propiedades de la Iglesia. Cerca de 1.300 polígamos fueron detenidos, numerosas propiedades de la Iglesia fueron confiscadas y la mayor parte de los líderes de la misma, incluyendo su apóstol del momento, Wilford Woodruff, tuvieron que esconderse.

Woodruff acabó por capitular y declaró acabada la poligamia el 24 de septiembre de 1890. Como Dios se lo había revelado y Woodruff sabía que el fin del mundo llegaría aquel mismo año —en octubre, o a mediados de noviembre lo más tardar—, no le costaba nada engañar a las autoridades federales fingiendo ceder. El fin del mundo no tuvo lugar en la fecha prevista y algunos grupos más puros de mormones se negaron a aceptar las órdenes de su presidente, pero aun así la poligamia desapareció finalmente de los preceptos de la Iglesia. El último líder mormón que practicó la poligamia fue Heber J. Grant, que murió en 1945 —mucho después de abandonarla— y hubo aún redadas contra polígamos en 1944, 1945 y 1953; pero, al menos en teoría, la Iglesia mormona había dejado de ser polígama, excomulgado a los que seguían practicando dentro de ella el llamado patriarcado abrahámico, y Utah fue, por fin, un estado normal de la Unión.

Tributo a la fallida revelación de Wilford Woodruff y a la disciplina interna de la organización mormona, hoy sólo quedan fundamentalistas polígamos fuera de Utah, en Arizona. Con todo y ser pocos, se calcula que el número de miembros de las distintas sectas polígamas de Estados Unidos, tanto escindidas de la principal Iglesia mormona como de otras denominaciones, son unos quince mil, que viven normalmente en áreas rurales y aisladas. Pocos, pero los suficientes como para ser motivo desde 2002 de una serie televisiva, *Big Love,* que gira en torno a una familia típica de mormones disidentes, compuesta por el padre, sus tres esposas —hay una cuarta en camino— y sus siete hijos, que luchan, como cualquier otra familia, por mantener a pie el negocio familiar, sus vidas de casados, así como para que las autoridades no se enteren de que están casados.

A pesar de sus orígenes, y de su historia, la Iglesia de los mormones hoy no tiene nada de secta milenarista. Ha llegado a ser un trust bien organizado que habla poco y de forma selectiva acerca de sus orígenes, controla un amplio imperio económico y religioso, está presente en las juntas de administración de muchas de las empresas más grandes de Estados Unidos y es propietaria de gran parte del estado de Utah. También como Iglesia continúa creciendo con mayor velocidad que cualquier otra denominación teóricamente cristiana.

Para ser incluida entre las otras denominaciones cristianas, los mormones no han dudado en hacer su propio *aggiornamento*, aunque, al contrario que la Iglesia católica, que ha pedido disculpas por los errores y horrores de su historia, los mormones se han limitado a reescribir sus libros para borrar los propios horrores. Así, ha desaparecido la masacre de Mountain Meadows; la doctrina de la expiación por sangre; algunas enseñanzas de Brigham Young, que entre 1852 y 1877 parecía identificar a Dios Padre con Adán; la poligamia, que ya es sólo practicada por disidentes; y la discriminación contra los negros, que desapareció cuando en 1978 el entonces presidente de la Iglesia, Spencer W. Kimball, tuvo una revelación que acabó con la misma, contradiciendo enseñanzas anteriores de Brigham Young: «Ninguna persona que tenga la más mínima parte de negro podrá tener la condición sacerdotal».

Los estudiosos de la Iglesia mormona han dado cuenta de la evolución de la imagen del mormón en el imaginario norteamericano. Jan Shipps, la primera mujer no mormona —en realidad, la primera mujer de cualquier religión— que ha sido elegida como presidenta de la Mormon History Association, lo indicó con una frase: el mormón ha pasado de sátiro a santo. Los mormones han dejado de ser objeto de burla por sus extrañas creencias, para serlo de admiración por su conducta diaria. En la década de 1930, en medio del crack del 29, la independencia económica de los mormones hizo que comenzaran a ser vistos como gente sencilla y poco complicada que, bajo la dirección de líderes sabios, prosperaba incluso en los malos tiempos por su adhesión a un sistema de valores basado en la sencillez y sentido común. En los años cincuenta, durante la presidencia de Eisenhower, los mormones eran ya los ciudadanos ideales. Ezra Taff Benzoe llegó a ser secretario de Agricultura con Eisenhower; George Romney pasó de ser presidente de la American Motors a ser gobernador de Michigan en 1962. Durante los sesenta la actitud de los mormones en cuestiones raciales, que había sido hasta poco antes la de casi toda la América blanca, se tradujo en un cierto rechazo hacia ellos como grupo. En los setenta, en medio de una gran crisis de la familia, el incremento del consumo de drogas y de la delincuencia, los mormones reaparecieron como modelos de solidez familiar, gente sana de hábitos sanos, aficionada a la genealogía. El final de los setenta, la entrada de los negros en el sacerdocio, cuyo primer efecto fue recordar que hasta entonces les había sido negado, y la movilización de la Iglesia contra la Enmienda sobre la Igualdad de Derechos, una propuesta de enmienda a la Constitución finalmente rechazada, supuso un nuevo paso atrás en el aprecio de la opinión pública liberal, aunque en un momento en que los liberales ya estaban en pleno retroceso. En los conservadores noventa, libres ya de controversias, los mormones volvieron a ser aceptados como plenamente norteamericanos. En 1997, la revista *Time* les dedicó una portada, con el titular «Kingdom Come», «Ha llegado el Reino», y las páginas centrales de la revista. Se sabe que un grupo ha triunfado cuando *Time* lo elogia, y elogios no faltaron en el artículo: «Los triunfos materiales de la Iglesia rivalizan incluso con sus avances evangélicos», «La Iglesia mormona es con mucho el credo numéricamente más exitoso nacido en suelo americano y uno de los que más rápido crecen en todas partes».

Otras iglesias tuvieron comienzos difíciles. Otras iglesias han renunciado a partes, que en tiempos parecían imprescindibles, de su doctrina para poder llegar a más fieles. Los mormones no son distintos en eso de todos los demás grupos religiosos. Hasta los puritanos dejaron en su día de quemar brujas —o ahorcar cuáqueros—. Una generación más, y los mormones serán definitivamente parte del *establishment* fuera de Utah. En Utah ellos ya son el *establishment*.

Los mormones no son la única denominación específicamente norteamericana, sólo la de más éxito. Grupos como los Adventistas del Séptimo Día, los Testigos de Jehová, el Ejército de Salvación y la nada exportable Ciencia Cristiana, entre otros, compartieron el mismo origen y la misma desmesura en sus ambiciones antes de estrellarse.

Cerca de la alcaldía de Coral Gables se alza un templo de la Ciencia Cristiana y he pasado un millón de veces por enfrente de su sala de lectura en Coconut Grove. Las salas de lectura de la ciencia cristiana son cálidas y acogedoras, un poco como viejas bibliotecas rurales. Sus templos y su culto no lo son. El templo de Coral Gables es grande, sólido, una especie de gran bloque de piedra gris y columnas romanas enfrente, carente del encanto rural que tienen las más sencillas iglesias de madera de los bautistas del Sur. Basta ver un templo bautista, no importa si es blanco o negro —en el Sur, aunque cada vez es más raro, pueden seguir estando separados— para saber que es un lugar en el que vas a cantar a un Dios que es tu amigo personal y desea que te salves. El templo de la Ciencia Cristiana es más grande, más pesado y nada en su aspecto exterior invita al canto. Con sus puertas siempre cerradas parece, aunque no lo está, incluso abandonado. La Ciencia Cristiana ha perdido mucha fuerza, fue sin embargo una denominación poderosa. A menos de una hora de ese templo, en Biscayne Boulevard, dentro del mismo condado de Miami-Dade, puede verse otro, igualmente grande, igualmente gris, igualmente imponente en su arquitectura neoclásica que evoca más a un edificio del gobierno federal que a una Iglesia.

Si Smith y Young fueron profetas y trajeron los libros que tenían que completar la Biblia, Mary Baker Eddy, fundadora de la Ciencia Cristiana, era la hermana de Cristo venida a la tierra para completar su obra. O al menos eso creían parte de sus seguidores y, según algunos testimonios, incluso ella misma. Mark Twain, que estuvo entre los visitantes de su Iglesia madre, pero no entre sus adoradores, no compartía esa opinión y nos dejó un retrato no tan favorable en el que dudaba del lugar que ella misma se atribuía en el cielo, que al parecer estaba en algún lugar entre la Virgen María y Jesucristo, no muy por debajo de un Dios Padre que a veces parecía ser Dios Madre.

Una de las principales innovaciones de Eddy fue su propuesta de un Dios que reunía características tanto de hombre como de mujer. Para Eddy, Dios incluía a todo y a todos, el hombre es la reflexión de Dios, el mundo de los sentidos no es real sino una simple creencia, y la materia y la muerte sólo ilusiones que pueden ser vencidas por una actitud mental positiva. El hecho de que las teorías de Eddy no hayan tenido tanto éxito como las de Smith y Young se debe a que todas esas bellas palabras sobre la actitud mental positiva se tradujeron en la peligrosa creencia de que un auténtico creyente no necesita medicina, cirugía o médicos para curarse sino sólo fe. Creencia que a su vez ha conducido a los miembros de la Ciencia Cristiana a rechazar, no ya la píldora anticonceptiva, como los católicos, o las transfusiones de sangre, como los Testigos de Jehová, sino incluso cualquier tipo de atención médica y quirúrgica —algunos fanáticos llegan incluso a rechazar las gafas—. Por lo demás, los modelos copiados por Eddy han envejecido menos bien que los copiados por Smith y Young. Donde Smith y Young plagiaron un clásico que estaba más allá de las modas, la Biblia del rey Jacobo, Eddy plagió al hoy olvidado Thomas Carlyle, un buen modelo para la época pero de verbo demasiado pesado para nuestros días.

Las elecciones de 2000 y 2004.
Dios, elector republicano

Cierro este libro antes de que comience oficialmente la campaña electoral de 2008. En estas últimas primarias Dios no parece haber pesado tanto como en elecciones anteriores. Desde luego en Europa todo el mundo se preguntó cuál era el problema con el párroco de Barack Obama y por qué se le prestaba tanta atención, pero incluso esa distracción no pareció tan importante como en otras elecciones ni trajo a Dios al centro del debate,

No pasó lo mismo en 2000. «No podría ser gobernador si no creyera en un plan divino superior a todos los planes humanos. La política es un asunto voluble. Las encuestas de opinión cambian. El amigo de hoy es el adversario de mañana. La gente te elogia y adula. Muchas veces es sincera; a veces no. Sin embargo, he construido mi vida sobre una base sólida. Mi fe me libera. Me libera para poner el problema del momento en la perspectiva correcta. Me libera para tomar decisiones que pueden desagradar a otros. Me deja en libertad de hacer lo correcto, aunque me perjudique en las encuestas de opinión...», George W. Bush, gobernador de Texas y todavía candidato, a la presidencia de Estados Unidos.

Aparentemente, Brigham Young no fue el último gobernador de un estado norteamericano en contacto directo y personal con Dios. Bush no está solo. Según las estadísticas, el 88 por ciento de los norteamericanos creen que Dios les ama personalmente, cerca de un 20 por ciento que Dios les habla y están en contacto con Él. Lo que ayuda a comprender por qué desde Joseph Smith hasta Yahveh ben Yahveh, pasando por Mary Baker Eddy o David Koresh, ninguna otra nación moderna ha tenido tantos profetas, y por lo menos una profetisa, como Estados Unidos. En Estados Unidos hay una iglesia por cada 870 norteamericanos, por lo que no es de extrañar que el debate religioso se haya superpuesto, cuando no sustituido, en numerosas ocasiones al debate político.

La derecha religiosa, un concepto ajeno a la tradición política europea pero muy común en Estados Unidos, ha logrado pasar de ser un movimiento marginal dentro de la religión y la política norteamericanas a lograr estar en el centro de las políticas del Partido Republicano y la actual administración Bush. Las denominaciones fundamentalistas cristianas que tan rápidamente han crecido en Estados Unidos en estas dos últimas generaciones tienen un peso desmesurado dentro de la política de ese país, y muchos de esos fundamentalistas creen literalmente en todo cuanto dice la Biblia —que para ellos no sólo es un libro religioso, sino un manual de historia y, por qué no, de política internacional o de ciencia—. El hecho de que en numerosos estados de Norteamérica no se enseñe la teoría evolucionista, o se enseñe con la advertencia expresa de que no es sino una teoría más entre las varias posibles, el incremento del *home schooling* —la educación homologada pero dentro del hogar— entre los cristianos renacidos, el peso político que sobre las diversas administraciones republicanas han tenido los evangélicos, son temas de importancia, pero que no siempre son fáciles de comunicar a la opinión pública europea. Tal vez porque pocas iglesias importantes dentro de Europa son fundamentalistas, mucho menos milenaristas, y casi ninguna de ellas lee la Biblia de forma literal. Tal vez porque Europa no tiene un movimiento religioso con el peso político que las grandes coaliciones electorales cristianas de Estados Unidos, e incluso la antigua democracia cristiana italiana o alemana de décadas anteriores nunca trató de entrar, como no entraron las iglesias católicas o protestantes europeas, en el terreno de la ciencia para imponer en el mismo sus tesis. Al menos desde el comienzo de la era contemporánea.

En contra de lo que se cree, los fundamentalistas cristianos no proceden necesariamente de ambientes pobres o ineducados, no son predicadores de carpa —aunque en sus orígenes lo fueran—, sino que han logrado llegar a las clases medias y profesionales y crear toda una red de comunicaciones que les permite alcanzar a través de la radio, la televisión e incluso la literatura popular a millones de personas cada día. Personajes como los televangelistas norteamericanos —fundamentalistas, literales en su lectura de la Biblia que son, sin embargo, capaces de emplear los medios modernos de comunicación de masas y gozan de gran influencia en su comunidad, e incluso de cierto poder sobre la política de su estado— no existen en Europa, aunque, por obra de la evangelización protestante, comienzan a existir en Centroamérica y Sudamérica.

Dios y la infidelidad para con su esposa de Bill Clinton marcaron el signo de la frustrada campaña de Al Gore para obtener la presidencia norteamericana en 2000. Para los estándares europeos jamás antes un candidato había ido a las elecciones con una tan clara y evidente ventaja. El autor, pesado pero reconocido, de varios libros de ecología sobre el futuro del planeta, con una larga experiencia en la administración pública, prestigio en círculos intelectuales, veterano de Vietnam, copartícipe de una de las administraciones más económicamente saneadas de la historia reciente de Estados Unidos, se enfrentaba contra el inconexo gobernador de un estado rural, que es percibido incluso dentro de Estados Unidos como la patria de todos los excesos, había escapado de servir en Vietnam y parecía incapaz de concluir una frase. Todas y cada una de las ventajas de Gore se transformaron en cosas que le perjudicaron. Su carácter intelectual le hacía antipático, su énfasis en la ética chocaba en un hombre que acababa de ser el más próximo colaborador de un presidente que había mentido bajo juramento, e incluso su posición contra el tabaco fue vista como un gesto hipócrita viniendo de alguien que había tenido intereses en el cultivo del mismo durante un breve período de su vida laboral. Contra él estaban sus exageraciones afirmando haber sido parte importante en la creación de internet, e incluso sus insinuaciones de que era pariente del difunto senador Gore, un importante partidario del New Deal y padre del escritor Gore Vidal, con el que no le unía ningún lazo. Pero al margen de sus meteduras de pata, incluso el hecho de que se trataba de un político profesional y experimentado le perjudicó. Llevaba demasiado tiempo cobrando un sueldo del Estado. ¿Cómo podría comprender las necesidades de la gente común tan bien como un multimillonario petrolero texano, ex propietario de un equipo de fútbol de las grandes ligas, nieto de un banquero y senador e hijo de un ex presidente? Aunque al final incluso la suma de todos esos problemas no fue nada comparada con su fracaso al intentar devolver al Partido Demócrata el voto de Dios.

El voto de Dios fue uno de los más buscados en la campaña de 2000. Los republicanos fijaron el tono del debate y los demócratas cometieron el error de competir con ellos en un terreno en el que no podían ganar. Los dos partidos se lanzaron en plena campaña electoral a la defensa de algo tan poco definido como los valores morales. El error de Bill Clinton, en su conducta con Monica Lewinsky, marcó el debate sobre el carácter de los candidatos. En su lucha para evitar ser condenado en el Congreso, el presidente saliente había obtenido un nada entusiasta apoyo de su partido, e incluso ataques de numerosos representantes de éste, como el próximo candidato a la vicepresidencia, el conservador judío Joe Lieberman. La necesaria conexión entre Clinton y el candidato presidencial de su partido Al Gore era embarazosa para muchos dentro del Partido Demócrata. Las presiones eran grandes, e incluso Clinton cedió a ellas.

En una reunión con 4.500 pastores evangélicos convocada en Chicago por la Willow Creek Church Association, organizada antes del escándalo Lewinsky pero celebrada cuando éste ya había estallado, el presidente, en una sesión de preguntas y respuestas, entonó un largo *mea culpa* de casi una hora y media. Clinton transformó el foro en una sesión de autocrítica, un testimonio no muy distinto al que entona Bush cada vez que se reúne con los pastores y recuerda sus años de joven demasiado aficionado a la bebida: «Me encuentro en el segundo año del proceso de intentar reconstruir mi vida después del terrible error cometido. Tengo que reconciliarme con la importancia fundamental de tener carácter e integridad». El problema fue que en aquellos momentos, no importa cómo se sintiera interiormente, el tono de Clinton sonaba en el mejor de los casos poco sincero y, en el peor, francamente mentiroso, como la respuesta de alguien que ha sido pillado y trata de disculparse. La respuesta del Partido Republicano al *mea culpa* fue exigir aún más de los demócratas. El futuro vicepresidente Dick Cheney, en la convención del Partido Republicano, hablando a los delegados de su partido, pero también al candidato contrario, dijo: «El señor Gore tratará de separarse de la sombra de su líder, pero de alguna manera nunca podremos ver al uno sin ver al otro».

Los demócratas fueron puestos contra las cuerdas. El caso de la recogida de fondos en la mansión Playboy, aunque sólo sea una anécdota sin importancia, es un claro ejemplo. Hugh Hefner, presidente de la compañía Playboy, ha sido demócrata durante años y ha ofrecido fiestas en su mansión para recoger fondos para distintas causas, no todas ellas políticas. Para Hefner todos los motivos para ofrecer una fiesta parecen ser buenos, pero es importante destacar que esas fiestas han recogido millones para causas que van desde el cáncer de mama a la ayuda a los boxeadores retirados, pasando por un premio concedido por la Playboy Foundation al mejor reportaje, entregado durante el prestigioso Festival de Cine Independiente de Sundance. La recogida de fondos no era para el candidato demócrata de las elecciones de 2000, sino para una organización no partidaria que moviliza los votos hispanos mediante campañas publicitarias. La recogida de fondos estaba, pese a todo, ligada al Partido Demócrata y, aunque sólo indirectamente, con la campaña presidencial, y fue suspendida por ese partido a instancias de la Catholic League for Religious and Civil Rights. La encargada del partido que había coordinado la reunión, la congresista Loretta Sánchez, de California, tuvo incluso que escoger entre seguir con la fiesta o hablar en la próxima convención del Partido Demócrata. Al final se logró una sede alternativa para la recogida de fondos. El dinero de Hefner y el de su hija, vicepresidenta de la compañía Playboy, fue sin embargo aceptado por la campaña presidencial de Al Gore, con lo que la retirada no logró evitar las críticas. Crítica triple: habían recibido el dinero de un pornógrafo, lo habían hecho de forma vergonzante y, además, no sin antes ceder ante un grupo religioso. Cuando no se puede ganar, no se puede ganar.

A los tres días de la suspensión de la recogida de fondos en la mansión Playboy, Al Gore escogió al senador Joseph Lieberman, judío ortodoxo conservador, como candidato a la vicepresidencia. Al final, todas las concesiones no bastaron. Aunque los dos partidos apoyaron en su campaña todas las iniciativas que les fueron presentadas por las iglesias, desde los cupones escolares, que permitirían a niños de familias con pocos medios acudir a las más disciplinadas escuelas privadas religiosas, a las iniciativas religiosas en materia de asistencia social, Gore no podía ponerse a la altura de alguien capaz de decir, de forma sincera además, que «el gobierno debe agradecer el compromiso activo de gente que sigue el imperativo religioso de amar a su prójimo a través de programas para después de la escuela, cuidado infantil, tratamiento de drogas, casas de maternidad y otros numerosos servicios. Apoyaré a esos hombres y mujeres, soldados en los ejércitos de la compasión, es el próximo paso en la reforma de los servicios sociales, porque sé que cambiar los corazones cambiará toda nuestra sociedad».

Dicen que Dios ha regresado a América. Pasó ya el tiempo en que incluso un teólogo nada conservador como Richard Niebuhr podía quejarse de la Iglesia americana como de una Iglesia excesivamente liberal en que «un Dios sin cólera conduce a hombres sin pecado a un reino sin juicio a través del ministerio de un Cristo sin cruz». El aforismo de Niebuhr reflejaba su convicción, compartida por muchos en las décadas de 1950 y 1960, de que la religión en

América se había vuelto demasiado tolerante y había perdido de vista un aspecto importante, si no el más importante, del mensaje evangélico: la necesidad de redimirse del pecado a través del sacrificio. Ese tiempo es cosa del pasado. Dios ha regresado a Estados Unidos y lo ha hecho bajo la forma del colérico Dios del Antiguo Testamento.

La prensa muestra la foto de un soldado norteamericano en Irak con la frase «Kill them all» escrita en el casco mientras lee la Biblia, supongo que, cuestión de coherencia, el Antiguo Testamento. Carter aún predica en su Iglesia y Bush tiene reuniones de oración todas las mañanas antes empezar a despachar asuntos de Estado. Dios está en todas partes. Hasta en la cárcel donde hay ministerios de presos y para presos. Hay incluso motoristas cristianos, que llevan el evangelio a las grandes reuniones de motoristas como Sturgis.

Tengo el recorte de prensa en una de mis infinitas carpetas de recuerdos. Un Ángel del Infierno sale de su juicio, en el que ha sido absuelto de un doble homicidio, y declara, sin ironía: «Dios bendiga América y su sistema judicial y pueda Dios bendecirnos a nosotros miembros del Club Motorista Ángeles del Infierno». Cosas así no se inventan.

Cuando, hablando de las infinitas organizaciones de base cristiana que se dedican a la labor social, Bush decía «apoyaré a esos hombres y mujeres [...] porque sé que cambiar los corazones cambiará toda nuestra sociedad», estaba hablando en serio. Cuando Tom Wolfe escribió en su citado artículo «Charles Colson, el antiguo tipo duro de la administración Nixon, da fe por Jesús...», no sabía lo lejos que iba a llegar éste en su recién adquirida fe religiosa. En realidad es probable, fueron muchos los que así lo hicieron, que pensara que era sólo un truco para despertar la simpatía de la opinión pública en un momento en que aún tenía juicios pendientes. No era así.

Antes de convertirse en la cárcel, Charles Colson era una mala bestia. En la época de la guerra de Vietnam, el ejército norteamericano lanzó la consigna de conquistar los «corazones y mentes» de la población civil como paso previo a la victoria. En aquellos mismos días, Colson colocó en su despacho de la Casa Blanca un cartel que decía: «Cuando los tengas de los cojones, sus corazones y mentes seguirán», lo que incluso dentro de la administración Nixon, donde esas cosas se hacían pero no se decían, era ir más allá de lo tolerable. Colson fue a la cárcel por su participación en el caso Watergate y fue allí donde redescubrió a Jesús y escribió un libro, *Born Again*, con el que entró en la lista de *best sellers* de 1976. Fue a su salida de prisión cuando pasó a formar parte de distintos grupos religiosos que se dedicaban a la asistencia a los presos. Una serie de iniciativas que acabaron formando la Prison Fellowship Ministries. Una iniciativa de este grupo, llamada *inner change*, se ha transformado en una de las mejores formas de abandonar el sistema penitenciario de Texas —la otra sigue siendo la inyección letal—. Se trata de una combinación de clases de autocontrol, psicología básica, lectura de la Biblia y clases de formación profesional que permiten a los convictos salir de la cárcel con títulos —especialista en sistemas de Microsoft, por ejemplo— y ha logrado que los presos que pasan por ese programa estén entre los que menos vuelven a delinquir una vez libres.

Desde luego, no todo reside en la educación y la lectura de la Biblia. Los presos que se acogen al programa de *inner change* tienen acceso a una red de voluntarios, esos soldados de la compasión salidos de las iglesias de los que hablaba Bush, que están allí, para ayudarlos una vez en libertad. Sólo un 8 por ciento de los presos que salen de las prisiones a través de este programa regresan a las mismas, frente al 30 por ciento de reincidentes habituales del sistema penitenciario texano. Un resultado suficiente para que el *Wall Street Journal* publicara un editorial bajo el título «Jesús Salva». Para ser elegido en *inner change*, es necesario no tener una enfermedad mortal, saber hablar inglés, haberse comportado bien en prisión, estar a menos de tres años de salir de la misma y aceptar vivir ya en libertad en las regiones de Houston o Dallas, donde funcionan programas de asistencia para los ex presos. Debido a que el trabajo comunitario forma parte de la terapia, no se aceptan a violadores ni a reos culpables de delitos sexuales. A pesar de ser una iniciativa de cristianos evangélicos, no es preciso ser cristiano para entrar en el programa, aunque no es raro que los que entran en el mismo se conviertan.

Desde luego puede suponerse que un sistema similar, con cursos de autoayuda y formación profesional, de inspiración laica, obtendría los mismos resultados. Salvo que alguien tiene que pagar la factura, y el coste viene a ser de unos 5.000 dólares por preso, sin incluir el precio de la mano de obra voluntaria, cientos de hombres que dedican su tiempo a ayudar al ex preso, siempre al otro lado del teléfono cuando es necesario, ayudándolo a encontrar trabajo, apoyándolo en un mal momento. Parece que por ahora los únicos que están dispuestos a gastar tiempo, y mucho dinero, para apoyar un programa que alimenta, da casa y ropa a criminales arrepentidos son los cristianos evangélicos. Nadie puede acusar a Colson, o a los otros partidarios del programa, de no seguir con su dinero sus palabras. Colson donó en 2002 un millón de dólares, procedentes de sus derechos de autor, al programa. Y todo eso no le cuesta al Estado ni un céntimo. El estado, Texas es sólo uno de los primeros en adoptar estos programas, sólo aporta los presos. Y a Texas le sobran presos. Ya sea con la pena de muerte o la reinserción, no le importa perder unos cuantos de forma definitiva.

Dicen que Dios ha regresado a América. Es falso. Dios nunca se fue del todo de la vida política norteamericana. «God Bless America», una canción compuesta por Irving Berlin, un inmigrante judío europeo, el mismo que compuso el empalagoso villancico «White Christmas», es el segundo himno no oficial de América y la canción que cantaron espontáneamente los congresistas norteamericanos después de los ataques del 11 de septiembre, antes de empezar a bombardear todo aquello que se moviera y pareciera enemigo. Generaciones de estudiantes norteamericanos, de escuelas públicas y privadas, católicas, protestantes o laicas, han empezado sus clases recitando el juramento, casi religioso, a la bandera, originalmente un escrito en la revista de los boy scouts, que habla de una «Republic under God», una república bajo la guía de Dios. Es el mismo Dios de los billetes de banco. «In God we trust», «en Dios confiamos», es el lema que aparece en las monedas y billetes norteamericanos, entrelazado con la simbología masónica sustituyendo al «E pluribus unum» («A partir de muchos uno»), de los primeros tiempos republicanos, que sigue siendo el emblema oficial de Estados Unidos. Aunque es interesante constatar que «In God we trust» sólo aparece en las monedas de forma definitiva desde 1955, la misma fecha en que también es incluido en el juramento a la bandera. Y es que Dios siempre ha estado presente en la historia de América, pero no con la misma intensidad. Hubo momentos en que estuvo tan presente que ni siquiera hacía falta mencionarlo, y hubo momentos en que América, en plena guerra fría, decidió alistarlo de forma más clara en su bando.

Dios nunca estuvo muy alejado de la política norteamericana, pero rara vez ha estado tan presente como ahora mismo.

Recuerdo una vez de madrugada, otra de mis insomnes madrugadas miamienses, que haciendo zapping —tenía cincuenta y cuatro canales y a las cuatro de la madrugada no había nada interesante en ninguno de ellos— vi la cara de Gary Busey, un actor de sonrisa siniestra. Lo estaban entrevistando y decidí verle, tardé un momento en reconocer el canal, era el Trinity Broadcasting Network, uno de los varios canales que pasa noticias y programas religiosos veinticuatro horas al día. Trinity es, dentro de su especialización, una cadena que tiene el mismo tipo de programación que las demás: programas infantiles y de música, películas e incluso informativos.

Los informativos de Trinity son interesantes. Ver a dos locutores analizar la situación de Oriente Próximo a la luz del Libro de las revelaciones o el Apocalipsis es, en el mejor de los casos, curioso y, en el peor, terrorífico. Saber que millones de personas ven ese informativo y le dan la misma o más credibilidad que a un editorial de *The New York Times* o a una noticia dada por la CNN, me produce una sensación vagamente inquietante.

El canal no era un canal normal y la entrevista era un testimonio de tipo religioso. Aunque quizá tengo que corregirme: el canal sí era un canal normal en Estados Unidos. Gary Busey, cuyo personaje casi mata a golpes al de Mel Gibson en la primera película de la serie *Arma letal*, uno de sus filmes precristianos, acababa de redescubrir a Dios, no sé bien si cuando iba en moto o cuando lo llevaban en una ambulancia hacia el hospital después de ir en moto, y deseaba que el mundo entero lo supiera. Dios era su salvador personal, había vuelto a nacer en la fe de Cristo, nunca más volvería a tomar drogas o alcohol, sobre todo antes de conducir, se disculparía con todas las personas que había ofendido, apenas lograse recordarlas, y —no era la parte más importante del mensaje pero pese a todo podía ser de interés—, había cambiado de opinión acerca de la necesidad de usar casco yendo en moto y a partir de entonces lo usaría, al menos cuando fuera a gran velocidad por la carretera. Como el actor había participado pocos meses atrás en la campaña que había logrado que en el estado de California el casco de motorista pasara de ser obligatorio a opcional, estoy seguro de que aquella parte fue la que más gustó a policías de tráfico y personal sanitario californiano.

La televisión religiosa no es rara en Estados Unidos. Los domingos por la mañana no es necesario ni siquiera ir a las emisoras religiosas para poder ver al reverendo Robert Schuler, el hombre que creó la primera iglesia *drive* in de Estados Unidos, a la que se puede acudir en coche, predicar desde su Crystal Cathedral, una iglesia inmensa de paredes transparentes en la que predica. La música —de los coros de las iglesias han salido más cantantes de jazz o country que de cualquier otro lugar—, los testimonios de artistas, políticos o miembros destacados de su comunidad, y el mismo ambiente creado por los fieles, convierten cualquier fin de semana en una gran ocasión religiosa para los creyentes, varios cientos presentes dentro de la iglesia, varios cientos de miles frente a su televisor a lo largo y ancho de Estados Unidos.

En estos momentos todo el mundo invoca a Dios en América. Policías, jueces, criminales arrepentidos, ciudadanos, empresarios, actores dan testimonio de forma continua. Lo hace el presidente de la República en una reunión con los pastores de su Estado. Todos los presidentes norteamericanos de los que tengo memoria personal, al final de sus discursos han invocado su nombre. Y eso cuando no lo han usado para bendecir directamente a la asamblea de sus oyentes con palabras no muy distintas a las del oficiante al final de la misa. Los cónsules romanos eran también sacerdotes y los reyes europeos eran monarcas por gracia divina. Incluso Franco era caudillo por la gracia de Dios y entraba bajo palio en las iglesias, pero Franco nunca acabó sus discursos diciendo «que Dios os bendiga y bendiga España», una fórmula no del todo inusual en los discursos presidenciales norteamericanos, no sólo los del *born again* Bush, sino incluso los de su menos religioso predecesor Clinton, que suelen concluir con un «God bless you and God bless America».

¿Qué es un *born again*? ¿Qué significa ser renacido? Es una definición acuñada el siglo pasado en las iglesias evangélicas norteamericanas con la que se autodefinen los que creen que han sido tocados por Dios y aceptan a Jesucristo como su salvador y guía personal en la vida adulta. Según Gallup en diciembre de 2001, un 46 por ciento de los cristianos norteamericanos se consideraban renacidos. Los *born again* han pasado así de ser un elemento marginal en las iglesias evangélicas y la sociedad norteamericana a ser parte de su corriente principal, sobre todo con la presente administración. Es imposible comprender el elemento mesiánico que subyace en la invasión de Irak, más allá de los intereses económicos y petroleros, sin comprender que Bush cree haber sido llamado por Dios para hacer su trabajo en la tierra. Y yo, personalmente, dormiría más tranquilo si pensara que Bush es sólo un demagogo al servicio de la industria petrolera y no un hombre sincero, porque los hombres sinceros pueden ser terribles.

Muchas de las críticas de los liberales norteamericanos, y por extensión todas las críticas hechas en Europa, al movimiento evangélico están llenas de esnobismo. La misma gente que no se burlaría de la fe de ningún otro grupo religioso y que profesa actitudes de amable condescendencia, disfrazada de simpatía, hacia musulmanes, hinduistas, sijs, baihais y miembros de las sectas New Age, mira al cristianismo, sobre todo en sus formas más populares, con un aire de superioridad que ellos mismos considerarían fuera de lugar si estuviera dirigido hacia cualquier otra fe. Los norteamericanos, los de la élite culta de las costas, están dispuestos a admitir creencias raras e irracionales en gentes de otros países, pero se sienten incómodos cuando alguien de su misma cultura, si es que es realmente su misma cultura, las sigue. Cuando los grandes medios de comunicación norteamericana hablan de los evangélicos, reflejan normalmente los puntos de vista de la élite educada de las costas. Sin embargo, no son los integristas —el término preferido en Estados Unidos es el de fundamentalista—, de otros países quienes están influyendo y transformando la vida de esa gente, sino los de la misma Norteamérica. Antes del 11 de septiembre, Richard Gere era tomado en serio porque es budista lamaísta, mientras que Mel Gibson no, porque es un católico tradicional. Los Upanishads podían ser citados en Nueva York, pero la Biblia parecía *démodé* hasta justo el 11 de septiembre, que la devolvió al centro del debate, en realidad de todos los debates. La Biblia hasta esa misma fecha era algo que sólo leían anticuados paletos del Medio Oeste y sólo los fundamentalistas tomaban en serio.

Los fundamentalistas son cada vez más importantes en todos los aspectos de la cultura norteamericana. Entre los libros de mayor éxito de ventas en Estados Unidos, está el *best seller* cristiano de Tim LaHaye, *Dejados atrás*, el primero de una serie de novelas sobre el Apocalipsis, del que se han vendido cincuenta millones de ejemplares, y el filme de Mel Gibson sobre la Pasión recuperó su inversión inicial en los primeros tres días de exhibición. Existe un mercado específico de música rock, country y hasta rap de inspiración cristiana. Bush ha dicho que es creacionista y no cree en la evolución de las especies, Ronald Reagan pensaba de la misma manera, opinión que parece ser típicamente norteamericana. Un sondeo Gallup muestra que un 48 por ciento de los norteamericanos creen en el creacionismo, y sólo un 28 por ciento en la evolución, y la mayor parte de la gente sin opinión definida se inclinan por el creacionismo. Según resultados recientes de Gallup, los norteamericanos que creen en el diablo como ente real son el doble, el 68 por ciento, que los que creen en la evolución de las especies.

Fundamentalismo, he aquí una palabra que ha entrado en el vocabulario político y militar de Estados Unidos, y de los que traducen literalmente los comunicados de prensa y noticias norteamericanas. «Elementos fundamentalistas armados atacaron», «Un comando suicida fundamentalista». Desde la revolución en Irán en 1978, es un concepto que en Norteamérica invoca la presencia de barbados ayatolás, terroristas en albornoz con una toalla a la cabeza, gente que conduce coches bomba y demás malos de película de serie B, morenos y mal afeitados. Desde la revolución de Irán hasta hoy ha sido empleada para definir a radicales religiosos musulmanes, judíos, sijs, e incluso a budistas, ¿cómo ser budista radical? Sin embargo, ningún miembro de ningún grupo denominado fundamentalista ha empleado esa palabra para autodefinirse. Los seguidores de los ayatolás, o de los talibanes, se consideran musulmanes, de la misma manera que los judíos lubavitchers se consideran judíos. Los que no son musulmanes o judíos para los musulmanes o judíos fundamentalistas son los otros autodenominados musulmanes o judíos que no siguen al pie de la letra y de forma acrítica sus mismos mandamientos. Sólo recientemente, de forma tímida y no siempre informada, la palabra ha vuelto a ser usada en su forma original por algunos periodistas para referirse a gente de fe cristiana, en un curioso e involuntario retorno a los orígenes.

Fundamentalismo es una palabra nacida dentro del vocabulario religioso norteamericano. Nace de un compendio de doce volúmenes publicados entre 1910 y 1915, titulados *The Fundamentals: A Testimony of the Truth*. Millones de ejemplares circularon por América y sirvieron para concretar un conjunto de tradiciones de distintas denominaciones protestantes, arraigadas en América desde la llegada de los peregrinos, en la misma tradición evangélica que inspiró los llamados *religious revivals* del siglo XIX, o el Gran Despertar del siglo XVIII e inspiraría los de mediados y finales del siglo XX. De la misma manera que el Gran Despertar fue una reacción frente al enciclopedismo y el siglo de las luces, este fundamentalismo incluía un fuerte rechazo a las teorías evolucionistas de Darwin. Como los fundamentalismos posteriores, se trataba de una mezcla de ortodoxia religiosa, práctica evangélica y acción social, que iba más allá de las labores propias de la Iglesia para entrar en la vida política y cultural. Incluso allí parecen no darse cuenta, pero en Estados Unidos, con una generación de diferencia, los sermones suelen transformarse en acción política y social.

Robert Fogel, de la Universidad de Chicago, en su libro *The Phases of the Four Great Awakenings*, sostiene que América entró en los años setenta en un nuevo *religious revival*. Sería el cuarto en los últimos tres siglos. El Gran Despertar de 1730 precedió en una generación a la guerra de Independencia; el *religious revival* ocurrido entre principios del siglo XIX y 1840 precedió en una generación la guerra civil; el *revival* de 1890 el New Deal; el de los años sesenta y setenta, en medio del que estamos todavía, la revolución conservadora de Reagan y el segundo Bush.

¿Hasta dónde llega la influencia de ese *religious revival*? Bueno, el gobernador Bush no cree en la evolución, se atreve a decirlo, y resulta elegido presidente. Cree también en la pena de muerte y en el valor pedagógico del castigo. A lo mejor si los intelectuales de Nueva York se hubieran dedicado a estudiar la Biblia, se hubieran dado cuenta de cómo va a ser la Norteamérica en que vivirán ellos y sus hijos y habrían hecho algo al respecto. Una Norteamérica donde la lectura literal de la Biblia está afectando ya a numerosos programas de estudio en sus asignaturas de ciencias, en donde a menudo los libros de biología contienen advertencias recordando que la teoría de la evolución es sólo una teoría; en donde la religión comienza a afectar ya a la industria farmacéutica, a la que le ha sido prohibido experimentar con células madre, e influye en la política exterior al confundir los intereses norteamericanos con los israelíes, y los israelíes con la facción más integrista del movimiento sionista, de forma totalmente acrítica. ¿Qué pasará cuando aquellos que lean la Biblia literalmente y sepan que la Tierra está en el centro del universo se ocupen de la NASA? No, esta última pregunta no es una broma... aunque desde luego es menos preocupante que esta otra: ¿qué pasará cuando alguien que crea que el fin del mundo es bueno tenga acceso al arsenal nuclear más grande del mundo?

La religión en la historia de Norteamérica

Los revolucionarios norteamericanos de 1776 deben más a los disidentes religiosos ingleses que decapitaron a Carlos I en 1649 que a cualquier precursor de la Revolución francesa. La revolución norteamericana no tuvo jacobinos, al menos jacobinos que tuvieran suficiente poder para matar a nadie. Tal vez el único jacobino norteamericano fue Samuel Adams, el primo de John Adams, que en vida fue confundido con su hermano y ahora es recordado sobre todo como cervecero. La norteamericana no fue una revolución hecha por abogados sin clientes, curas *défroqués* y aristócratas que traicionaban su clase para dirigir a las masas desheredadas de las ciudades, sino una rebelión agraria iniciada y dirigida por gente que no necesitaba de una revolución para mejorar su situación personal y que a menudo empeoró con ella. Los revolucionarios de 1776 eran terratenientes aficionados a la política como George Washington, o a las artes como Thomas Jefferson; abogados de prestigio como John Adams; comerciantes y gente respetada en su medio como Benjamin Franklin. Richard Heny Lee, el primer hombre que reclamó en el Congreso Continental que se disolvieran los lazos que unían a Inglaterra de sus dominios norteamericanos, pertenecía a la más antigua, rica e ilustre familia de Virginia, la más antigua colonia de la América anglosajona, varias generaciones anterior en fama y fortuna a cualquier otra de las familias ilustres de aquel dominio. Veinticuatro de los firmantes de la Declaración de Independencia fueron abogados o juristas, nueve eran agricultores o plantadores, once eran mercaderes y uno de ellos, Charles Carroll de Carrollton —uno de los dos católicos del grupo— era el hombre más rico de la América inglesa. Todos eran gente de medios, educada, conocedora de la cultura inglesa de su época, que firmó la Declaración de Independencia sabiendo que se arriesgaban a sufrir la ruina, el destierro o incluso la pena de muerte en caso de ser derrotados y capturados. En algunos casos fue así.

Varios de los firmantes de la Declaración fueron capturados por los británicos. Doce vieron sus casas saqueadas y quemadas. Dos perdieron hijos en el Ejército Continental y otros dos vieron a sus hijos prisioneros de guerra. La esposa de uno de ellos, Francis Lewis, fue encarcelada y murió en la cárcel a los pocos meses de ser capturada. Otro, John Hart, tuvo que huir del lecho de muerte de su esposa para esconderse, y cuando regresó a su casa había perdido el contacto para siempre con sus trece hijos, a los que nunca volvió a ver. En una curiosa inversión del papel normalmente asignado a las generaciones, el revolucionario Benjamin Franklin se enfrentó con su hijo conservador, el gobernador real de Pensilvania que, tras la independencia, tuvo que exiliarse y nunca llegó a perdonar a su padre ni a ser perdonado éste. Cesar Rodney, delegado de Delaware, acudió a las sesiones enfermo de un cáncer que le comía la cara y acabó por matarlo. Varios de ellos murieron en la ruina aunque habían sido ricos. Ladrones o soldados saquearon o quemaron las propiedades de William Ellery, Lyman Hall, George Clymer, George Walton, Button Gwinnett, Arthur Middleton, Edward Rutledge y Thomas Heyward Jr. Nueve de los cincuenta y seis firmantes de la Declaración de Independencia lucharon y sufrieron heridas o enfermedades durante la guerra.

La norteamericana no fue una revolución hecha por gente que había roto o había sido condenada por su Iglesia. Aunque tuvo a varios deístas en sus filas, el Congreso Continental no tuvo ningún ateo declarado y sí, por el contrario, un capellán, el reverendo John Witherspoon, delegado de Nueva Jersey. Se trataba de gente que, de haber estado en Francia, pertenecería al mismo tipo de personas que como clase y a la larga se hubiera beneficiado de la Revolución francesa, pero también al mismo tipo de personas que a corto plazo y de forma más personal hubiera sufrido bajo el terror de jacobinos y *sans culottes*. No hubo, sin embargo, *sans culottes* en la revolución norteamericana, ni un Robespierre, un Fouché y, mucho menos todavía, un Graco Babeuf.

Unidos por la cronología y las formas, es tan fácil confundir a Washington con Bolívar y a uno de los primos Adams —Samuel, desde luego— con Robespierre que en la distancia es posible ignorar sus diferencias. Nos basta, sin embargo, con recordar por lo menos una importante: la revolución norteamericana, al contrario que otras revoluciones de su tiempo, triunfó y alcanzó su forma política definitiva en menos de dos generaciones, mientras que Bolívar tuvo que refundar dos veces su República, y antes de morir la vio partida en innumerables naciones, y la República francesa ya va por su quinto avatar después de dos dictaduras, rebautizadas pomposamente imperios, y el retorno de varias formas y ramas distintas de la monarquía. En un plano más personal, la revolución norteamericana, hecha por gente que había triunfado en su vida profesional, fue una revolución que trató bien a sus revolucionarios. Los cuatro primeros presidentes de Estados Unidos fueron Washington, Jefferson, Adams y Madison. Dos militares de la guerra que consiguió la independencia, entre ellos el general jefe de sus ejércitos revolucionarios, y dos miembros del Congreso Continental que la declaró. Tres terratenientes y un abogado de éxito. Muchos de los revolucionarios mencionados fueron desgraciados y perdieron vidas y fortunas en la lucha, pero, al contrario que los revolucionarios franceses o sudamericanos, las perdieron únicamente a manos de sus enemigos declarados. Ninguno de ellos murió guillotinado por sus amigos del día anterior, como tantos revolucionarios franceses, ni en el exilio como San Martín, o habiendo de abandonar derrotado su propio país como Bolívar. Ninguno fue asesinado por sus colegas a pesar de las continuas peleas que hubo entre ellos. Jefferson y Adams no se querían, nunca se quisieron, nunca se molestaron en fingir ninguna amistad, y eso no les impidió compartir la misma República. Ninguno de los dos trató de excluir a un rival que nunca fue un enemigo. De todos ellos, una vez acabada la guerra, sólo Hamilton tuvo una muerte violenta y fue en un duelo. La persona que lo mató, Aaron Burr, vicepresidente con Thomas Jefferson, cayó en desgracia y nunca logró recuperarse políticamente. A ninguno de ellos se le ocurrió nunca irse del país debido a una desgracia política. No recuerdo a casi ningún político norteamericano exiliado. Sólo después de la guerra civil, una guerra que en una sola batalla llegó a costar casi tantos muertos como toda la guerra de Vietnam, salieron algunos de los principales jefes confederados al exilio, y sólo uno de ellos, Judah Benjamin, pudiendo hacerlo, no regresó nunca a Estados Unidos. Ninguno de los fundadores de Estados Unidos fue forzado al exilio, pero tampoco ninguno de ellos sintió la tentación de la dictadura. Que el primer presidente fuera el general que había dirigido la revuelta no es nada raro en muchos países, pero que dejase el poder voluntariamente para volver a la vida civil sí. La revolución norteamericana no tuvo un Robespierre, ni tampoco tuvo un general Bonaparte convertido en Napoleón I o un Fouché, carnicero jacobino de Lyon nombrado príncipe de Otranto.

Estados Unidos nació como nación en tiempos de la *Enciclopedia*, pero lo hizo ignorando o, cuando las conocía, oponiéndose en gran parte a las ideas enciclopedistas. La gran influencia anterior a la revolución de 1776 no fue el enciclopedismo, con su intento de sustituir a Dios y el derecho divino por la razón y el derecho natural, sino un movimiento pietista, que los historiadores llaman el Gran Despertar. El Gran Despertar fue una revitalización de la religión que recorrió los países protestantes desde los estados alemanes hasta las colonias inglesas de América entre 1730 y 1770. Fue el equivalente a una contrarreforma protestante, lanzada no contra su rival religioso —el catolicismo—, sino contra la nueva fe en la razón representada por esos dos hermanos enemigos: el despotismo ilustrado y el enciclopedismo. Un movimiento conservador que enfrentaba corazón contra razón y revelación contra investigación y que, como el romanticismo un siglo después, tuvo efectos revolucionarios inesperados.

En lo que hoy es Estados Unidos los comienzos de este movimiento tuvieron lugar entre los presbiterianos de Pensilvania y Nueva Jersey. Bajo la dirección del predicador escocés-irlandés William Tennent, los presbiterianos fundaron un seminario para difundir las nuevas ideas que se llamó primero The Log College, la universidad de la cabaña, en alusión a lo humilde de sus instalaciones. Una universidad hoy más conocida como Universidad de Princeton. Otras universidades fundadas por pastores durante el Gran Despertar fueron Brown, Rutgers y Dartmouth. En eso continuaban la tradición iniciada por Yale, cuyo primer rector fue el reverendo Abraham Pierson, y Harvard, la universidad más antigua de América del Norte, bautizada con ese nombre en honor a su benefactor, el reverendo John Harvard, que al morir legó a esa universidad la mitad de su propiedad y toda su biblioteca. Un siglo más tarde, los católicos, al integrarse en la nueva sociedad, seguirían ese ejemplo, creando sus propias universidades —Georgetown, fundada por la Compañía de Jesús, y Notre Dame, creada por sacerdotes irlandeses.

El entusiasmo pasó a los congregacionales y bautistas de las colonias de Nueva Inglaterra. Esas prédicas inspiraron a numerosos predicadores a convertirse en misioneros en las colonias más al sur, Virginia, Georgia y las dos Carolinas. Predicadores presbiterianos, los llamados bautistas separados, de Nueva York fueron a Virginia alrededor de 1750 y después a Carolina del Norte. Poco antes del comienzo de la revolución norteamericana eran un 10 por ciento de todos los asistentes a la iglesia en los estados del Sur.

El Gran Despertar fue un movimiento controvertido. En las colonias surgieron voces de clérigos conservadores y moderados cuestionando el excesivo sentimentalismo de los evangélicos, acusándoles de que el desorden y la discordia les seguían allá donde iban. La presencia de pastores itinerantes que viajaban de una parroquia a otra, paralela a la de los franciscanos dentro del catolicismo medieval, predicando y demasiado a menudo criticando al clero local, no era siempre bienvenida. Los pastores evangélicos, a su vez, acusaban al clero establecido de ser frío, no inspirar auténtica fe y carecer de piedad y gracia. Hubo peleas dentro de las denominaciones protestantes, divisiones en iglesias y congregaciones. El Gran Despertar dejó a la América colonial polarizada a partir de sus divisiones religiosas. Los anglicanos y cuáqueros ganaron nuevos miembros entre los que estaban en contra de los excesos del *revival*, mientras bautistas y metodistas sumaban miembros de las filas de los conversos radicales. Los principales grupos religiosos siguieron siendo por un tiempo los congregacionales o puritanos —pocos usaban ya el segundo término— y los presbiterianos, pero incluso éstos se dividieron entre partidarios y opositores del Awakening, llamados New Lights y Old Lights.

El clima para la transformación religiosa de América había sido preparado por numerosos cambios demográficos. Una gran emigración interna que había llevado numerosos pobladores nuevos a las fronteras del Sur y el Oeste, donde familias acostumbradas a la vida protegida de la costa se encontraron de súbito con las más duras circunstancias, el desarraigo y el peligro siempre constante de ataques indios. El incremento del papel de la mujer en la responsabilidad familiar, la fragmentación de la familia tradicional y multigeneracional con la emigración en busca de nuevos territorios de cultivo, las pocas posibilidades de diversión y descanso en las nuevas fronteras, fueron otros factores que determinaron la popularidad de los nuevos predicadores.

Era un clima no del todo distinto al que existía en el siglo XX, a principios de los sesenta, cuando empezó el actual *revival*. Los años sesenta también fue una época de emigración interna, de nuevo hacia el Sur y el Oeste, de fragmentación familiar debido esta vez a las altas tasas de divorcio, con problemas de definición de género debido al feminismo, y temor ante la posibilidad de que los descubrimientos científicos pudieran alterar valores considerados como tradicionales. Si alguna vez antes los norteamericanos habían necesitado un lugar en el que sentirse amados y cerca de Dios, fue en los últimos años de la colonia inglesa, y lo mismo podría decirse de los años de crisis y dudas durante la guerra y posguerra de Vietnam. Presbiterianos, bautistas y metodistas hicieron que sus iglesias fueran no sólo centros de culto, sino también lugares de paz y estabilidad en medio del caos y la confusión. El resultado, en ambos casos, se vería una generación más tarde.

La mayor parte de la gente ve la guerra de Independencia americana como un suceso secular. La oposición entre Inglaterra y sus colonias de ultramar habría sido desencadenada por los dirigentes de las colonias por su oposición a los altos impuestos y la mala administración. Se trataría así de una guerra de liberación clásica, la primera en realidad, ganada por los colonos norteamericanos, que para ello se aliaron con el enemigo global de Inglaterra, la casa de Borbón, que mandó instructores militares y barcos franceses, así como oro e incluso soldados españoles, a Florida y Luisiana, para apoyar a George Washington. Sin embargo, sólo estudiando la situación religiosa en la América de aquellos tiempos es posible comprender el apoyo popular que muchos norteamericanos poco o nada afectados por problemas de impuestos dieron a las élites coloniales en su lucha contra la corona.

El clima de efervescencia religiosa y entusiasmo dejado por el Gran Despertar revivió las viejas tradiciones de la disidencia protestante, sobre todo la oposición al derecho divino de los reyes, y dio ímpetu a formas populares de religiosidad que desafiaban a las jerarquías, primero dentro de las iglesias, después, y a partir de 1760, en la sociedad en general. Una generación entera de protestantes norteamericanos, la gran mayoría de la población blanca y libre de las colonias, creció en la contestación, la oposición a valores establecidos y en medio de debates religiosos que les servirían de preparación para futuros debates políticos. Los miembros de esa generación tuvieron que tomar muchas e importantes decisiones sobre sus creencias y lealtades religiosas y esas experiencias les prepararon para tomar decisiones igualmente radicales sobre sus lealtades políticas sólo una generación más tarde. Se trató de una generación que en su juventud aprendió la importancia de la autodeterminación y de la rebelión frente a las jerarquías existentes y el privilegio. Muchos de ellos, al cambiar de denominación y convertirse a una nueva fe, de-

safiaron a las autoridades tradicionales de sus localidades para mantener sus nuevas convicciones religiosas. Muchos tuvieron que criticar
y rechazar a sus antiguos reverendos e iglesias que, como la Iglesia de
Inglaterra, estaban apoyadas desde el poder, como enemigas de la libertad religiosa. El Gran Despertar fue también la primera vez que
los colonos de origen humilde pudieron criticar a las clases dirigentes de la colonia y sus privilegios, su riqueza, y perdieron el respeto
que sentían por éstas. El Gran Despertar de 1730 transformó los medios de comunicación al multiplicar las prensas en ciudades y pueblos, abonando el terreno para la aparición de formas populares de
política: el panfleto religioso precedió al político en Norteamérica.

La división entre partidarios y contrarios del Gran Despertar se vería una generación más tarde reflejada en la política. Al menos en Nueva Inglaterra, una región sin la cual la revolución hubiera sido imposible. Allí los evangélicos estuvieron hasta el último hombre del lado de
la rebelión, mientras que las denominaciones que se habían opuesto al
Gran Despertar se mostraron moderadas o enemigas de la rebelión.

Joseph Galloway, miembro de la Asamblea de Pensilvania, antiguo amigo de Benjamin Franklin, pero contrario a la revolución,
tuvo que escapar a Inglaterra en 1778, donde escribió un libro en el
que hablaba de la misma. Como muchos *tories* leales a la corona,
creía que la revolución era, en buena parte, una pelea religiosa cau-
sada por presbiterianos y congregacionales, cuyos «principios de religión y política [eran] igualmente adversos a los de la Iglesia y el
Gobierno establecidos».

Por su parte, el reverendo Jonathan Mayhew, en un sermón, uno
de los más influyentes en la historia de América, pronunciado —no
fue casualidad— en el aniversario de la decapitación de Carlos I de
Inglaterra por los partidarios de Cromwell, dijo que la resistencia a la
tiranía del rey era un «glorioso deber cristiano», dando respaldo moral a la resistencia política y militar contra la corona. Mayhew se an-
ticipaba así a las posiciones que muchos ministros tomaron en el
conflicto con Inglaterra.

Common Sense, el libro más leído por los revolucionarios, pudo haber sido escrito por un descreído Thomas Paine, pero era un descreído que conocía a sus compatriotas y supo adoptar el tono bíblico en sus páginas. Este libro, breve y accesible, fue el equivalente a un *best seller* en la América colonial. Un panfleto leído lo mismo en privado en las casas que en voz alta en tabernas y lugares de reunión pública.

Common Sense es un sermón secular, mezcla de religión y política, destinado a un público cuya principal, y a veces única, referencia literaria era la Biblia del rey Jacobo. «El tiempo hace más conversos que la razón», son las palabras finales del capítulo inicial del libro, a partir de las que Paine toma la decisión de apoyar la rebelión más sobre los sentimientos que sobre el pensamiento, en un proceso alejado del racionalismo de los ilustrados y no muy distinto al de una conversión religiosa. Su ataque a la monarquía incluye la propuesta de que todos los reyes son usurpadores blasfemos que pretenden para sí una soberanía sobre los hombres que pertenece sólo a Dios. Paine insiste después que los judíos del Antiguo Testamento, al menos inicialmente, rechazaron la monarquía como preámbulo a la afirmación de que el «nuevo pueblo escogido de Dios» debe seguir ese ejemplo. Afirma, así, que las colonias fueron el asilo de la libertad religiosa para pedir a continuación la defensa de esa libertad por las armas. Todo eso escrito con un lenguaje que, en su inglés original, tiene ritmos bíblicos reconocibles por parte de sus lectores.

Comparada con la guerra de Independencia, no es tan fácil ver la influencia religiosa en la guerra civil norteamericana, aunque también ésta fue precedida por la agitación religiosa.

Es improbable que, como afirma Harold Bloom, la religión norteamericana naciera en la reunión de agosto de 1801 en Cane Ridge, Kentucky, al principio del segundo *religious revival*, aunque esa reunión fuera básica para el posterior desarrollo de las iglesias bautistas en los estados del Sur y la frontera. Esa reunión, que no había sido la primera —la organizada por la Gasper City Church en julio de 1800—, reúne, sin embargo, todos los elementos para despertar la imaginación de los lectores, sobre todo cuando éstos buscan lo espectacular.

Las reuniones que precedieron al segundo *revival* en las montañas de los Apalaches y Kentucky tuvieron lugar en áreas rurales y de difícil comunicación, motivo por el cual duraban varios días, y las masas reunidas lo eran en grandes concentraciones de tiendas, alejadas de su ambiente habitual, lejos de sus familias y pastores, en un ambiente de gran excitación. Los sermones se daban al aire libre o en tiendas, todavía quedaban predicadores con tiendas recorriendo los estados del Sur en la segunda mitad del siglo XX. Cane Ridge fue en eso precursor de los conciertos de rock del siglo XX. Se reunieron allí varias decenas de miles de personas, quizá de veinte a treinta mil, y según los testigos de la época hubo predicadores dirigiéndose a la masa turnándose veinticuatro horas al día. Hubo momentos en que media docena de predicadores hablaron al mismo tiempo, mientras abajo la masa de los creyentes, poseída del Espíritu Santo, bailaba y se agitaba dando loas al Altísimo. James Finley, converso y futuro pastor metodista, escribió: «El ruido era como el rugir del Niágara. El vasto mar de seres humanos parecía agitado como por una tormenta. Conté siete pastores, todos predicando al mismo tiempo, algunos sobre tocones, otros en carromatos y uno en lo alto de un árbol que al caer se había encajado en otro...». Fue durante ese *revival*, pero no necesariamente en esa reunión, cuando nacieron los bautistas del Sur con su actual aspecto y los Adventistas del Séptimo Día.

La América del período anterior a la guerra civil vio el crecimiento de los bautistas en los estados del Sur y la frontera. Eran la denominación perfecta para crecer en aquel tiempo y lugar. Una Iglesia aún sin clero establecido en la que era pastor aquel que se sentía llamado a serlo y cualquiera podía fundar su Iglesia y ordenar a su vez otros pastores. Pastores que, además, no necesitaban de un pesado aparato administrativo o burocrático a sus espaldas porque vivían en sus granjas, de su trabajo, y compartían las vicisitudes de sus feligreses. Pero el *revival* también tuvo lugar en el Norte, en medios urbanos,

DIOS Y ESTADOS UNIDOS

con no menos fe y bastante más calma. En el Norte, de aquel segundo despertar, nacieron numerosas sociedades misioneras y bíblicas, a menudo no denominacionales, determinadas a llevar la fe cristiana, pero también la cultura de las ciudades, a las nuevas fronteras. En 1816 fue fundada la American Bible Society, que aparte de repartir Biblias y fundar escuelas y bibliotecas, muy a menudo en lugares donde no existían antes, se dedicó a tareas de tipo social que pronto serían también de tipo político: la lucha contra el alcohol, a favor de la reforma penitenciaria, por la mejora de los medios de vida en orfanatos y manicomios y la gran misión de su generación: la abolición de la esclavitud.

Sin la American Bible Society, a la que pertenecieron en un momento u otro de sus vidas todos los líderes abolicionistas norteamericanos, no es posible comprender el desarrollo del abolicionismo en los años anteriores a la guerra civil norteamericana y su radicalización. Después de todo, tuvo entre sus fundadores a Lyman Beecher y entre sus miembros a todos los hijos de éste, desde Henry Beecher, que compró armas con el dinero de su iglesia en Plymouth y las mandó a los abolicionistas de Kansas en la década de 1850, hasta su más recordada hija, Harriet Beecher Stowe, autora de *La cabaña del tío Tom*, que en palabras de Lincoln fue «la mujercita que escribió el libro con el que empezó esta gran guerra».

Con el estallido de la guerra, los dos bandos invocaron a Dios, y si casi todos los abolicionistas y enemigos de la esclavitud estuvieron con el Norte no todos los soldados de los ejércitos federales fueron abolicionistas ni todos los sudistas esclavistas. Lincoln, votado por todos los abolicionistas, abolicionista sincero él mismo, no tenía entre sus planes inmediatos la abolición de la esclavitud, sino sólo limitar su extensión a los nuevos territorios y estados, y cuando la realizó, en medio de la guerra, comenzó por hacerlo en los estados que se habían declarado rebeldes a la Unión, con una medida que no afectaba a los estados esclavistas que habían permanecido leales, en lo que era básicamente un golpe económico contra los terratenientes del

Sur. El abolicionismo fue una de las causas principales de la guerra civil, no la única, aunque a la larga haya sido la más invocada y la más recordada.

¿Dónde entra la religión en la guerra civil? Ya antes de que la esclavitud se convirtiera en tema central de reflexión de los capellanes militares y el clero del Norte, se dio un fenómeno que guió a los soldados de la Unión con determinación religiosa en la batalla y les animó en los peores días de la guerra a soportar bajas como no se volverían a dar en la historia militar de América. Ese fenómeno era la visión de que América, Estados Unidos y su sistema republicano eran un nuevo Israel, una representación en la tierra de los planes divinos, lo que transformaba la traición al sistema republicano en una ofensa a Dios.

Antes de la guerra, ni siquiera las mismas iglesias del Norte habían sido unánimes en su condena de la esclavitud. No faltaron religiosos en el Norte que alegaron razones de tipo bíblico para eludir el tema. Recordaban que Jesús había vivido en tiempos en que ya existía la esclavitud y no sólo no la había condenado, sino que había predicado incluso paciencia y obediencia por parte de los esclavos para con sus amos. ¿Podían unos simples pastores ir más lejos que Jesús?

Bastantes pastores y simples creyentes lo hicieron desde mucho antes del inicio de las hostilidades. Los siempre incómodos cuáqueros ayudaron activamente en la fuga de esclavos desde los estados del Sur y, dado que eran contrarios a la violencia, incluso en defensa propia, muchos de ellos murieron en esa empresa. Otras denominaciones participaron también, aunque no de forma tan constante, en la fuga de esclavos.

La Biblia llegó a ser el libro de cabecera del abolicionismo más radical, pero eso no impidió que fuera usada por los defensores de la esclavitud. Así, Thornton Stringfellow escribió su *Scriptural and Statistical Views in Favor of Slavery*, donde trataba de demostrar con el uso de las Escrituras que la esclavitud había tenido «la aprobación del Todopoderoso en la era de los patriarcas». El Génesis fue también invocado por los partidarios de la esclavitud, como indicación de que Dios, al menos el del Antiguo Testamento, quería que los negros descendientes de Cam y de Canaán fueran esclavos.

> Maldito sea Canaán;
> el último de los esclavos
> será para sus hermanos.
>
> Génesis 9-25

A la peculiar institución, eufemismo empleado para referirse a la esclavitud, no le faltaron defensores entre la gente de letras o la gente de iglesia. Hasta veintisiete libros contestaron a *La cabaña del tío Tom* cuando esa novela fue publicada. Entre ellos, *Uncle Robin in His Cabin in Virginia, and Tom Without One in Boston*, de John W. Page; *The Cabin and Parlor*, o *Slaves and Masters*, de Charles Jacobs Peterson; *Life at the South, or «Uncle Tom's Cabin» As It Is*, de William L. G. Smith; *The Slaveholder Abroad*, o *Billy Buck's Visit with His Master, to England*, de Ebenezer Starnes; e incluso uno infantil *Little Eva: The Flower of the South*. El argumento de todos ellos podría fácilmente resumirse en unas pocas líneas tomadas de un periódico del Sur: «El propietario de esclavos cristiano e inteligente del Sur es el mejor amigo del negro», editorial de *The Spectator*, el 6 de diciembre de 1859, en el que el autor comparaba los negros con niños y los propietarios con sus padres, y ciertamente no faltaban muchos casos en que eso era cierto, para afirmar que la situación de los esclavos, alimentados y alojados por sus amos, era más segura y sana que la de los obreros de las fábricas del Norte, explotados durante sus mejores años y despedidos sin ningún derecho al llegar la ancianidad o la enfermedad, lo que sin ser un argumento válido en favor de la esclavitud era sin embargo lo suficientemente real como para llegar a convencer a buena parte del proletariado inmigrante de las ciudades del Norte de que la esclavitud no era su problema. El Demócrata, el partido de los propietarios de esclavos en el Sur, lo era también de los inmigrantes pobres del Norte que se opusieron a menudo tanto a la guerra de Lincoln, como antes de ésta al abolicionismo liderado por unos prohombres del Norte que bendecían, sin embargo, el capitalismo emergente.

Con todo, hubo no obstante más hombres de iglesia con el abolicionismo que con los partidarios de la esclavitud. John Rankin (1793-1886), miembro de la American Bible Society, fue uno de los principales conductores del Underground Railroad, el ferrocarril subterráneo que llevaba a los fugitivos al Norte. Pastor presbiteriano de la ciudad de Ripley, allí donde el río Ohio separa el estado que lleva su nombre de Kentucky —un estado esclavista—, era reconocido por igual entre esclavos y propietarios como uno de los primeros líderes en la lucha contra la esclavitud. Rankin publicó en 1823 *Letters on American Slavery*, un libro que llegó a ser un clásico en la materia.

A pesar de excepciones como Thornton Stringfellow o John Rankin, la mayor parte de los líderes eclesiásticos estaban a medio camino entre los cuáqueros y los ministros del Sur. Consideraban la esclavitud un error que sería erradicado tarde o temprano, a ser posible por medios pacíficos, y no apoyaron los ataques de los abolicionistas a los dueños de esclavos como pecadores o su demanda para una emancipación inmediata por la vía violenta. El abolicionista más famoso de la preguerra fue, pese a todo, un cristiano iracundo y violento, un hombre de cóleras bíblicas que no dudó en morir por sus ideas, ni —puesto que no era cuáquero— en matar por ellas. Se llamaba John Brown y había estudiado para ser pastor congregacional. El plan que le costó la vida a Brown y a dos de sus muchos hijos consistía en tomar un arsenal en Virginia, armar a los esclavos de aquel estado y sublevar todo el Sur.

Brown y sus hombres eran sólo la punta de lanza de un movimiento mucho más profundo. Aunque al final sólo Brown y seis de los alzados en armas junto a él fueron ejecutados por el plan, éste había sido financiado por un grupo de influyentes miembros del *establishment* religioso y económico de Nueva Inglaterra y precedido por años de agitación política y cultural a cargo de cuatro de los hombres más lúcidos del abolicionismo político de la preguerra civil, incluyendo al mismo Brown.

Dos de esos agitadores eran negros: Frederick Douglass y el doctor y académico James McCune Smith. Frederick Douglass fue uno de los líderes negros norteamericanos más importantes del siglo XIX. Esclavo fugitivo, autodidacta, orador y escritor elocuente que opinó con agudeza sobre toda clase de temas, desde la abolición de la esclavitud a los derechos de las mujeres, los linchamientos y la guerra civil. De niño, Douglass había comprado con dinero ganado a espaldas de su amo un manual de oratoria clásica, *The Columbian Orator*, con el que había aprendido primero a leer y escribir y después a hablar en público.

McCune Smith fue el primer médico titulado de raza negra en Estados Unidos, licenciado en la Universidad de Glasgow, Escocia, con un internado en París, y otros dos títulos universitarios.

Los otros dos eran blancos: John Brown y el multimillonario reformista Gerrit Smith se habían conocido en la convención inaugural de los Radical Abolitionists, en junio de 1855. Gerrit Smith es el gran olvidado del grupo: hijo de un propietario de esclavos, millonario gracias al dinero heredado de éste, nunca se había sentido cómodo con la institución de la esclavitud, pero no fue hasta 1826 cuando se convirtió a la fe evangélica y comenzó a ayudar con gran generosidad a distintas causas reformistas. Smith se unió a la Anti-Slavery Society después de ver a sus miembros atacados en una reunión pública en Utica, Nueva York, y fue candidato a la presidencia de Estados Unidos en 1848 y 1852 con un programa abolicionista.

Finalmente, Brown era el hijo de un conductor del Underground Railroad que llevaba esclavos fugitivos a los estados libres. Casado dos veces, padre de una veintena de hijos, Brown, pese a haber fracasado en todos sus intentos comerciales, era un organizador nato que reclutó una cuarentena de abolicionistas para enfrentarse por las armas a los cazadores de esclavos tras la aprobación de la Fugitive Slave Law, una ley que permitía perseguir a los esclavos aunque lograran abandonar los estados esclavistas. Brown luchó primero en su estado, después en Kansas y Missouri y, finalmente, en Virginia. Acorralado allí en el arsenal que trataba de tomar, fue derrotado por una compañía de marines y ahorcado siete semanas después.

Los cuatro formaron una alianza extraña en su tiempo. A pesar de sus diferencias de educación, clase, origen y raza, en una época en que éstas eran todo, compartieron una amistad profunda basada en una visión milenarista del mundo, en la que todos los hombres llegarían a ser libres y serían iguales. Unidos alrededor de la Biblia, declararon una guerra a todo lo que consideraban diabólico: el alcohol, la poligamia, los esposos abusivos y la esclavitud. El uso de la violencia los distanció sin que llegaran nunca a enfrentarse. A pesar de su aprecio a Brown, Douglass hizo todo lo posible para desvincular de la última intentona de éste, que sabía condenada al fracaso, a las principales figuras negras del abolicionismo. A pesar de su amistad con Douglass y McCune Smith, a la hora de financiar su último raid Brown recurrió a un grupo distinto de financiadores que se reunió bajo un nombre que parecería ridículo si no conociéramos la identidad de sus miembros: The Secret Six, los Seis Secretos.

Los Seis Secretos estaban integrados por un millonario, un médico, un educador, un hombre de negocios y dos religiosos. Junto al millonario Gerrit Smith, se encontraban el reverendo Thomas Wentworth Higginson, sacerdote, amigo y consejero de Emily Dickinson y futuro coronel de uno de los primeros regimientos negros en la guerra civil; el reverendo Theodore Parker, ministro unitario cuya retórica inspiró el discurso de Lincoln en Gettysburg; el doctor Samuel Gridley Howe, que enseñó a comunicarse por primera vez a una persona nacida a la vez ciega y muda —Laura Bridgman—, pionero de reformas educacionales a favor de ciegos y locos; George Luther Stearns, uno de los principales apoyos económicos de la Emigrant Aid Company, creada para ayudar a instalarse en Kansas a colonos abolicionistas, y Franklin Sanborn, un maestro de Concord, corresponsal de Emerson y Thoreau, al que este último proclamó como el mejor educador de América. Todos ellos, menos Gerrit Smith, eran miembros de antiguas familias de Nueva Inglaterra, que se remontaban a la colonia, de buena reputación, educados y conscientes de que lo que hacían respondía a los nombres de sedición y traición. Como en la guerra de Independencia las filas de la subversión integraban a miembros de las mejores y más antiguas familias del país, el reverendo Higginson era descendiente de uno de los gobernadores puritanos de Massachusetts, y el reverendo Parker era nieto de aquel capitán John Parker que en la primera batalla de Lexington hizo que *minutemen* americanos disparasen por primera vez contra tropas del rey de Inglaterra.

Toda la violencia que desencadenaron no impidió que John Brown fuera proclamado santo por algunos de sus contemporáneos. Ralph Waldo Emerson, que lo conocía y había apoyado verbal y financieramente su labor abolicionista, escribió a su muerte que Brown era «el santo […] cuyo martirio hará del patíbulo algo tan glorioso como la cruz». El mismo día de su ejecución sonaron las campanas en muchas iglesias del Norte y se oficiaron servicios en su honor.

No todos lamentaron su muerte. Con el fin de impedir que sus últimas palabras pronunciadas pudieran ser recordadas, Henry Wise, gobernador de Virginia, se aseguró de que sólo pudieran asistir a la ejecución de Brown militares, rodeó el presidio con 1.500 soldados y cadetes de una cercana academia militar y no permitió que ni siquiera éstos estuvieran demasiado cerca del patíbulo. La precaución fue inútil: John Brown sabía escribir. Sus últimas palabras tuvieron mucho de profético: «Yo, John Brown, estoy ahora completamente seguro de que los crímenes de esta tierra culpable no serán expiados sino por la sangre». Eran, desde luego, palabras dignas de un profeta del Antiguo Testamento. Al final de la ejecución, un coronel de la milicia de Virginia gritó desde lo alto del patíbulo: «Mueran así todos los enemigos de Virginia. Todos los enemigos de la Unión. Todos los enemigos de la humanidad». Fue una de las últimas veces en mucho tiempo que Virginia y la Unión fueron invocadas en un mismo grito. Desde un púlpito en Massachusetts, el filósofo Henry David Thoreau contestó: «Esta mañana ha sido ahorcado el capitán Brown, ya no es el viejo Brown, es un ángel de luz».

Pocos meses después, la guerra se hizo inevitable y las palabras finales de Brown se cumplieron. La mayor parte de los pastores habían esperado y deseado que la Divina Providencia resolviera el incómodo problema de la esclavitud a su debido tiempo, y con la guerra se convencieron de que la Providencia había decidido resolver esa cuestión de una forma más rápida y violenta que la preferida por ellos. Al comienzo de la guerra, el único objetivo declarado de Lincoln era salvar la Unión, no liberar los esclavos. Los resultados de las primeras batallas, confusas y a menudo desastrosas para los ejércitos del Norte, le obligaron a alterar sus objetivos y expandirlos.

Viendo la mano de Dios en cada suceso, muchos pastores protestantes buscaron una explicación teológica para los continuos fracasos militares que acompañaron a la Unión al principio de la guerra. Para explicar los reveses utilizaron un tipo de sermón que en América era tradicional desde los tiempos de los primeros puritanos: la jeremiada. La jeremiada es un sermón, llamado así en honor al profeta Jeremías, que consiste en amenazar a la gente con toda clase de penas a menos que renuncie a sus pecados; la jeremiada tomaba un desastre del momento, lo interpretaba como un castigo divino, y entonces preguntaba por qué pecado había llegado la pena impuesta. La derrota de los ejércitos de la Unión era un castigo divino, y gracias a los pastores creció la convicción de que el mismo Dios que había mandado ese castigo continuaría castigando al Norte y no le permitiría ganar la guerra hasta que la Unión diera los pasos necesarios para acabar con el pecado de la esclavitud.

Algunas iglesias comenzaron a pedir la emancipación de los esclavos para una fecha tan temprana como el otoño de 1861, apenas empezada la guerra, mientras que otros la situaron en un plazo de meses o incluso años más tarde; pero todos los grupos, no importa para cuándo o en qué condiciones la pidieran, concluyeron que la guerra había señalado la intención de Dios de que la esclavitud debía ser abolida. Las iglesias contribuyeron así a radicalizar el esfuerzo del Norte en la guerra.

La sangre derramada limpiaría la nación de sus pecados, tal y como había pedido John Brown, y la prepararía para su renacimiento moral. Ese renacimiento moral requería que los ciudadanos abandonaran su egoísmo y se sacrificaran. El reverendo Horace Bushnell, pastor congregacional de Hartford, Connecticut, uno de los principales oradores religiosos del momento, predicó el domingo después de la derrota del ejército de la Unión en Bull Run, la primera batalla de la guerra: «Debe haber reveses y pérdidas, y tiempos de profunda preocupación. Debe haber lágrimas en las casas, y sangre en los campos; padres y madres, esposas e hijos amados que conozcan el infortunio». Desde una perspectiva religiosa, la pérdida y el dolor eran buenos. Una victoria demasiado rápida del Norte no expiaría sus pecados ni dejaría clara la lealtad de los ciudadanos para con una causa divina. Al comienzo de la guerra, pocas personas hubieran soñado con toda la sangre que iba a correr. El clero dijo al pueblo que esa sangre no sólo era buena, sino además necesaria para que la guerra alcanzara el propósito fijado por la Divina Providencia.

Acorde con el espíritu de la época, el *Himno de batalla de la República*, la canción de marcha más popular cantada por los ejércitos del Norte, con una letra compuesta por Julia Ward Howe —esposa de uno de los Seis Secretos—, puede leerse como himno religioso y empieza con las palabras: «Mis ojos han visto la gloria de la llegada del Señor». Las líneas finales de su primera versión, dulcificadas en todas las posteriores, fueron originalmente: «Como Él murió para hacer a los hombres santos, muramos para hacer al hombre libre».

Las iglesias del Norte hicieron que lo que había comenzado como una guerra para la conservación de la Unión, un objetivo ya de por sí sacralizado, se transformara en una guerra religiosa. En este terreno, la transformación de la opinión pública precedió a la del gobierno de Lincoln. En 1861, el presidente había declarado que su único propósito era preservar la Unión. En otoño de 1862 anunció su intención de liberar, desde el primer día de 1863, a los esclavos de los estados en rebelión contra el gobierno. En 1864, Lincoln fue a la reelección con una plataforma que incluía una enmienda constitucional para abolir la esclavitud en Estados Unidos. Lincoln llegó incluso a dejarse arrastrar por el fervor religioso en sus discursos. «El Todopoderoso tiene sus propios planes», dijo en su segundo discurso inaugural, después de la reelección, y durante la guerra proclamó días de ayuno y penitencia, en los que instó a los norteamericanos a ir a la iglesia, confesar humildemente sus pecados a Dios y pedir su bendición.

De la misma manera que a partir de esa guerra los irlandeses pasaron a ser aceptados como norteamericanos, lo mismo puede decirse de su fe católica. Hasta la guerra civil, la principal carta de presentación de los nativistas Knownothing contra los católicos irlandeses era que su fidelidad iba hacia el rey de Roma, el Papa, antes que hacia las instituciones republicanas norteamericanas. En la guerra de México, en 1848, uno de los motivos de protesta de los soldados irlandeses que desertaron del ejército norteamericano para pasarse al mexicano fue la negativa por parte de éste de darles capellanes de su fe.

Sobre el campo de batalla de Gettysburg se multiplican los monumentos recordatorios: sin contar las lápidas conmemorativas hay hasta veintiséis estatuas, ocho de ellas ecuestres. La única estatua levantada a un capellán castrense fue dedicada en 1919 a un católico, el padre William Corby, que con los años sería tercer presidente y segundo fundador de la Universidad de Notre Dame, hoy uno de los centros educativos de mayor prestigio de Estados Unidos, así como el creador de su facultad de derecho. Durante la guerra civil, Corby fue el primer sacerdote católico que acompañó a las tropas al combate. Originalmente, iba a ser sólo el capellán de la Brigada Irlandesa, pero la falta de otros sacerdotes hicieron que pronto lo fuera de todo el Cuerpo de Ejército del Potomac. El segundo día de la batalla de Gettysburg, ya próximo el combate y con el enemigo a la vista, Corby predicó y dio la absolución general a todos sus feligreses, les recordó su deber hacia la bandera y unió de tal manera la fe católica y el patriotismo norteamericano en una breve homilía que a partir de aquel día ya nadie más dudó sobre dónde estaba la fidelidad de los norteamericanos católicos. Con el paso de los meses y los años, aquella ceremonia sería recordada en poemas, esculturas y una impresionante pintura de Paul Henry Woods titulada *Absolution Under Fire* («Absolución bajo el fuego»). Corby publicaría unas memorias de guerra, *Memoirs of Chaplain Life: Three Years With the Irish Brigade in the Army of the Potomac*, perdidas durante mucho tiempo y recuperadas a finales del siglo XX. Al final del día, después del combate que siguió al sermón, 198 soldados de la Brigada Irlandesa bendecida por Corby estaban muertos, el resto eran ya norteamericano.

Su perdido sermón no pudo ser muy distinto al de cualquier religioso de otra fe. Por aquellas fechas, el rabino Samuel Mayer Isaacs escribió «Stand by the flag», un editorial de *The Jewish Messenger*, el 28 de febrero de 1860: «Y si caen en defensa de esta bandera encontrarán una muerte gloriosa y honorable, sus últimos momentos serán confortados por la conciencia de que han cumplido su deber, y América, agradecida, no olvidará a los hijos que han entregado su vida en su defensa».

A pesar del general Grant, y su hostilidad hacia los judíos, también éstos comenzaron a ser cada vez más aceptados a partir de esa guerra. Michael Meir Allen, nacido en Filadelfia en 1830, fue el primer capellán judío, e interdenominacional, de una unidad militar norteamericana, el 5.º de Caballería de Pensilvania.

El nuevo bautismo de sangre de la nación recibió un final ritual y simbólico el 14 de abril de 1865 —aquel año Viernes Santo— cuando Abraham Lincoln fue muerto por John Wilkes Booth, sólo cinco días después de que Lee capitulara. Los pastores no descuidaron el simbolismo. Como la muerte de Jesús, la sangre de Lincoln daba vida nueva a la nación. Un grupo de ministros llegó a decir: «Fue señalado […] para ser el mayor sacrificio sobre el altar de la República y para cimentar con su sangre las instituciones libres de esta tierra».

Dios en tiempos de guerra

«No hay ateos en las trincheras», una frase pronunciada por primera vez en la radio por el teniente coronel William J. Clear, al narrar su experiencia en la campaña de Filipinas, ha llegado a ser un tópico en Estados Unidos. América cree en Dios cuando llega la hora del combate. América entera, y no sólo su presidente, volvió a nacer el 11 de septiembre. Gente que no era practicante reencontró a Dios. La que era practicante se lanzó a fondo. Los evangelistas Jerry Falwell y Pat Robertson fueron criticados en la prensa cuando sugirieron que los ataques a las Torres Gemelas indicaban la cólera de Dios contra Nueva York por tolerar gays, lesbianas y pornografía. Aunque fueron criticados por el tono de sus declaraciones, incluso por eclesiásticos próximos a sus posturas, éstas no estaban demasiado lejos de la opinión imperante en muchos lugares del interior, o del tono de fervor religioso con el que la nueva guerra fue recibida, desde las iglesias llenas, a la mezcla de elementos religiosos y patrióticos en el discurso de los políticos o en el lenguaje de la gente más insospechada. Nunca, desde el ataque japonés a Pearl Harbor en 1941, «God Bless America» había vuelto a ser una canción tan popular o tan vendida como lo fue aquellos días. Nunca, desde el ataque japonés a Pearl Harbor en 1941, «God Bless America» había vuelto a parecer una canción amenazadora.

El presidente habló de cruzada en uno de sus primeros discursos tras los ataques, y sus críticos le atacaron por ello. Dijeron, tenían razón, que se trataba de la palabra que más fácilmente podía irritar a los escasos aliados de Estados Unidos en Oriente Próximo. Como en el caso de la ejecución de Gary Graham, el presidente no hizo caso. En ambos casos, su posición demostró estar más cercana a la del ciudadano medio que a la de sus críticos.

Todas las iglesias, no importa la fe, se llenaron el fin de semana que siguió a los ataques. No hubo otro tema en los sermones. Una encuesta hecha pública el 19 de septiembre de 2001 por el Pew Research Center for the People & the Press indicó que el 69 por ciento de los encuestados rezaban más que antes del ataque. Otra encuesta, de la misma agencia, a mediados de noviembre del mismo año, indicaba que un 78 por ciento de los encuestados creían que la influencia de la religión en la vida pública había aumentado o aumentaría.

Los ataques terroristas del 11 de septiembre provocaron un resurgimiento, incluso a nivel popular, del interés en un concepto, que descansa tanto en la teología católica como en el derecho natural: la guerra justa. Clero, periodistas, políticos, comentaristas e incluso presentadores de televisión revisaron y discutieron opiniones, a veces seculares, sobre las condiciones necesarias para que se diera una guerra justa, con intención de determinar si la presencia de Estados Unidos en Afganistán se ajustaría o no a ese concepto. No es una sorpresa que muchos así lo afirmaran dentro de Estados Unidos. La identidad de algunos de ellos sí lo fue: al principio de la guerra en Afganistán, sesenta investigadores prominentes en el terreno de las leyes, la ética, la filosofía, muchos de ellos académicos, otros clérigos de distintas iglesias y denominaciones, ninguno de ellos sospechoso de radicalismo, publicaron una carta abierta a favor de la guerra en Afganistán bajo el título de «Por qué estamos luchando: una carta de América».

De entrada, y usando la tradición de la guerra justa, escribieron: «¿Reconocemos que toda guerra es terrible, es la representación última del fracaso político del hombre [sin embargo] a veces emprender una guerra no sólo está moralmente permitido, sino que es moralmente necesario, como respuesta a actos calamitosos de violencia, odio e injusticia. Éste es uno de esos momentos [...] asesinos organizados, de alcance global, han pasado a amenazarnos a todos [...]

apoyamos la decisión de nuestro gobierno, y nuestra sociedad, de utilizar la fuerza de las armas contra los mismos».

La declaración no daba carta blanca al gobierno de Bush para el futuro, limitaba el alcance de las represalias y negaba el derecho de nadie a invocar a Dios en una guerra. La carta insistía también en distinguir entre el islam y sus extremistas, distinción que también señaló el presidente Bush en varias comparecencias ante la prensa, con una capacidad para el matiz que normalmente no le es reconocida. Así, poco después del 11 de septiembre, declaró: «El rostro del terror no es el auténtico rostro del islam. [...] El islam es paz. Estos terroristas no representan la paz. Representan la maldad y la guerra». Luego, en noviembre de 2001, invitó a representantes de cincuenta y tres naciones musulmanas a la Casa Blanca a una cena de *iftar*, la comida propia del ramadán.

No todos los grupos religiosos apoyaron al gobierno de Bush en su reacción a los ataques el 11 de septiembre. El Consejo Mundial de Iglesias publicó una declaración, «Respuesta religiosa al 11 de septiembre», que declaraba: «No creemos que la guerra, especialmente en el sumamente tecnologizado mundo actual, pueda ser considerada jamás como una respuesta efectiva al pecado igualmente aborrecible del terrorismo».

A medida que la administración Bush amplió su visión de la lucha contra el terrorismo hasta incluir la invasión de Irak, muchos que creyeron y apoyaron la guerra de Afganistán como una guerra justa, pasaron a considerar que la de Irak no lo era.

El apoyo total, no sólo de los líderes religiosos, sino de la población en general, está ahora matizado por una oposición creciente a la guerra, lo que no impidió a Bush ganar de forma aplastante las elecciones de 2004, pero entre los ataques del 11 de septiembre y la primera respuesta en forma de misil hubo un clima de unidad y patriotismo crispados en el que, por primera vez desde que estaba en Estados Unidos, pude percibir en las calles y los comentarios algo que, si no era odio, lo parecía. Nunca antes había visto a una nación odiar, casi al unísono, con tanta intensidad, ni siquiera en Centroamérica, en la guerra de El Salvador, que afectaba a todos los ciudadanos en casi todos los aspectos de su vida cotidiana. Era el mismo espíritu contagioso que se sintió a lo largo del país inmediatamente después del ataque a Pearl Harbor. Incluso escudado dentro del enclave étnico en que el diferente, el otro, lo es menos, podía sentirse esa sensación de desconfianza extrema. Para mí, después de tantos años en Estados Unidos, fue una desilusión, pues creía que conocía a mi nuevo país.

El clima que siguió a los ataques del 11 de septiembre fue de sombría solidaridad con las víctimas. No sé, no creo que nadie sepa indicar en qué momento esa sombría solidaridad con los neoyorquinos se transformó en un ansia de represalias en la que estaban asociados Dios, la bandera, el presidente y gran parte de mis vecinos. De golpe, justo cuando ya dominaba las variantes del inglés norteamericano, podía comprender sus periódicos, leer sus libros y reírme con sus comedias, éstas dejaron de parecerme divertidas. América me pareció de un día para otro más provinciana, más dura, menos acogedora que veinte años atrás. Era quizá tiempo de irme. De regresar a mis orígenes, a Europa, a ese otro Occidente al que yo esperaba seguir perteneciendo.

5

Final miamiense

Adiós a Miami

Incluso sin darme cuenta, empecé este libro, algunas partes de este libro, en Miami, en el Sur relativamente católico de una Norteamérica protestante, y vine a acabarlo en una casa cercana a Florac, en el sur protestante de la católica Francia. Sur por sur, me quedo con el sur francés. Incluso abandonada como comienza a estarlo, la campiña francesa tiene un aire familiar y sereno del que carecen los campos norteamericanos. Hay algo de inmenso e incontrolable en la naturaleza norteamericana, que a veces puede ser bello, pero otras muchas veces puede ser sencillamente terrible: huracanes, terremotos, inundaciones y tornados. Allí hasta la naturaleza puede ser terrible como rara vez lo será la europea.

Las primeras páginas de mi libro supongo que son aquellas procedentes del diario que mantuve durante mi último mes en Estados Unidos. Las últimas páginas de este libro las planeé y medio escribí en la casa francesa de mis tíos. Allí las paredes están forradas de libros, hay un tocadiscos, un CD y durante muchos años no llegó la televisión. Era una de las grandes ventajas de estar en una montaña. La comida es macrobiótica, no porque sea la moda, sino porque es del país y la ha visto crecer la misma gente que se la va a comer. Es una casa vieja. No sé cuán vieja es, pero sí sé que estaba aquí en tiempos de Luis XIV, cuando aún no había grandes ciudades en Norteamérica.

Es una casa vieja. Es una casa de la frontera religiosa francesa, una casa protestante, una casa hugonote. Tiene la marca de las casas construidas por miembros de esa Iglesia. Debajo de la sala principal, tan bien oculto debajo de la chimenea que es posible patear el suelo y no resuena, tan bien oculto entre sus paredes que es posible bajar al sótano y no lo adivinas, tiene un pasadizo ciego que no lleva a ninguna parte y en el que sus habitantes escondían a sus pastores tras la revocación del Edicto de Nantes sobre la libertad religiosa, cuando éstos eran perseguidos por los dragones, no los mitológicos sino los de verdad, esa infantería montada, que lanzó contra ellos el Rey Sol.

Tierra de dragonadas, conversiones forzadas y martirio, La Cevenne vio la guerra del rey contra los protestantes. ¿Qué fue de los hugonotes que vivían en aquella casa y construyeron el cuarto secreto? ¿Renegaron, murieron, resistieron o se fueron? No creo que renegaran. Pocos lo hicieron. Si se fueron, no importa adónde huyeran inicialmente, si a Prusia, Hesse o Inglaterra, es muy probable que acabaran en Norteamérica. A los siempre rebeldes hugonotes no les gustaban ni los príncipes, ni siquiera los príncipes protestantes alemanes, ni la Iglesia de Inglaterra, y si escogieron la opción del exilio es más que probable que mantuvieran también la de la rebeldía.

Suelo obsesionarme con mis propios libros mientras los escribo, para olvidarlos de manera casi total una vez publicados, y ahora al final de este manuscrito que aún no sé cómo catalogar, veo todo a mi alrededor con ojos norteamericanos. Paul Revere, el hombre que avisó a los *minutemen* antes de la primera batalla de Lexington, era descendiente de hugonotes, como también lo eran Peter Fanueil, en cuyo local se celebraron las primeras reuniones de los independentistas de Boston antes de 1776; Philip Freneau, el gran poeta de la revolución norteamericana, o James Montgomery, el abolicionista armado que recorrió Kansas junto a John Brown antes de la guerra civil. ¿Conocieron sus antepasados al pastor que estuvo alguna vez escondido bajo el fuego que tantas veces me calentó de niño? Sé que es dar muchas vueltas, pero incluso la demasiada corta historia de Estados Unidos tiene más vueltas y capas que las que pueden verse a simple vista.

Con los años, a pesar de todas las dificultades, incluso la televisión ha llegado a la montaña de mis tíos. Es martes, o jueves, o cualquier otro día de la semana, y pasan *Smallville*, una serie sobre los años adolescentes de Superman, antes de que tuviera identidad secreta y capa, que pasan también en España y que ya evité en su día en Estados Unidos. Hay algo de injusto en esta reciprocidad. Francia dio a Estados Unidos los abuelos de Paul Revere y Philip Freneau, a La Fayette y la estatua de la Libertad, y Estados Unidos le devuelve *Smallville* y los chistes pesados de Jay Leno.

Mi última noche americana, todavía en Miami, no pude dormir. La mañana siguiente fue incluso peor. Una de las peores de mi vida. Me desperté con agujetas, la humedad de Miami y el cansancio se mezclaban en mis codos, hombros, en la cintura. No recordaba haber tenido esos dolores cuando llegué a América. Había envejecido en un país que no era el mío. Después miré a mi alrededor y vi que no tenía nada. Mi habitación, antes abigarrada como un zoco turco, había alcanzado la pureza de la celda cartuja. Se habían ido la alfombra, los pósters, el ordenador, los libros de las estanterías, la bandera amarilla de la serpiente colgada en la pared, los DVD, los álbumes de ópera y los CD de jazz. No más libros y revistas llenando todos los espacios habidos y por haber. Todas aquellas cosas a través de las que expresaba quién era yo se habían ido días atrás por barco. Sólo me quedaban el televisor y el perro. El perro no vendría conmigo. Estaba demasiado viejo para viajar en avión tantas horas y unos amigos se lo quedarían y cuidarían. Aquella mañana sería nuestro último paseo juntos.

El televisor me quedaba como última, única, compañía. Pero el televisor no es una manera de expresarse, sino de escuchar la expresión de los demás. La pantalla del ordenador, a pesar de su parecido a la pantalla del televisor, no tiene nada en común con ésta. No había vuelto a estar tan solo o desnudo en muchos años. El ordenador me conectaba con el resto del planeta, los libros con el resto de mi historia, la televisión era sólo el ruido de fondo de una vida a menudo solitaria que me acompañaba mientras escribía, como antes lo había hecho la música. Hay series que he seguido durante años sin mirarlas. Las respuestas rápidas de los humoristas, las pausas cargadas de silencio de los actores dramáticos, las había escuchado sin verlas. *Urgencias*, escuchada mientras aprendía a usar Photoshop. *Ley y orden*, mientras bajaba el correo de mis varias cuentas de hotmail. *Turandot en la Ciudad Prohibida de Pekín* sí que la vi y para eso dejé incluso de reescribir mi novela, la de siempre, la que había escrito durante años. Por tres o cuatro horas me detuve para ver la televisión. La televisión norteamericana, como todas las del mundo, es normalmente mala, pero cuando es buena puede ser muy buena y dar sorpresas. La ópera fue precedida por un reportaje sobre cómo se había montado *Turandot en Pekín*, entrevistas con los attrezzistas, los decoradores, el coreógrafo, la cantante principal y el director. Por primera vez, *Turandot* se montaba en los lugares en que sucedía la trama.

Pero eran las siete de la mañana y en ninguno de los cincuenta canales de la televisión que podía ver pasaban ópera, mucho menos *Turandot*, para que yo me despidiera de América escuchando «Nessum dorma». Aquella mañana, como tantas otras, acabé viendo el programa de las mañanas de la Fox News. E. D., Steve, Lauren y Bryan repasaban las noticias del día —América seguía ganando la guerra y el talibán norteamericano seguía sin ser fusilado— entre entrevistas con gente del mundo del espectáculo y la política y en aquel programa era difícil saber quién era quién y dónde acababa cada terreno. E. D. —se lo agradezco— llevaba botas y minifalda.

Durante mi última semana en Miami repasé toda mi vida allí. Volví a lugares a los que no había vuelto durante años, visité sitios que siempre había querido ver y había dejado para más adelante. Salí a comer con amigos que no había visto en meses o incluso años, pero que sabía que estaban ahí si alguna vez los necesitaba. Aquellos días fui por última vez a comer al Tiramesu en Miami Beach y a desayunar a Coconut Grove, pero me invitaron sobre todo a restaurantes de Little Havana y Coral Gables —la Casita, Versalles, Ayesteran, El Pub— y a sus casas. Gente que yo creía amiga había demostrado no serlo, pero aun así en aquellos últimos días descubrí que tenía más y mejores amigos que los que yo recordaba o incluso imaginaba. Mi última cena norteamericana fue en John Martin's, en Coral Gables. Fui con un compatriota. Hay tan pocos sitios a los que invitar en Miami, si no eres turista, que en aquellas últimas semanas me invitaron tres veces a John Martin's.

Después de cenar allí solía pasear por Coral Gables. Si sales por delante de John Martin's sales a Miracle Mille, una de las principales zonas peatonales de Coral Gables. Cuando llegué a Miami en los ochenta, Miracle Mille aún conservaba el aire de una calle mayor de pueblo norteamericano, con un toque de clase media alta. Había una tienda de Woolworth; un par de restaurantes chiquitos con un interior de madera oscura, trasplantados allí desde estados más fríos, increíblemente norteamericanos en sus menús; un par de cafeterías en las que comían los empleados de las oficinas de alrededor; una librería Waldenbooks, y un J. Byron, una cadena local del Sur de tiendas por departamentos; todas las demás eran tiendas pequeñas e independientes. En un extremo había un restaurante de la cadena Denny's, que servía desayunos veinticuatro horas al día, y en el otro la alcaldía de Coral Gables, construida en los años veinte en estilo *spanish revival* —como si adivinase el futuro hispano de su ciudad—, y a su lado, cruzando la calle, un templo de la Ciencia Cristiana. A medio camino entre la alcaldía y el restaurante había un cine de verdad, con marquesina y todo, no uno de esos horribles multicines, como los de los centros comerciales. Veinte años después, cuando me fui, Woolworth había cerrado, Waldenbooks habían dado paso a una tienda de decoración, el cine cerró, y en la manzana en que había estado Woolworth se abrió una librería de Barnes and Noble, grande, aséptica, insípida, dotada de cafetería, en la que estaban todos los libros de moda a precios baratos, donde a nadie le importaba si te sentabas a leer sus libros durante horas sin después comprarlos. A su alrededor las tiendas independientes habían sido sustituidas por sucursales de las grandes cadenas.

Woolworth fue en su momento la tienda por departamentos que definió el centro de cientos de pequeñas ciudades, antes de desaparecer en los años noventa. Cuando había sido fundada, el concepto de Woolworth era que cualquiera que entrara en sus tiendas se sintiera rico porque podía comprar cualquier producto que hubiera en la misma. Fue la gran tienda de los años de la Depresión. Tenía restaurantes de comida rápida antes incluso de que el concepto de *fast-food* hubiera sido definido. Las barras, segregadas en el Sur, de sus restaurantes fueron uno de los primeros lugares en que se desafiaron las leyes contra el apartheid norteamericano. Al contrario que con los actuales centros comerciales, alrededor de Wolwoorth solían abrirse otras muchas tiendas, su presencia creaba una zona de tráfico de clientes que era buena para el centro de las ciudades. Casi todas esas tiendecitas también han desaparecido. La calle donde en otro tiempo había habido quizá representantes de sólo dos o tres cadenas era ahora un aburrido centro comercial más, en el que se podían ver los mismos escaparates que se pueden ver de costa a costa en todos los centros comerciales de Estados Unidos.

América se había ido estandarizando en los últimos veinte años. Cuando llegué a Miami abundaban las librerías de viejo e independientes. A sólo dos manzanas de Miracle Mille, estaba Adolph's Readers World. Era una tienda grande y fresca, llena de sombras, particularmente agradable en las tardes de verano, sobre todo en una ciudad en que el verano dura diez meses, que tenía revistas de todas partes del mundo, olía a dulces, a tabaco de pipa y a libros. Las nuevas librerías ya no huelen a libro. Adolph's estaba atendido por su mismo dueño y podías escoger entre ver revistas durante horas y rebuscar hasta encontrar cosas raras o pedirle al propietario que te indicara dónde estaba lo que querías —siempre lo había y siempre sabía dónde estaba— y salir en cinco minutos. Había una librería de viejo bastante buena detrás de Miracle Mille, en la que podían comprarse libros en francés y otros idiomas aparte del inglés. Allí compré libros de Guitry, Giradoux y Camus en la colección de Le Livre de Poche. Gracias a esa librería, Sacha Guitry siempre evocará para mí un día de pesado calor tropical y un desayuno norteamericano —huevos, beicon, *ash browns* y salchichas— en Denny's en vez de un solitario café en la Rive Gauche. Tanto esa librería de viejo como Adolph's desaparecieron en algún momento de los ochenta sin que nos diéramos cuenta. A tres manzanas de Adolph's estaba Americana

Bookshop, con sus partituras de vieja música en el escaparate y sus libros de historia militar. Había otras dos o tres librerías de viejo en Ponce de Leon Boulevard. ¿Qué fue de ellas? ¿Qué de la papelería de la Avenida Veintisiete donde siempre te atendían con una sonrisa? Ahora, para comprar papeles o sacar fotocopias, hay que ir a un Office Depot, atendido por dependientes intercambiables y anónimos, cuya simple presencia ha bastado para matar todas las demás papelerías en varios kilómetros a la redonda.

Cuando me fui no quedaban casi librerías independientes en Miami, como no quedan emisoras de televisión locales, o tiendas de objetos de oficina, cines o periódicos que no trabajen en cadena. Corporate America se había ido comiendo poco a poco a las tiendas familiares. Era otra de esas cosas en que no me había fijado. ¿Qué había sido de todas las tiendas que había visto cuando llegué años atrás? En Miami, fuera del barrio cubano, donde el idioma y la especialización protegen a media docena de libreros que, de otra forma, no serían competitivos, sólo quedaban dos librerías independientes: Downtown Bookcenter y Books and Books.

Después de cenar en John Martin's solía pasear por Coral Gables. Si sales por la parte de atrás del restaurante y cruzas su aparcamiento, estás en Salzedo Street y puedes entrar directamente en Books and Books. Cuando me iba de Miami acababan de cumplir sus veinte años mudándose a un edificio más amplio que el que habían tenido hasta entonces. Visitar el viejo local de Books and Books en Aragon esquina con Salzedo —a sólo media manzana del nuevo local— era como visitar una extensión de mi casa tal y como me esperaba aquella noche. Los anaqueles estaban vacíos y había gente mudándose que aún no se había adaptado al lugar. Iban a abrir allí una librería de viejo en lugar de la antigua, y tenían los libros aún en cajas. Aunque nunca había sido un cliente regular de Books and Books y establecido la misma relación que sus habituales tenían con el dueño, el personal o el mismo local, aquel lugar tenía buenos recuerdos para mí y me dolió verlo desierto y desordenado. Lo había descubierto a poco de llegar de Centroamérica, después de años de estar en países en los que la restricción de divisas y la falta de una industria editorial propia hacían casi imposible comprar libros. La presencia de un lugar como Books and Books, lleno de libros y de gente que amaba los libros, me había dicho que tal vez también yo podía caber en aquella ciudad. Ellos acababan de abrir y yo de llegar a Miami. Ver su viejo local medio vacío me deprimió. Visitar la nueva sede de Books and Books, al otro lado de la calle, a treinta metros escasos de su anterior sede, me devolvió el ánimo. Incluso con una guerra en marcha era imposible estar deprimido entre tanta gente amable y educada.

Books and Books es una librería bella. Su nuevo local tiene techos altos, suelos de madera barnizada, luz natural en todas las salas y un patio central en el que hay una cafetería en la que siempre que me he sentado durante más de media hora me he encontrado con algún amigo. En la parte de atrás de la librería se puede jugar al ajedrez mientras tomas un café. He estado en librerías más grandes pero no mejor dispuestas, he estado en librerías con mayor número de títulos pero no mejor seleccionados. Me recordó que a pesar de toda la estandarización comercial y de toda la gente que apenas redobla el tambor y empieza una guerra comienza a marcar el paso, Norteamérica sigue siendo también un lugar de contrastes, de gente que piensa por sí misma, de gente que no marca el paso, de pequeños editores que tienen su espacio en las estanterías de librerías independientes y de librerías independientes que pueden sobrevivir a las grandes cadenas a base de buen gusto y trabajo duro. La América auténtica puede ser la del interior con sus lacónicos cowboys pero sería más pobre, menos interesante y divertida si no existiera también la América de la costa, europea, abierta a las ideas extranjeras que tiene aún representantes incluso en el estado en que salió elegido Bush. Me alegró dejar allí el último billete de veinte que gasté en Estados Unidos. Allí, por última vez en mi país casi adoptivo, me sentí de nuevo cómodo justo antes de partir.

Acabo este libro como acabé mi estancia en Norteamérica, con una suma de frustraciones. ¿Cuántas cosas han quedado fuera? Casi no he citado en el texto a Henry Thoreau o a Alexis de Tocqueville, no he hablado de los pragmatistas Dewey y James, de los trascendentalistas del siglo XIX o de Ayn Rand, y esa judía rusa, atea confesa, es por lo menos tan responsable como el Dios de los anglosajones de las políticas sociales, inconscientemente darwinistas, del nuevo Partido Republicano. No he citado las canciones de Woody Guthrie, Joan Baez o Leonard Cohen. No he hablado de las grandes corporaciones, apenas he esbozado el papel de los afroamericanos, he mencionado únicamente de pasada la televisión y he olvidado los blues, el jazz, Broadway y el resto de la cultura popular norteamericana que tanto me encantan y sin los cuales no podría haber vivido allí tanto tiempo o escrito este libro. ¿Cuántos tópicos he repetido al tratar de evitar otros? ¿Cuántas cosas he sido incapaz de comprender?

Acabé mi estancia en América como acabo este libro, con una suma de frustraciones. No he ido a Monticello, la mansión que se construyó Jefferson en su plantación, o a la Biblioteca del Congreso. No he visto las Torres Gemelas de Nueva York —pensé que estarían ahí para siempre—, ni he pasado un *mardi gras* en el barrio francés —en realidad español— de Nueva Orleans. Mi experiencia en el país más grande del mundo ha sido provinciana. Y, sobre todo, no estoy seguro de haber acabado de comprender al país que me rodeaba.

Quizá no estuve en el mejor lugar de América para comprenderla, pero no es excusa. Cualquier extremo es bueno en un país que carece de centro. Sólo en mis últimos años en América del Norte comencé a pensar en su sociedad. ¿Por qué los europeos comprendemos a América peor incluso que a países que no tienen nada en común con nosotros? A fin de cuentas, los norteamericanos, o al menos los que han conformado hasta ahora su cultura, son descendientes de europeos. ¿Palabras como progreso o modernidad no deberían significar lo mismo en Europa y América?

Los norteamericanos adoran al mismo Dios que nosotros, con la diferencia de que gran parte de Europa ha dejado de hacerlo de forma regular. Al haber quedado el fanatismo religioso, que para otros puede ser sencillamente fervor, relegado a espacios cada vez más marginales en Europa, no comprendemos por qué allí sigue estando en el centro de la vida y la reflexión política. Al ver con cinismo a nuestros políticos, no entendemos la estrecha relación que une a los norteamericanos con los suyos, incluso cuando los critican y atacan.

Estados Unidos nos irrita a nosotros los europeos porque nos desconcierta y nos desconcierta porque es distinto, pero no somos conscientes de cómo lo es. Si los norteamericanos fueran descendientes de chinos, o árabes, si sus casas parecieran iglúes y sus templos pagodas, si adoraran con esa misma dolorosa intensidad a un Dios distinto al nuestro, todo sería más fácil y estaríamos dispuestos a comprender y perdonar todos los excesos de su sociedad. Al ver que son una sociedad aparte, los trataríamos con la misma distancia crítica pero amable con que tratamos a veces a China, Japón o el mundo árabe y nos esforzaríamos en entenderlos mejor. Sin embargo, Estados Unidos está poblado sobre todo por descendientes de europeos, sus templos son iglesias —aunque allí suelen estar llenas— y su Dios el cristiano, sus casas, al menos en las ciudades, son como las nuestras, sus ropas también, aunque quizá sería más justo decir que nuestras ropas, costumbres, casas e incluso dietas son cada vez más como las suyas.

Los norteamericanos nos resultan extraños precisamente por lo mucho que nos parecemos externamente. No nos damos cuenta de que en algún momento de su historia su cultura tomó un camino distinto al europeo.

Mi última mañana en Miami paseé mi perro y me despedí del barrio. El barrio había decaído mucho con los años pero, pese a todo, estaba lleno de actividad. Como de costumbre seguían llegando nuevos inmigrantes de acento raro y los viejos habitantes del barrio los mirábamos desconfiados. Lo abandoné con pena: era el sitio en el que había escrito mis primeros libros. Vi por última vez las casas de madera con porche delante. Crucé el río Miami y desayuné en mi lugar favorito del Downtown, recogí ejemplares de la prensa gratuita y compré *The Miami Herald* en los dos idiomas. El *New Times* anunciaba en portada «We're number one». Entregué el que ya no era mi perro a sus nuevos dueños y me despedí de los bodegueros chinos de la esquina. Estaban recibiendo un cargamento de cerveza. Era Quilmes, argentina. Lentamente, el componente de la comunidad hispana seguía cambiando y había ya suficientes argentinos para que Quilmes tuviera sus propios camiones de reparto. Un hondureño cuyo nombre nunca supe pero con el que había intercambiado bromas sobre fútbol durante años, me pagó una cerveza —una Becks—, la última de Miami, y el carnicero de la bodega me invitó a un sándwich que me preparó personalmente sobre el mostrador. Supe que, incluso si olvidaba el resto de Norteamérica, nunca olvidaría aquel barrio, tan feo, tan vivo, el único lugar fuera de mi Barcelona natal que he llegado a considerar mi hogar. Le dije adiós al nieto de mi difunta casera, un cubano de tercera generación que ya sólo chapurreaba el español.

—Ya sabes, si vuelves ésta es tu casa… —Dijo *home* y no *house*. Es quizá un error traducir *home* como casa. *Home* es un hogar. Aquél lo había sido.

A media mañana vinieron a recogerme unos amigos. Estaban felices de que volviera a mi país. «Yo no puedo volver a Cuba», me comentó él. Creía, tenía razones para creerlo de buena fe, que Cuba era aún su país, pero lo cierto es que nunca podría vivir fuera de Estados Unidos. No sé si él lo sabía, pero con todas sus quejas, aquél era el único sitio del mundo en que había sido a la vez libre y feliz. Mi amigo tenía razón por lo menos en un aspecto y yo podía alegrarme de tener un país al que volver al cabo de tantos años. Según volaba me pregunté si de veras podría volver a Europa, si no añoraría aquel mundo nuevo en el que tantas cosas buenas y malas me habían pasado durante casi veinte años, si podría vivir lejos de allí.

Mi regreso se vio facilitado por mi familia. Conocí por primera vez a mi hermano, al que había dejado siendo un niño. Volví a ver todos los días a mi madre. Adelgacé. Es difícil permanecer delgado en América. Y pronto volví a tener conmigo también todas aquellas cosas que habían estado en mi habitación de Miami. Los pósters, la bandera amarilla de la milicia con la serpiente amenazadora, el sable de samurái del siglo XVIII comprado a un anticuario de Miami Beach, mi ordenador Apple, mis libros, mis DVD, mis estuches de ópera y mis CD de jazz. Pude sentarme a escribir escuchando a Joan Baez, Woodie Guthrie y Billie Holiday.

Y luego, como para hacerme la transición más fácil, estaban todas esas otras cosas norteamericanas que me rodeaban incluso fuera de mi habitación. Los spots publicitarios del ejército español, e incluso sus nuevos uniformes y guerras, eran los del ejército norteamericano. Unos maniquíes en el escaparate de una tienda de la Plaza Catalunya eran idénticos a los vistos en Coconut Grove dos días antes; la ropa de los jóvenes era igual a la de allí y la horrible moda del tatuaje había llegado a todas partes. Podían verse los mismos filmes en los cines y series parecidas en la televisión. En las emisoras de la televisión catalana volvía a ver las mismas series televisivas norteamericanas de los setenta, pero en catalán —aunque con un televisor moderno y apretando un botón podía oírlas en su versión original—. A veces, en Miami, de madrugada ponía Nickelodeon, un canal de televisión especializado en series antiguas, y volvía a ver las series televisivas de mi infancia y juventud, por primera vez en su inglés original, comprendiendo por fin todos los chistes y claves. Tuve que esperar, sin embargo, a volver a Barcelona para poder ver y oír a *Los Ángeles de Charlie* en inglés, con veinte años de retraso. Es curioso pero ver las series televisivas norteamericanas fuera de su contexto me parecía tan exótico como ver allí, los sábados por la noche en una de las cadenas públicas, filmes musicales hindúes. Algunas series norteamericanas que había disfrutado allí, una vez en España, entre el irritante doblaje y el cambio de país, habían pasado a parecerme estúpidas, otras, más antiguas, me ayudaban a comprender cómo había cambiado aquel país en sólo una generación.

Es normal reencontrar América en el televisor, es un arte-industria que los norteamericanos han desarrollado durante más años y con más medios que nadie en el mundo. No era tan normal reencontrarlo en la política. Recién llegado, vi en la televisión aquella gran bandera española ondeando sobre Madrid. Tardé un tiempo en darme cuenta de que no me chocaba, o al menos me chocaba menos que al común de mis compatriotas. Era algo que veía de seguido allí. Era la bandera del concesionario Abraham Chevrolet de la Calle Ocho del SW, esquina con la Avenida Cuarenta y dos, pero en español y con ministro, creo que de Defensa, incluido. La forma de abordar la política, los insulsos carteles electorales de los grandes partidos integrados en el sistema constitucional, comenzaban a ser aquí como allí. Algunas librerías comienzan a parecerse a las de Barnes and Noble y, un día, en la misma acera de mi casa, que no está en un barrio precisamente céntrico, fui abordado por una pareja de Santos Cristianos de los Últimos Días que querían salvar mi alma, lo que en principio supongo que está bien. Por fastidiar les pregunté por la masacre de Mountain Meadows y si los negros ya podían ser sacerdotes en su Iglesia. No sabían de qué les hablaba, pero me hicieron el favor de huir. Demos gracias por los pequeños milagros.

A los pocos meses de estar de vuelta en Europa y viviendo en una Barcelona estruendosamente antinorteamericana en que todo el mundo protestaba por una guerra que yo mismo, a pesar de mi simpatía por tantas cosas de Estados Unidos, comprendía no sólo injusta sino probablemente inútil, pude ver en internet a mis antiguos conciudadanos miamienses, participando en lo que incluso en Estados Unidos era un raro evento, marchando a favor de la guerra por la Calle Ocho, mi calle. Para mi gran sorpresa, y por primera vez en demasiados años, los vi como se ve a un grupo de extraños, a pesar de que si hubiera mirado las fotos más de cerca estoy seguro de que hubiera podido ver muchos viejos amigos, conocidos y clientes. Descubrí, viéndolos en la pantalla, que yo ya no era uno del grupo, un aspirante, poco convencido pero aspirante al fin, a ser

norteamericano, y supe que si había vuelto a Europa era para que-
darme.

Seguía comprendiendo lo que hacían y por qué lo hacían, pero
no podía participar de su entusiasmo. Si alguien podía marchar por
la guerra eran ellos. Tenían desde luego que hacerlo. A fin de cuentas, ellos todavía no habían tenido una guerra que los integrase en su
nuevo país. Yo no podía. Es más, yo ya no quería, y volvía a ser un
europeo.

Cómo escribí este libro

Libros y amigos

Como tantos otros textos, este libro ha tenido muchos padres. Quizá empecé a escribir este libro hace años, quizá lo hice sólo hace algunos meses. Nació de las notas manuscritas que hice cuando me iba, bastante deprimido, de Estados Unidos. Nació, de eso estoy casi seguro, de una conversación con mi amigo el traductor y escritor cubano Héctor Febles, que, viéndome deprimido, me hizo el favor de recordarme algo tan básico como que un escritor tiene que escribir y me sugirió algunos temas que yo debería de dominar habiendo vivido como había vivido en Estados Unidos. Nació del tener que explicar, incluso justificar, algunas cosas de la historia y el carácter norteamericano a mi hermano, Jorge, lo que me obligó a repasar la historia de aquel país. Finalmente nació de la necesidad de escribir en vez de estar deprimido y tirado todo el día en la cama. A la hora de escapar de la depresión me he dado cuenta de que sentarme ante el ordenador y escribir es preferible a sentarme detrás de una barra y beber.

Sin embargo, no todo empezó así. Supongo que todo empezó cuando fui librero en una ciudad de mala fama. A pesar de que allí dio clases un premio Nobel, Juan Ramón Jiménez, y escribió algunos de sus libros más importantes Isaac Bashevis Singer, nadie considera a Miami como una Meca de la lengua escrita y la literatura. No obstante, es allí donde disfruté, sábado tras sábado, de una experiencia bastante más común a la generación de mi padre o mi abuelo que a la mía: una peña. Los sábados por la mañana podías ver cómo ser reunían en los asientos de la librería un variopinto grupo de veteranos de las distintas revoluciones cubanas, de las distintas épocas del exilio, e incluso de las distintas épocas de la literatura cubana.

Este libro nació, antes de ser escrita una sola línea de texto, de todas las conversaciones sobre historia de América que tuve con el reverendo Marcos Antonio Ramos y con el irreverente Frank Díaz-Pou, con Antonio Bechily, banquero, y con nuestro amigo común Frank Fernández, historiador y anarquista, de los que tanto aprendí sobre Cuba y el primer Miami del exilio. De las charlas sobre todo un poco tenidas con Jerry Llevada y Nilda Cepero, y de las habidas con Bill Molina, cubano-americano, veterano de Corea, que me demostraron que es posible amar dos países sin hacerlo ciegamente ni olvidar el sentido crítico frente a sus fallos.

Cuando me siento a escribir suelo tener un esquema. Soy, trato de ser al menos, novelista, entre otras cosas, porque eso me permite ser el pequeño pero absolutamente despótico Dios de los mundos que creo y saber dónde tiene que ir todo en los mismos. Sin embargo, cada vez que me siento a escribir, los personajes secundarios se me escapan y crecen: los crápulas me salen simpáticos, mientras que la gente decente, aunque ésta no suele abundar en mis novelas, suele ser odiosa. Me pregunto si ése es también el problema del otro Dios, el de verdad, que los tipos que más decentes deberían ser resultan ser hijos de la gran puta. Por el contrario, en este libro ni siquiera tuve un esquema a la hora de sentarme. Me senté y escribí sobre cosas que había visto y traté de entenderlas para explicarlas de la forma más fácil posible a un lector que bien podría ser mi hermano o cualquiera de mis amigos que no han estado allí. No estoy del todo seguro de haberlo conseguido. Hay experiencias que no es posible explicar. Norteamérica puede ser una de ellas.

¿Qué pretendía escribir? Originalmente pensé en escribir un libro sobre la violencia y las armas en Norteamérica. Afortunadamente, la relativa cercanía de un filme como *Bowling for Columbine* me disuadió de ello. Odio la idea de seguir modas, y más aún la de ser confundido con alguien que sigue la moda. Además, me encantan las armas y cualquier crítica hacia ellas que saliera de mí sonaría, sería, falsa. Después pensé en escribir un libro sobre la historia de América a través de sus magnicidios. Eso fue antes de constatar que asesinatos como los de McKinley o Garfield no cambiaron nada en la historia de América. En realidad, y a largo plazo, es evidente que el asesinato de Kennedy tampoco cambió gran cosa.

Al final, si hubo algún esquema al escribir este libro, fue el de contestar a una serie de preguntas que comencé a hacerme cuando me fui de América. ¿Quiénes son los norteamericanos? ¿De dónde vienen los norteamericanos? ¿En qué momento un norteamericano comienza a serlo a los ojos de los otros norteamericanos? ¿Por qué Estados Unidos es un país moderno que carece de tantas de esas cosas que aquí, en Europa, sabemos que ha de tener un país moderno? Todo lo que siguió después, las citas de los presidentes vivos o muertos, las guerras, la literatura de los inmigrantes, las pequeñas biografías que salpican el libro, llegó por añadidura. La única pregunta que no me planteo en el libro es por qué no llegué a ser norteamericano, y es que nunca me la llegué a plantear allí. Nací barcelonés, y espero morir de la misma manera.

Este capítulo iba a llamarse bibliografía, pero son tan pocos los que leen bibliografías que decidí cambiarle el título. Sin embargo, tengo que hablar de mi bibliografía. Ante todo, debo aclarar que no soy sociólogo o historiador, y que eso se nota en mi manejo de las fuentes en el que libros académicos serios tienen a menudo menos importancia que artículos de prensa recortados sólo Dios sabe dónde. Me avergüenza pensar que un aspirante a novelista tan pedante que llegó a incluir un esbozo de bibliografía en su primera novela publicada —*Nieve sobre Miami*— haya devenido en un aspirante a ensayista tan malo, tan vago, que a duras penas es capaz de incluir una, siquiera mínima, en sus primeros ensayos.

Sé que la bibliografía estaba toda alrededor mío, en forma de artículos de la prensa diaria, estadísticas, notas periodísticas amarillas, comentarios de un programa de televisión o de radio anotados a toda prisa en cualquier papel, letras de canciones populares o incluso historias oídas a los amigos. Los historiadores y sociólogos, si alguno me lee, se alegrarán de saber que me molesté en comprobar datos y fuentes allá donde una fecha o un número exacto eran realmente necesarios, y que incluso he leído libros de verdad sobre algunos de los temas que me interesaron desde mucho antes de pensar siquiera en escribir este libro. Les irritará de nuevo saber que, siendo mi información dispersa, es sin embargo más segura que mi forma de almacenarla u ordenarla, en carpetas acordeón, sin fechar, agrupadas arbitrariamente, por temas, pero siguiendo una lógica que sólo yo conozco o sigo, y que hace que, por ejemplo, un comentario sobre los Ángeles del Infierno acabe en la carpeta marcada con la palabra Dios, o más exactamente en una carpeta amarilla que tiene en su tapa las palabras «Dios (Bless America)»: «Al ser absuelto de un cargo de doble homicidio, el Ángel del Infierno dio las gracias a su abogado, al juez que presidió el caso y al jurado con las palabras "Dios bendiga América y su sistema judicial y pueda Dios bendecirnos a nosotros miembros del Club Motorista Ángeles del Infierno".» No estoy inventando. Me avergonzaría hacerlo en mi ensayo cuando rara vez lo he hecho en mis novelas. Trataré, sin embargo, cuestión de darle seriedad a mis páginas, de dotar de un mínimo orden a esta bibliografía.

Al sentarme a escribir me encontré con el borrador del borrador del guión de un paseo que di por Little Havana a un autor al que me sentía, siento aún, muy agradecido por su ayuda. Notas que al combinarse con las que tenía y no había empleado años atrás en mi novela *Nieve sobre Miami* se transformaron en la base del capítulo dedicado a la emigración. Capítulo que no hubiera podido escribir sin los libros de Gustavo Pérez Firmat, bestia negra y odiada de todas las feministas que en el mundo académico norteamericano existen y cronista brillante de los cambios sucedidos dentro de su comunidad. Los libros de Pérez-Firmat son *Vidas en vilo*, *Cincuenta lecciones de exilio y desexilio* y *Next Year in Cuba*. Esos libros y aquellos apuntes, superpuestos a los recortes de la prensa local, estadísticas oficiales y demás papelería varia, se unieron con notas tomadas de otros libros como *How the Irish Became White*, de Noel Ignatiev, sobre la emigración irlandesa en América, y con unos apuntes sobre la literatura étnica, procedentes del programa de estudios de ya no sé qué universidad hasta ser el centro de la versión casi definitiva del primer capítulo del libro.

Las referencias a los bastante poco historiados Knownothings, que aparecen por primera vez en ese capítulo, vienen un poco de todas partes y un mucho de *Armed and Dangerous*, de James Coates, un libro sobre la extrema derecha norteamericana que, siendo anterior en más de una década a la bomba de Oklahoma, ya permitía atisbar el mundo del que iba a salir ese atentado. Si alguna vez un libro ha sido capaz de predecir las posibilidades de futuro...

Tengo muchos más problemas para precisar de dónde salieron todas las notas sobre las guerras norteamericanas. Sé, sin embargo, que la mayor parte de los datos sobre la guerra civil norteamericana, con mucho la más importante de todas las que ha librado ese país, vienen de la revista *Blue & Grey*, pero también del libro *Confederates in the Attic*, de Tony Horwitz, que siendo un libro sobre los aficionados que se dedican a reconstruir las batallas de ese conflicto es también una interesante visión sobre cómo los norteamericanos, sobre todo en los estados del Sur, se ven a sí mismos y a su historia. El muy serio *The Ripple of Battle*, del historiador militar John Davis Hanson, el a veces cómico *How to Loose a Battle*, recopilado y editado por Bill Fawcett, y la colección de ensayos de Christopher Hitchens, *Love, Poverty and War*, que incluye un apartado bajo el sugerente título de «Americana», aportan, cada cual a su manera, una visión más humana de los hombres que lucharon en la guerra civil norteamericana.

The Boys Crusade, de Paul Fussell, y *Un rumor de guerra*, de Phillip Caputo, veteranos de la Segunda Guerra Mundial y de la de Vietnam respectivamente, nos muestran la forma en que éstas son recordadas por veteranos de distintas generaciones, franca nostalgia y aproximación crítica, pero también la forma en que éstas fueron percibidas por la opinión pública norteamericana, mientras que *Where Have All the Soldiers Gone: The Transformation of Modern Europe*, de James Sheehan, un libro escrito para explicar a los norteamericanos por qué los europeos son incapaces de defenderse a sí mismos, aclara, por su parte, muchas de las diferencias que términos como patriotismo, servicio y guerra han llegado a tener en Europa y Norteamérica, sobre todo desde la segunda mitad del siglo XX. Leídos uno detrás de otro, siguiendo el mismo orden cronológico de las guerras en ellos narradas, nos ayudan a comprender la fascinación que la guerra ejerce todavía en muchos norteamericanos.

Los Draft Riots de Nueva York aparecen en el libro *Gangs de Nueva York*, que confieso haber comprado después de ver en un tráiler del filme del mismo nombre una escena que reconocí como borgeana —Jorge Luis Borges lo reseñó en su día y lo usó como base para varios de sus cuentos en *La historia universal de la infamia*.

Los historiales militares de los presidentes norteamericanos proceden de sus biografías oficiales publicadas tanto por la Casa Blanca como por una asociación de veteranos de la Guardia Nacional.

El descuido de los problemas internacionales, la improvisación y el despiste que en sus relaciones exteriores caracterizaron a la administración Clinton, sin los cuales el actual belicismo norteamericano no sería posible, son narrados en dos libros muy distintos, *El mito de la superpotencia*, de Nancy Soderberg, y *At the Center of the Storm: My Years at the CIA*, de su ex director George Tenet. Soderberg, que ocupó numerosos altos cargos durante la presidencia de Clinton, nos ha dejado un libro que, escrito para criticar a la administración Bush, sirve ante todo para ver que Clinton carecía del más mínimo plan de actuación fuera de sus fronteras.

Los ya citados *Terror y libertad*, de Paul Berman, *A punta de pistola*, de David Rieff, y *Love, Poverty and War*, de Christopher Hitchens, nos muestran una teoría de la guerra defensiva que tiene poco que ver con las ideas normalmente asociadas a los republicanos y recogen, por el contrario, un espíritu no del todo ajeno al intervencionismo, en su día considerado como liberal, de un Franklin D. Roosevelt.

Todo lo que tengo sobre el *Law Enforcement* en Estados Unidos procede de la prensa, de las estadísticas oficiales y de los quejosos informes de Amnistía Internacional protestando un día por la reintroducción de los *chain gangs* y al siguiente por la aplicación de la pena de muerte en cualquiera de los estados en que ésta está en vigor. Las estadísticas del Departamento de Justicia suelen estar al día y son de acceso público. Lo mismo puede decirse de casi todas las estadísticas oficiales.

Las notas sobre los asesinos en serie me remiten a la época en que, escribiendo mi primera novela, *Nieve sobre Miami*, compré varios libros —los dos que había en aquel momento en el mercado— sobre Adolfo de Jesús Constanzo, un asesino en serie, satanista y narcotraficante, nacido en Miami, pero que traficaba y mataba en Matamoros, México, cerca de la frontera norteamericana. De los libros sobre Constanzo, pasé a comprar uno sobre Ed Gein, el asesino que inspiró películas tan dispares como *Psicosis* y *La matanza de Texas*, así como al personaje de Buffalo Bill, uno de los asesinos en *El silencio de los corderos*. De Ed Gein, pasé al resto de la compañía. De todas aquellas curiosas lecturas, he empleado sólo las referentes a Ted Bundy y a Jeffrey Dahmer. El resto ya saldrá por alguna parte, en otro libro, aunque sólo sea porque me gusta amortizar las lecturas.

La pena de muerte en Estados Unidos es un tema bien documentado, pero creo que uno de los libros que mejor puede ayudar a seguirlo es *Kiss of Death*, de John Bessler, que trata de la particular relación entre América y la pena de muerte desde el punto de vista necesariamente hostil de un abogado defensor de Texas, un oficio poco o nada dado a crear optimistas. Dentro de lo posible, he tratado de dejar mis sentimientos personales sobre la pena de muerte fuera del libro.

Al libro *Arming America: The Origins of a National Gun Culture*, de Michael Bellesiles, le debo sobre todo la controversia surgida en torno al mismo, que me ha permitido leer, incluso en medios de prensa y revistas no académicas, una larga serie de datos sobre las armas, la propiedad de las armas y la violencia en la Norteamérica colonial, y sigue siendo, con todo y las descalificaciones justamente recibidas, un libro valiente, aunque parcial. Sobre las armas en Estados Unidos, existen numerosos ensayos, normalmente de liberales que protestan su presencia en la vida norteamericana. Para leer algo equilibrado al respecto recomiendo *Guns in America: A Reader*, una colección de ensayos recopilada por Jan E. Dizard, Stephen P. Andrews y Robert Merrill Muth que reúne textos de más de cuarenta autores, tanto a favor como en contra.

No hay ninguna traducción, al menos disponible en España, de *The Virginian*, de Owen Wister, *The Vigilantes of Montana*, de Thomas Dimsdale, o *Vigilante Days and Ways*, de Nathaniel Pitt Langford. Hubo una edición de *El Virginiano* publicada en Argentina hace bastante tiempo. Creo que era de la editorial Sudamericana pero, de nuevo, estoy escribiendo de memoria. A falta de algo mejor, el lector tendrá que conformarse con mi traducción de algunos, pocos, fragmentos.

El ascenso de la peculiar derecha norteamericana ha sido analizado brillantemente por John Micklethwait y Adrian Wooldridge en *Una nación conservadora*, en un libro que, entre otras cosas, explica cómo y por qué el conservadurismo norteamericano puede permitirse, al contrario que el europeo, pensar más en el futuro que en el pasado. Por su parte, Andrei S. Markovits, en *Uncouth Nation: Why Europe Dislikes America*, explica el porqué de una antipatía europea hacia Estados Unidos, que va de la derecha a la izquierda, pasando por todas la clases y grupos sociales y políticos.

La Creación: salvemos la vida en la tierra, de Edward O. Wilson, y *Have a Nice Doomsday: Why Millions of Americans Are Looking Forward to the End of the World*, de Nicholas Guyatt, nos ayudan a comprender tanto el poder de la religiosidad popular, que a Wilson le gustaría ver empleado en defensa de la naturaleza, como sus posibles peligros, que llevan a Guyatt, en mi opinión de forma alarmista, a preguntarse qué pasará cuando alguien que crea que el fin del mundo es algo bueno tenga acceso a armamento atómico.

La ciudad, de Joel Kotkin, siendo como es una historia mundial del urbanismo, nos ayuda también a comprender por qué a los norteamericanos les gustan las casas independientes, mientras que sus hábitos alimenticios son explicados en *American Mania*, de Peter Whybrow.

The Nine Nations of North America, de Garreau, no me convence ahora tanto como cuando lo leí por primera vez, pero tiene demasiados datos sobre las diferencias regionales y el desarrollo histórico de Estados Unidos como para no citarlo como fuente. Ameno y bien documentado, no ha envejecido bien, pero sigue siendo un libro interesante.

La generación de la independencia norteamericana queda muy bien retratada en *Founding Brothers*, de Joseph Ellis, que a través de momentos clave en la vida de esa generación nos la muestra en toda su miseria y esplendor. La más académica, *La revolución norteamericana*, de Gordon Wood, ha sido publicada en castellano por Mondadori. También *Common Sense*, de Paine, un libro básico para aquella generación, está traducido y publicado en español, aunque no de forma independiente sino junto a otros documentos de la guerra de independencia, en el volumen *La independencia de los Estados Unidos de Norteamérica*, de Ramón Casterás, que creo aún en distribución y me parece un muy buen libro para los interesados en el tema.

Quizá he leído más de lo que recordaba, porque ahora mismo me doy cuenta de que no estoy citando ni la mitad de los libros utilizados...

Aparte de las personas ya citadas en el texto, deseo dar las gracias a otras muchas. Primero a los muertos. Mi agradecimiento a Armando Couto, escritor radial y exiliado, del que tanto aprendí sobre la historia de la Radio en Cuba y en el exilio y sobre su influencia en la comunidad cubana de Miami; al Gallego Salgueiro; a Abelardo Iglesias, viejo cenetista y FAIero barcelonés, organizador sindical en la República de Cuba y exiliado anticastrista, que tantas veces me pareció cabreado con la compañía que le había tocado en el que sería su último exilio; y junto a ellos, a Santiago Cobo, q.e.p.d., Benito García y Frank Fernández —estos dos últimos felizmente vivos—, todos ellos redactores de la revista anarquista *Guángara Libertaria*. Gracias, pandilla de locos. Sabed que se os aprecia y que en su día aprendí mucho de vosotros, tanto de la Cuba precastrista como de la política norteamericana de los años sesenta y setenta, y de cómo los cubanos llegaron a ser tan poderosos en Miami.

A mi difunta casera, Francisca Ruiz, que llegó a Estados Unidos sin saber hablar inglés, cargada de nietos, y murió sin saber hablar inglés pero habiéndolos educado a todos, y a mi primera compañera de trabajo, María Odoardo, antigua combatiente revolucionaria —en su juventud contra el general Machado y después tanto contra Batista como contra Fidel—, tan distintas entre sí, a pesar de pertenecer a una misma generación. Cada una de ellas me ayudó, a su manera, a comprender el primer exilio y las razones de su continuada resistencia a aceptar la situación cubana. El exilio de María Odoardo fue el de una mujer politizada, activa en la lucha anticastrista que participó en las conjuras, las protestas, incluso los ataques a la isla que fueron frecuentes los primeros años del exilio, en las filas de uno de sus grupos más representativos, el Directorio Revolucionario Estudiantil. El exilio de Francisca Ruiz fue el de una víctima de la historia que supo, sin embargo, sobreponerse a sus problemas en vez de dejarse vencer por ellos, rechazó la ayuda del Estado norteamericano así que encontró un primer trabajo y se dedicó a reconstruir su familia y su vida en un país que nunca acabó de comprender, y que de lavar suelos pasó a ser propietaria de varias casas.

Las conversaciones con Jerry Llevada y su esposa Nilda Cepero, y con Andrés Avellanet, me contaron el exilio de los que llegaron a duras penas como adolescentes a un país que ya conocen mejor que el natal. También la vida de los cubano-americanos lejos de Miami, en sitios como Boston.

Sobre la presencia del exilio cubano en el mundo académico norteamericano, debo, de nuevo, mucho a las charlas con mi amigo Héctor Febles, que ha pasado, de alumno a profesor, de Harvard a Georgetown, por algunas de las principales universidades de Estados Unidos y al que he oído tantas anécdotas desgraciadamente desaprovechadas.

Conviví, tanto en mi primera casa miamiense como en mi primer empleo de camarero, con numerosos marielitos que no pasarán a la historia. Para ellos mi recuerdo y la promesa de que algún día saldrán en un libro…

Deseo disculparme con todos los miembros no citados de las peñas de la librería, los sábados por la mañana, que están entre mis mejores recuerdos de Miami y son la única memoria que guardo con auténtico amor del que fue durante demasiado tiempo mi empleo. Mis disculpas, pues, a casi todos los no citados. Ya habrá otros libros en que espero hacerlo.

Barcelona,
verano de 2002-primavera de 2008

ESTE LIBRO HA SIDO IMPRESO
EN LOS TALLERES DE
NOVAGRAFIK, S. L.
MONTCADA I REIXAC
(BARCELONA)